经济管理实验实训系列教材

International Trade
Comprehensive Training Course

国际贸易
综合实训教程

主　编　胡锡琴　周雪莲

副主编　兀　晶　李　琼　　邓小龙　　卢胜乾

参　编　雷佑新　曾　海　李晓燕

西南财经大学出版社
Southwestern University of Finance & Economics Press

图书在版编目(CIP)数据

国际贸易综合实训教程/胡锡琴,周雪莲主编. —成都:西南财经大学出版社,2012.12

ISBN 978 - 7 - 5504 - 0893 - 7

Ⅰ.①国… Ⅱ.①胡…②周… Ⅲ.①国际贸易—贸易实务—高等学校—教材 Ⅳ.①F740.4

中国版本图书馆 CIP 数据核字(2012)第 282883 号

国际贸易综合实训教程

主编:胡锡琴 周雪莲

责任编辑:李 雪
封面设计:杨红鹰
责任印制:封俊川

出版发行	西南财经大学出版社(四川省成都市光华村街55号)
网 址	http://www.bookcj.com
电子邮件	bookcj@ foxmail.com
邮政编码	610074
电 话	028 - 87353785 87352368
照 排	四川胜翔数码印务设计有限公司
印 刷	郫县犀浦印刷厂
成品尺寸	185mm×260mm
印 张	15.25
字 数	345 千字
版 次	2012 年 12 月第 1 版
印 次	2012 年 12 月第 1 次印刷
印 数	1—2000 册
书 号	ISBN 978 - 7 - 5504 - 0893 - 7
定 价	35.00 元

前　言

　　《国际贸易综合实训教程》是为满足我国普通高等学校学生进行国际贸易综合实验模拟，提高实践操作能力的需要而编写的。该教程适合国际贸易、国际商务、市场营销等经管类专业学生及有意从事外贸工作的人员。

　　本实验教程重视对学生基本理论、基本技能、基本训练的要求，对国际贸易业务流程的模拟重点突出，在内容上结合当代国际贸易业务的新发展，各项文献力求最新，从而达到内容新颖、重点突出、概念准确、简明扼要的要求。本教程突出对学生应该掌握的国际贸易流程的基本技能的训练，在教程的编写过程中强调实验任务、实验原理、手工模拟与高仿真软件模拟相结合，同时突出了实验技巧。本实验教程共八章，按国际贸易业务流程编写，教师、学生在使用时，可根据需要使用。

　　本实验教程组织了成都理工大学商学院长期从事国际贸易教学的教师编写，由胡锡琴、周雪莲任主编，兀晶、李琼、邓小龙、卢胜乾任副主编，雷佑新、曾海、李晓燕参与编写。具体分工为：第一章由胡锡琴编写；第二章由曾海、李晓燕编写；第三章由李琼、卢胜乾编写；第四章由周雪莲编写；第五章由胡锡琴、雷佑新编写；第六章由兀晶编写；第七章由邓小龙编写；第八章由卢胜乾编写。

　　本教程的编写得到了成都理工大学教务处、成都理工大学商学院领导淳伟德教授、花海燕教授的指导和经济管理实验中心支持，在此深表感谢。成都理工大学商学院张荣光、陈渝、胡兰、于文华、何计蓉老师对本书细节内容也提出了宝贵意见。本教程参考和引用了其他作者的文献资料，参考了南京世格 SimTrade 软件的指导书，并得到了西南财经大学出版社的大力协助，在此表示深深的谢意。

　　本教程受"成都理工大学高等教育质量工程项目"资助（项目编号：XJP1140）。由于编写时间和水平有限，书中疏漏和不妥之处恳请同仁、读者批评指正，以便日后充实和完善。联系邮箱：zhouxuelian2012@163.com.

编者

2011 年 11 月

目 录

第一章　国际贸易综合实训教程简介

一、国际贸易综合实训的实验任务

根据当前国际经济与贸易的人才培养方案，我们培养的是具有良好的思想品质，能够自觉遵守职业道德和法律法规，掌握马克思主义法规和业务流程，能够正确认识和把握当代国际经济、贸易的运行机制和发展规律，具有广泛的知识面，良好的沟通、应变、协调能力、创新能力和创业精神，能在政府机构及企事业单位从事管理、实际业务、调研和宣传策划工作，具有创新精神、应用能力和国际视野的复合型人才。学生的实际分析问题、解决问题的应用能力成为市场检验我们的教学质量和学生质量的重要参考标准。

国际经济与贸易综合实验是通过归纳总结整个外贸行业的流程和惯例，借助手工模拟和高仿真综合实验软件模拟，直接切入不同外贸当事人所面对的不同工作，帮助学生把握整个进出口业务过程，让学生系统全面地进行仿真模拟实习。

具体而言，国际贸易综合实验是围绕进出口业务中货、证、船、款等业务流程所进行的综合模拟实验。本教程正是为了帮助学生更好的理解外贸业务中的各种角色扮演。从实验项目设置方面，教程的手工模拟项目主要围绕进出口业务涉及的各种单证进行，要求学生理解各单证之间的业务逻辑关系，掌握单证填制的要点。高仿真综合模拟实验项目则围绕学生的业务角色扮演，通过不同商贸角色（出口商、进口商、供应商、银行、海关、船公司等角色）的扮演，把握各种业务技巧，体会客户、供应商、银行和政府机构的互动关系，真切了解国际贸易的物流、资金流和业务流的运作方式，达到"在实践中学习、在学习中创新"的目的。

二、国际贸易高仿真综合实验软件简介

在国际贸易高仿真实验中使用面较广的软件主要有 SimTrade（南京世格）外贸实习平台，TMT（Teach Me Trade）贸易模拟平台、单证模拟平台（高等教育出版社）、报关模拟实习平台（广东东洋）国际结算模拟平台（西安滕业）、国际商务谈判模拟平台（西安滕业）等。这些软件平台多基于"以学为本"的课程设计思想，遵循"边做边学"（Learning by doing）教学理念，为实现熟悉外贸业务流程、掌握外贸操作技能的教学目标，提供外贸业务各参与主体的全方位模拟、全过程体验的生动、仿真的开放式网络课程平台。学生通过登录课程平台，创立一家模拟的贸易公司，以该公司员工的身份，参与一笔进出口业务从"交易前准备""交易磋商""合同签订"到"合同履行"的全过程。学生通过综合模拟实验，不仅体验了从建立业务关系到交易条件磋商，从贸易合同签订到信用证审核，从备货订舱到制单结汇等具体的高仿真业务操

作环节，同时在实验中还需掌握外贸函电撰写、出口价格核算、销售合同起草、信用证分析审核以及出口单据缮制和审核等从事国际货物买卖的基本操作技能。本综合实验教程主要以 SimTrade（南京世格）外贸实习平台为背景设置实验项目。

三、南京世格（SimTrade）外贸实习平台操作简介

以南京世格（SimTrade）外贸实习平台中学生进行进出口业务主要角色模拟项目为例说明实习平台的操作方法。

（一）实验目的

（1）熟悉和掌握一般贸易的实际运用。

（2）参与国际贸易买卖合同的磋商，熟悉询盘、发盘、还盘和接受环节的实践过程，掌握合同条款的具体规定与表达。

（3）掌握国际贸易货物买卖合同履行过程中货、证、船、款等内容。

（4）了解国际贸易买卖中货款的结算方式，熟悉与掌握 L/C、T/T、D/P、D/A 的结算程序和运用技巧。

（5）熟悉与掌握信用证的申请、开证、审证要点。

（6）熟悉海洋运输方式的具体操作。

（7）熟悉各种单据的缮制与运用技巧。

（8）了解如何在国际贸易货物运输过程中减少风险，熟悉与掌握价格术语 CIF、CFR、FOB 的细节与运用技巧。

（二）实验任务

（1）要求学生了解 SimTrade 基本用法。

（2）学生以每个角色登录并注册公司名称，在"公司概况"中输入必要的资料。

（3）学生进入每个角色的画面，对照在线帮助说明，熟悉操作环境和每个角色的具体工作。

（4）学生对出口商、进口商、供应商等拟将扮演的角色进行了解并掌握各项核算，可参考在线帮助中"交易磋商阶段"部分。

（5）学生寻找业务合作伙伴，使用邮件系统建立初步的业务联系，要求出口商和进口商之间的往来业务函电必须使用英文。

（6）学生根据上述指定的角色进行交易磋商

①出口商、进口商之间的询盘、发盘、还盘、接受的往来函电，要求写英文函电。

②出口商、供应商之间的询价、报价、还价、接受的往来函电。

（7）出口商、进口商：签订一笔结汇方式为 L/C、价格术语为 CIF 的外销合同，填写预算表，双方签字确认并开始履行合同。

（8）进口商：申请开证。

（9）进口地银行：审核开证申请表，开信用证，通知出口地银行。

（10）出口地银行：对照合同审核信用证，通知出口商信用证已到。

（11）出口商：审证，若信用证有问题，可退回给进口商要求其重开。

（12）出口商：备货，按供应商接受的价格签购销合同。

（13）供应商：组织生产，出货。

（14）出口商：制单，办理租船、报检、保险、报关、出运、交单事宜。

（15）出口地银行：审单，寄议付单据给进口地银行。

（16）进口地银行：审单，通知进口商赎单。

（17）进口商：赎单，办理进口报检、报关、提货、销货事宜。

（18）出口商：办理结汇、核销、退税事宜。

注意事项：

（1）输入公司名称时，注意不要使用"\""/""＜""＞""@""!""%""^""&""*""［""]"等符号。

（2）公司概况中，公司法人可以修改，公司地址必须填写，否则以后单据中会缺少公司地址资料。

（3）使用画面右下方的内置邮件系统发送邮件，收件人填写交易对象登录的账号（学号＋识别码）。不知道编号的，可在公司库中搜索查询。

以信用证为结算方式，CIF 为价格术语成交的业务合同为例，其履约流程如表 1－1 所示。

表 1－1　　　　　　　　　L/C＋CIF 履约流程

No.	供应商	出口地银行	出口商	进口商	进口地银行
1.			起草外销合同		
2.			填写出口预算表		
3.			合同送进口商		
4.				填写进口预算表	
5.				确认外销合同	
6.				填写开证申请书	
7.				发送开证申请	
8.					对照合同查看申请书
9.					开证
10.					通知出口地银行
11.		对照合同审核信用证			
12.		通知出口商			
13.			审核信用证		
14.			起草购销合同		
15.			合同送供应商		
16.	确认购销合同				

表1-1(续)

No.	供应商	出口地银行	出口商	进口商	进口地银行
17.	组织生产				
18.	放货				
19.			添加并填写"出口货物明细单"		
20.			租船订舱		
21.			添加并填写"报检单、商业发票、装箱单"		
22.			出口报检		
23.			添加并填写"投保单"		
24.			出口保险		
25.			添加并填写"核销单"		
26.			核销单的口岸备案		
27.			添加并填写"报关单"		
28.			出口报关		
29.			装船出运		
30.			添加并填写"汇票、产地证"		
31.			向出口地银行交单		
32.		审单			
33.		发送进口地银行			
34.					审单
35.					通知进口商赎单
36.				查收进口地银行发的赎单通知邮件	
37.				赎单	
38.			查收出口地银行发的通知结汇邮件	进口报检	
39.			到银行办理结汇	进口报关	
40.			到外汇管理局办理核销	到海关提货	
41.			到国税局办理退税	到消费市场销货	

（三）实验范例

1. 登录相应界面

以成都理工大学经济管理实验中心 SimTrade 外贸实习平台为例，学生键入网址：http：//server/cdlg，登录相应界面。

登录：用户名×××+角色代码，×××代表考勤表上的各自顺序号前加 0 或 00（一共是三位数字，如 001，012），角色代码为：出口商 1，进口商 2，供应商 3，出口地银行 4，进口地银行 5。学生登录后需自己添加或修改密码。

2. 点击页面左上侧"进入业务中心"

（1）公司（银行）概况：点出口商、进口商、供应商主画面上方的第一个按钮，可打开公司概况的操作画面，点出口地银行、进口地银行主画面上的第一个按钮，可打开银行概况的操作画面。该画面用于记录公司（或银行）的基本资料（设置"用户密码"）。

（2）财务状况：点主画面上方的第二个按钮，可打开财务状况的操作画面，这里相当于公司的财务部，所有业务往来发生的收入、支出都在"当前余额"中体现，所有与贷款有关的项目都在"贷款总额"中体现。本画面的财务状况只用于查询，不能做任何修改。在本画面中，注册资金以万元为单位显示，且注册资金和币别都不可修改；贷款总额＝所有已放贷的总金额；出口商和进口商的库存资产＝库存量×采购成本，供应商的库存资产＝库存量×生产成本。该软件默认设置为 200 万元人民币（或同等其他货币）。

（3）库存状况：点出口商、进口商、供应商主画面上方的第三个按钮，可打开库存状况的操作画面，这里相当于公司的仓库。随着业务的进展，系统将根据生产、进货后库存量增加，销货后库存量减少的原则自动统计出来，本画面只能查询，不能做修改。

（4）业务中心：点出口商、进口商、供应商主画面上方的第四个按钮，可打开业务中心的操作画面。

每个建筑物表示和业务相关的工作对象，鼠标移到建筑物上，画面显示相应名称。点击该建筑物（如进口商），画面下方会列出和进口商相关的工作内容（如：签订外销合同）。位于画面右下方的是新邮件提示，点击下划线处，可打开 SimTrade 内置的电子邮件收发系统。

（5）单证中心：点出口商、进口商主画面上方的第五个按钮，可打开单证中心的操作画面，这里相当于外贸公司的单证部，随着进出口业务的进程，来单证中心制作、查询相关的单证。除制单外，更对进出口业务中的相关流程加以标识，让使用者及时了解业务的进行状况。

（6）信用证：点出口地银行、进口地银行主画面上方的第三个按钮可打开信用证的操作画面。出口地银行的信用证画面主要起着收到进口地银行发来的信用证并通知出口商的作用。如果该信用证有问题，出口地银行可通过画面下方的邮件系统向出口商说明。进口地银行的信用证画面主要起着审核开证申请书、开具信用证并通知出口地银行的作用。如果该信用证开证申请书有问题，进口地银行可通过画面下方的邮件系统向进口商说明问题所在，并可要求进口商重发开证申请。

（7）议付单据：点出口地银行、进口地银行主画面上方的第四个按钮可打开议付单据的操作画面。

3. 分角色模拟

学生可以出口商、进口商、供应商、出口地银行、进口地银行等不同角色进行模拟。下面以出口商角色为例讨论学生的实验步骤。

（1）交易准备：根据 SimTrade 主页提供的各类信息，确定目标市场，寻找交易产品和交易对象，同进口商建立业务关系，为出口作准备，同供应商建立业务关系，为备货作准备。

（2）交易磋商：根据 SimTrade 主页提供的各项费用（率）收集报价资料，通过邮件系统联络多家进口商和供应商，经询盘、发盘、还盘、接受四个环节，就交易条件达成一致。在交易磋商过程中，出口商需不断核算成本、费用和利润，以期获取最佳成交条件和价格。

（3）签订合同：买卖双方经过交易磋商，就交易条件达成一致后，签订书面合同，以进一步明确双方的权利和义务。

（4）履行合同：双方确定合同后进入履约程序。就卖方而言（以 CIF 条件达成的合同为例），履行的职责和义务主要包括：催证、审证和改证、备货、租船订舱、报检、保险、报关、装船、制单、结汇等环节。如果货物发生意外，而承保人是出口商时，出口商可向保险公司提出索赔。

（5）业务善后：当出口商提交整套单据后，业务就进入了善后阶段。出口商应给客户发邮件，感谢对方合作，并提供新款产品目录等，以获得良久商机。

注意事项：履约过程中出口商需要选择一家出口地银行，必要时可以贷款；随时查看邮件系统及财务状况，避免不必要的损失。

（四）指导老师的职责

指导老师的职责主要是制订实习计划，为学生分配角色，在网站发布新闻，调整商品的生产成本和销售价格、调整汇率、业务费用、保险费率和运输费率，对于模拟贸易中发生的纠纷进行仲裁。

指导老师可以对一个学生扮演的不同角色分别进行考核。具体做法是：点击该生的学号，选择某个角色，系统会对该角色的财务状况、库存状况、供求信息、邮件管理、业务能力等打分，老师可以根据表现加分，满分是 100 分，确定后点击"计算得分"，针对该角色的业务考核就完成了。也可以对于所有学生的成绩进行批次的计算，然后产生并且打印成绩表。

第二章 进出口业务准备阶段

第一节 国际市场调研

一、实验任务

学生通过模拟操作软件（例如世格的 SimTrade 外贸实习平台、TMT 外贸模拟实习平台、SimMarketing 市场营销综合实验平台等）确定调查目标、制订调研计划、设计并实施调研方案、分析调研数据，从而撰写调研报告。

通过模拟操作练习，帮助学生运用市场调研工具发现、识别和分析市场机会；建立营销信息系统，监控环境变化趋势；制定营销策略，检验营销组合的可行性；在对国际市场进行细分的基础上，确定企业的目标市场，以确定企业的业务范围。

二、实验原理

现代市场调研广泛运用了在西方已经颇为成熟的消费者行为学作为研究的理论指导，借助于此，研究者能够透彻地了解消费者需求、偏好、习惯行为模式及其背后的内在动因，这对于处于引入期和成长期的产品尤为重要。在产品（或服务）投入市场之前，通过详细准确的市场调研，可以在早期就确定产品的需求状况；在产品的成长期，为让产品起飞、上升，市场调研还对细分市场、确定目标市场、选取产品的最佳价格、正确包装和策划广告宣传等活动起着重要作用。

（一）调研信息

市场调研是一种通过信息将消费者、顾客和公众与营销者连接起来的职能。国际市场调研是从事国际商务活动的企业系统、客观地收集资料和分析相关市场营销资料的过程。国际市场调研与国内市场调研的基本区别在于前者调研的范围更广。调研信息一般可分为三种类型：

（1）有关国家、地区或市场的一般信息。

（2）有关通过把握特定市场或国家的社会、经济、消费与工业发展趋势预测未来营销要求所必需的信息。

（3）提供有关产品、促销、分销与定价决策及制订营销计划所需的信息。由于时间、成本及当前技术手段的限制，市场调研人员进行调研时不得不对调研计划科学设计，确保在现有限制条件下取得最精确、最可靠的信息。调研是否取得成功的关键之一是要系统地、有条理地搜集、分析资料。

（二）调研步骤

国际市场调研过程一般由以下步骤组成：

（1）明确要进行调研的问题，确立调研目标；

（2）决定达到调研目标的信息来源；

（3）考虑调研活动的成本与利益；

（4）收集有关的第二手或第一手资料；

（5）对结果进行分析、解释与总结；

（6）将结果成功地传递给决策者。

（三）调研设计

调研设计一般可分为探索性调查、描述性调查、因果关系调查和预测性调查，以下主要就前三种进行讨论。

1. 探索性调研设计

探索性调研设计是通过对一个问题或情况的探索而提出看法与见解。具体而言，探索性调研设计的目的是：

（1）阐明一个问题或者更准确地定义一个问题；

（2）确定备选的行动方案；

（3）提出假设；

（4）将主要变量及其相互关系分离以便进一步验证；

（5）设计解决问题的思路；

（6）确定进一步研究需要事先考虑的问题。

探索性调研设计一般为定性研究，多用二手数据，该类数据可从企业内部现成数据中选取进行进一步处理，也可从外部公开的资料中获取。其缺点是：

（1）对于解决当前手头上的问题可能有限；

（2）可能不适合当前情形；

（3）可能不准确，可能不是最新的或可靠的。

2. 描述性研究设计

描述性研究设计一般分为问卷调查法与观察法。

一般而言，问卷调查是通过设计调查问卷，以询问回答者为基础，向调研对象询问各种各样涉及他们的行为、意向、态度、感觉、动机以及生活方式的问题。其优点主要有：

（1）问卷填起来很简单；

（2）所获得的数据可信；

（3）数据结构的分析和解释相对简单。

但调查法的不足之处在于调研对象可能不能或不愿提供所需的信息。根据问卷填写方式不同，问卷调查法可分为：

（1）电话访谈：传统电话访谈、电脑辅助电话访谈（CATI）；

（2）人员访谈：户内人员访谈、商场拦截人员访谈、电脑辅助人员访谈（CAPI）；

（3）邮件访谈：传统邮件访谈，邮寄式固定样本组；

（4）电子邮件访谈；

（5）因特网访谈。

其比较见表 2-1。

表 2-1　　　　　　　　　　　问卷调查法的比较性评价

指标	CATI	户内	商场拦截	CAPI	传统邮件	邮寄式固定样本组	电子邮件	因特网
数据收集的灵活性	中/高	高	高	中/高	低	低	低	中/高
问题的多样性	低	高	高	高	中	中	中	中/高
有形刺激的使用	低	中/高	高	高	中	中	低	中
样本控制	中/高	潜在的高	中	中	低	中/高	低	低/中
数据收集的环境控制	中	中/高	高	高	低	低	低	低
现场人员控制	中	低	中	中	高	高	高	高
数据数量	低	高	中	中	中	高	中	中
回答率	中	高	高	高	低	中	低	非常低
调研对象感觉到的匿名度	中	低	低	低	高	高	中	高
社会期望	中	高	高	中/高	低	低	中	低
获取敏感信息	高	低	低	低/中	高	中/高	中	高
调查员潜在偏差	中	高	高	低	无	无	无	无
速度	高	中	中/高	中/高	低	低/中	高	很高
成本	中	高	中/高	中/高	低	低/中	低	低

观察法是指研究者根据一定的研究目的、研究提纲或观察表，用自己的感官和辅助工具去直接观察被研究对象，从而获得资料的一种方法。

观察法可分为：人员观察、机械观察、审计和内容分析法、痕量分析。见表 2-2。

表 2-2　　　　　　　　　　　观察法的比较性评价

标准	人员观察法	机械观察法	审计法	内容分析法	痕量分析法
结构化程度	低	低/高	高	高	适中
掩饰程度	适中	低/高	低	高	高
在自然环境中观察的能力	高	低/高	高	适中	低
观察偏差	高	低	低	适中	适中
分析偏差	高	低/适中	低	低	适中
一般评述	最灵活	骚扰性	昂贵	限于沟通	最后考虑

与问卷调查法相比，观察法具有以下优点：

（1）没有报告偏差，由调研员和访谈过程引起的潜在偏差被消除或减轻了；

（2）某些类型数据只能通过观察收集，包括调研对象没有意识到或无法预测的行为模式。

但观察法也具有以下的局限性：

（1）对观察到的行为无法确定其潜在的动机、信念、态度和偏好；

（2）研究人员的认知偏差可能给数据带来偏差；

（3）观察法费时、昂贵，并且很难观察到某种形式的行为（如个人活动）；

（4）在某些情况下，观察方法的使用可能不符合伦理道德。

3. 因果研究设计

由于市场营销的效果一般由多个变量引起，起因和效果之间的关系是偶然性的，因而对市场调研而言，因果关系的科学含义比普通含义更为恰当（见表2-3）。

表2-3　　　　　　　　　　　因果关系的普通含义和科学含义

普通含义	科学含义
X是Y的唯一起因，X总会导致Y的发生（X是Y的确定性起因）、证明X是Y的起因是可能的。	X是Y的众多可能起因中的一个，X的发生使Y的发生更加可能（X是Y的可能性起因），永远无法证明X是Y的起因，最多只能推断出X是Y的起因。

X和Y构成因果关系的三个必要条件是：

（1）X和Y有一种共变的关系；

（2）X在Y之前出现或X和Y同时发生；

（3）排除了其他可能的起因。

因果关系研究中所用的主要方法是实验法，其常用的技术术语除因果关系外，还有：

（1）自变量：是在实验过程中试验者所能控制、处置和操纵的变量。如价格水平、包装设计和广告主题。

（2）实验单位：指的是实验主体，可以是个人、组织或其他集体。它们对自变量的反应（因变量）是可以测量或考察的。如消费者、商店和分销商等。

（3）因变量：是测量自变量对实验单位的影响的变量。如消费者的购买量、满意度、商店的销售量、利润、市场占有率等等。因变量的取值也叫观察值或实验结果。

（4）外生变量：是指除自变量以外的影响实验单位反应的所有变量，或称为无关变量。这些外生变量可以把因变量的测量值搅乱，因而使实验的结果变弱或无效。外生变量包括商店大小、商店位置等差异。这些影响是可以通过实验设计加以控制的。此外，还有不能控制的外生变量，如气候、竞争对手的策略或行为、消费者的偏好等等。

（5）实验：指的是研究人员在控制外来变量的影响的同时，处理操纵一个或多个因果变量，并测量它们对一个或多个相关变量的影响，就构成了一次实验。同一实验应该可以在尽可能相同的条件和环境下进行重复。

（6）实验设计：指的是具体说明以下问题的程序：①规定测试单位，以及如何将这些单位划分为同类的或同质的子样本；②要处理或操纵哪些自变量；③要测量哪些因变量；④如何控制外生变量。

（7）实验误差：指由外来因素和随机误差所导致的影响统称为实验误差。

（8）内部有效性：是指对自变量或处理的操纵是否确实导致了所观察到的因变量的变化。在实验中有一个前提，即控制外生变量是建立内部有效性的必要条件。

（9）外部有效性：指的是在实验中所发现的因果关系是否具有普遍意义。或者说它表示将实验的结果推广到实验环境以外或更大总体的可能性。

实验法可根据不同标准进行分类：

（1）按照实验的场所分：市场实验法一般可分为实验室实验和现场实验。

（2）按照实验是否将实验单位随机分组：市场实验可分为非随机实验（也叫非正式的实验或伪实验）和随机实验（也叫正式实验或真正的实验）。

实验法结果的有效性取决于其质量控制。实验质量控制的关键是控制外生变量，以提高实验的内部有效性和外部有效性。控制外生变量的主要控制方法有随机化分组、匹配分组、统计控制以及实验设计。实验法通常适用于：

（1）测试各种广告的效果；

（2）研究商品的价格、包装、陈列位置等因素对销售量的影响；

（3）研究品牌对消费者选择商品的影响；

（4）研究颜色、名称对消费者味觉的影响；

（5）测试各种促销方法的改变。

通常，实验法可以探索不明确的因果关系，其结论有较强的说服力。但是该方法时间周期较长、费用较高、管理及质量控制较难。

三、实验范例

（一）西班牙白叶橄榄油北京市场调研案例

1. 案例背景

"白叶牌"初榨橄榄油品牌在世界上享有很高的知名度，却很少为国内消费者知晓。"白叶牌"初榨橄榄油在北京市场从默默无闻到广为人知，销量同比增加900%，仅仅历时两个多月，其成长速度令人吃惊。其经验在于运用了恰当的战略战术，更重要的因素之一是前期的调研工作做得细致扎实，从而才能实现"在恰当的地点、恰当的时间、以恰当的价格、使用恰当的促销方式把恰当的商品或服务卖给恰当的人"。

2. 市场调查目标和方法

市场调研的任务是为营销决策者提供信息，其目的主要在于系统地收集、记录和分析市场信息，为企业认识市场环境，发现并解决营销问题提供充分依据，任何偏离主题的调研都不可能成为有效的调研。如何将这种有益于国民健康的食用油在国内市场推广，就必须要了解现在的市场状况。因此，设定本次调研的目标，是通过定性及定量的研究，掌握白叶品牌自身和其主要竞争对手的销售形势及市场占有率情况，了解消费者对白叶品牌和其竞争对手的认知度和评价，以及消费者人群状况、行为特点、媒介接触偏好、对价格的承受能力，从而为确定市场和产品的定位以及进入市场的渠道和手段，制订具有针对性的市场推广策略提供依据，使白叶橄榄油成为中国市场同类产品的领导品牌。

在市场调研中，定性调研与定量调研是两种主要方法。通常情况下，相较于定量调研，定性调研具有成本低的优势，但对调研人员的素质要求较高，需要他们对消费者心理特征有深层次的了解。但由于定性调研结果在很大程度上依赖于调研者的主观认识和个人解释，所以只可以指明事物发展的方向及其趋势，但却不能表明事物发展的广度和深度，只是一种试探性的研究类型。而定量调研则能得到大样本和统计性较强的分析，属于因果性、说明性的研究类型，其量化结果对定性调研可起到支持、验证的作用。因此，在白叶初榨橄榄油市场调研的方法上，采用了定性与定量相结合的方式。其中定性调研手段包括深度访问和焦点小组法，定量调研则选定问卷调查的方式。

定性调查是市场调查和分析的前提和基础，没有正确的定性分析，就不可能对市场做出科学而合理的描述，无法建立正确的理论假设，定量调查也就因此失去了理论指导。通常来说，在进行一项新的调研项目时，定量研究之前常常都要以适当的定性研究开路。因此，对市场调研的安排主要分两步走：第一阶段对食用油市场进行定性调查分析，通过搜集和分析超市、食品经销商、行业协会、国家权威部门等市场资料，初步了解市场，研究行业总体趋势；第二阶段进行定量调查分析，在定性调查的基础上发掘市场切入点、细分市场，为进一步掌握市场状况和消费者的需求，设计具有针对性的市场调查问卷，直接面对目标消费群体进行调查。

对搜集的大量行业资料进行定性分析发现，进口食用油的价值增幅远远超过数量增幅，说明进口食用植物油中，高价值食用油所占比例越来越大，进口量也越来越多，食用植物油的消费需求日趋多样化、细分化、高档化。同时，现阶段食用植物油市场表现特点主要是，城市以食用精制油、农村以消费二级油为主；食用油的品种丰富，因油料和加工工艺的不同而分为 20 多个品种，但大豆油的消费量最大，占 40% 以上；不同种类食用植物油的消费表现出明显的地域特征；目前市场上的食用植物油品牌众多，除"金龙鱼""福临门"的市场分布较广泛之外，其他品牌的分布也呈现明显的地域特征，说明中小食用油品牌的知名度也具有显著的区域特征。

另外，组建专门的项目团队，对橄榄油现有渠道所占比例、销售情况、促销效果、消费者主要接触媒介、产品情况竞争者情况等进行了定性调研，为下一步进行定量分析打下基础。

在定性分析的基础上，进行定量调查分析。问卷调查是市场调研中最有效也是被经常使用的一种定量调查方法，一直被业内人士看成制胜的法宝。在问卷调查中，问卷设计是非常重要的一个环节，甚至决定着市调的成功与否。为了更好地实现调查目标，我们先确定了要研究的目标和内容，然后对问卷问题进行了缜密设计，内容包括消费者对橄榄油的认知程度、对白叶及其竞争对手的了解程度，购买橄榄油的动机、考虑因素、使用习惯、价格承受能力、主要接触媒体等，力求客观、真实反映市场情况。

在市场调研活动中，突破了传统调查问卷的单调形式，在调查问卷里创造性的增添了参与座谈会赠橄榄油的活动，即邀请消费者参加座谈会，通过赠品本身试探消费者对橄榄油的接受程度，同时通过座谈会能发现更深层次的市场问题。结果发现消费者对橄榄油十分感兴趣，报名参与座谈者十分踊跃。在历时一个多小时的座谈会上，气氛热烈，很多消费者发言很积极，对橄榄油表现出强烈的求知欲望。通过座谈会，我们看到了橄榄油对消费者的吸引力，但是也发现很多人对橄榄油的用法、功能缺乏了解。因此，在制订未来的市场营销方案时，企业应将重点放在这方面，以橄榄油的功能、用法为主要诉求点，采用各种生动有趣的形式，将橄榄油知识的普及教育和白叶品牌紧紧相连，在消费者接受、熟悉橄榄油的同时，也在消费者心中树立了白叶的品牌形象。

3. 市场调研场所

调研场所的选择在很大程度上决定调查结果是否具有代表性，更会影响到营销决策的准确性，必须给予慎重考虑。一般来说，市场调研场所的选定是与企业产品销售市场策略紧密相连的。通过大量的销售分析得知，白叶橄榄油81%的销售额发生在北京的零售和批发渠道。因此，选择重要的、有代表性的商场超市展开市场调研是非常必要的。

4. 市场调研现场执行

在访问调研中，访问员作为信息的采集者，直接影响着调研的质量，所以对访问员的培训和管理，是有效实施调研的关键之一。因此，对聘请的市场调查人员需要进行多场专业市场调研培训，并派出专人到各大主力超市跟踪检查调研员的工作情况，以保证数据的真实性和调研效果。同时，在现场，调研人员还通过观察顾客情绪、向售货员了解情况、找店主聊天等方式进一步积累市场信息。在调查结束后，当晚回到公司进行讨论，分析顾客消费动向，提出改进工作的新措施。

在调研进行过程中，由于调查员素质较高，亲和力强，并承诺顾客会在后期给他们寄橄榄油赠品，因此能够顺利的留下被调查者的联系方式，方便以后电话复访，从而尽可能地减少了本次市场调查的误差。

白叶初榨橄榄油在北京市场取得的成功经验表明，市场调研作为管理者有效地利用和调动市场情报、信息的主要手段，是开展市场营销活动、打造企业品牌的基础，对产品的推广、品牌的建设起着关键作用，也在很大程度上决定着企业的前途和未来。

5. 思考题

请根据上述案例背景设计白叶初榨橄榄油在北京市场的调查问卷。

(二) 四川省成都市鞋类产品出口问卷调查表范例

1. 案例背景

为了解四川省成都市鞋类企业出口现状，国内外经济贸易形势对鞋类企业出口情况的影响，组织面向成都地区鞋类出口企业的问卷调查。

2. 问卷调查表设计（见表2-4）

表2-4　　　　　　　　　成都地区鞋类出口企业问卷调查表

一、调查对象基本信息

1. 企业名称：

［说明：请填写企业工商营业执照上的准确名称。］

2. 企业类别（请在适合您的□内划√，选一）

（1）□生产加工型企业（从事特定产品或半成品的生产制造，或对半成品进行加工）

（2）□流通贸易型企业（从事产品的购买、销售）

（3）□其他_____

（请在横线上写明属于哪类情况的企业）

3. 企业性质（请在适合您的□内划√，选一）

（1）□国有企业（国有独资公司、国有控股公司、非公司制国有企业）

（2）□除（1）外的内资企业（包括集体企业、个体企业等）

（3）□含港、澳、台商投资成分的企业（投资成分主要看注册资本）

（4）□含外商投资成分的企业（投资成分主要看注册资本）

4. 企业规模1（根据企业当前员工数，来选择。请在适合您的□内划√，选一）

（1）□50 人及以下　　　　　　　　　　　（2）□50～200 人

（3）□200～500 人　　　　　　　　　　　（4）□500 人及以上

5. 企业规模2（按 2011 年企业出口贸易总额，请在适合您的□内划√，选一）

（1）□100 万人民币以下　　　　　　　　（2）□100 万～500 万人民币

（3）□500 万～1000 万人民币　　　　　　（4）□1000 万～3000 万人民币

（5）□3000 万人民币以上

［说明：将企业 2011 年的各项出口额，按填表当日中国银行各种货币与美元汇率中的买入价折算成人民币，并逐项加总，从而计算企业 2011 年一年中以人民币表示的各种产品的出口总额。根据该出口总额来选择。］

6. 2011 年/2012 年企业月平均出口总量（请在适合您的□内划√）：

2011 年（1）□1 万～10 万双　　　　　　（2）□10 万～50 万双

　　　　（3）□50 万～100 万双　　　　　（4）□100 万双以上

2012 年（1）□1 万～10 万双　　　　　　（2）□10 万～50 万双

　　　　（3）□50 万～100 万双　　　　　（4）□100 万双以上

［说明：出口总量指所有出口产品的总和，包括不报检的半成品］

7. 2011 年/2012 年企业月均出口总额（请在适合您的□内划√）：

2011 年（1）□100 万人民币以下　　　　　（2）□100 万～500 万人民币

　　　　（3）□500 万～1000 万人民币　　　（4）□1000 万～3000 万人民币

（5）□3000 万人民币以上

2012 年（1）□100 万人民币以下　　　　　（2）□100 万～500 万人民币

（3）□500 万～1000 万人民币　　　　　　（4）□1000 万～3000 万人民币

（5）□3000 万人民币以上

［说明：出口总额指所有出口产品的总额，包括不报检的半成品］

8. 人员工资增加对企业出口成本的影响（具体数据）：

_____

_____

表 2 - 4（续）

9. 原材料涨价对企业出口成本的影响（具体数据）：
10. 其他因素对企业出口成本的影响：
11. 企业对出口鞋有什么需求？
12. 针对出口鞋的检验检疫您有什么意见、建议？ （包括对政府部门、中介组织及企业自身的意见和建议。可以是原则性的，也可以是针对具体案例的）（可加附页）

3. 思考题

请就你感兴趣的产品设计一份海外市场开拓的调查问卷，目的是为该产品在海外某市场拓展的可行性分析收集资料。

四、实验技巧

在进行市场调研的过程中，需要注意以下几方面：

首先，在明确调研问题时应甄别营销调研的不良时机，准确识别和定义调研问题和有效解决管理者与调研者对问题理解的差异。

其次，在制订调研计划时应注意选择资料来源，合理选择接触方式，科学安排时间进度，估算调研成本。

最后，在调研机构和人员选择时，应特别注意选择适合的调研人员并进行相应培训，明确调研人员对被调查者的道德义务。

第二节　电子商务

进出口业务的准备阶段是企业开展国际贸易的必经阶段。当人类步入以信息化为显著特征的 21 世纪，电子商务的产生与发展对国际贸易带来了深远的影响：以电子单证代替纸质单证，缩短交单、结算、汇款的时间；采用标准化、电子化的格式合同文本，提高进出口业务效率；全天候、全方位的及时提供信息，确保客户满意度；虚拟交易系统的运行，突破地理空间的限制，降低对实物的依赖，可见，电子商务已经贯穿了企业进出口业务的整个流程。进出口业务属于跨国交易，情况错综复杂，中间涉及环节较多，所面临风险较大，尤其需要在准备阶段对全部流程进行合理统筹与安排，以保证交易的顺利进行。本节的主要内容是在电子商务环境下，企业为开展进出口业务所进行的准备工作，并以几个简单的示例为代表，说明在进出口业务准备阶段应包括的主要操作。

一、实验任务

电子商务在企业进出口业务准备阶段中占非常重要的一个部分，它改变了传统的沟通方式和贸易方式，为商品交易省去了许多中间成本，提高了贸易效率。通过实验，深入感受电子商务的兴起为进出口业务的准备阶段所带来的方便和快捷，以及电子商务对国际贸易迅速发展所起到的大力推动作用，深刻认识电子商务与贸易准备间的互动关系。

在了解电子商务的基本概念、基本技术、基本原理的前提下，掌握企业在电子商务环境中，为顺利开展进出口业务，进行准备的基本流程，分别理解进口业务和出口业务各个流程的设置目的和主要任务、具体步骤、包含的电子化操作等。

掌握网上寻找客户、广告宣传、市场调查、成本核算、方案制订、网络营销、商务谈判等的手段和方法，熟练使用网上洽谈与信息发布的常用工具和方法，以及涉及贸易准备阶段的相关软件模块。

熟悉各角色的基本页面和操作方法，了解国际贸易电子商务中合同履行的一些常用电子商务系统的功能与使用。通过在模拟网络上发布公司信息，开展广告宣传等手段，使其他角色能较为全面地了解公司概况，并根据自己的需要和资金条件，寻找潜在客户进行商务函电的沟通，建立业务联系和业务发展意向。

依托前期课程学习储备，综合运用市场营销、财务管理、电子商务、管理信息系统、统计学、金融学、经济学等多学科知识和工具，对企业所面临的内外部环境进行调研与分析，制订产品进出口方案和相关的经营计划，以促成进出口业务的开展。

通过和外部利益相关者就进出口业务交易中各项事宜的磋商，运用电话、电子邮件、书信等沟通方式，强化国际贸易商务英语和口语交流沟通能力的训练。

二、实验原理

随着网络经济新时代的到来，电子商务正在改变企业以往的运营模式。电子商务是利用计算机技术、网络技术和远程通信技术，实现商务过程中的电子化、数字化和网络化。在电子商务时代下，传统国际贸易的贸易形式、贸易手段、贸易流程等发生了巨大的变化，信息化建设在许多业务领域取得了突出的进展。发展国际电子商务，将电子商务的思想和技术全面融入国际贸易是 21 世纪跨国交易的必然趋势，国际电子商务为国家全面参与国际分工，延伸从事国际贸易的深度和广度，开拓国际市场提供了新的平台和新的手段。

进出口业务活动涉及了许多形形色色的利益主体，如买方、卖方、海关、运输、税务、政府、银行等，环节众多且关系复杂，企业必须按照国家有关政策的规定，逐一地完成各个流程。传统的进出口业务以大量的纸质单证为依托，耗费了大量的人力、物力、财力在搜集信息与交流沟通上，每一程序包括签约、洽谈、报关、租船订舱、保险以及支付结算等都必须由人工参与，出错可能性较大，效率低，周期长，不能适应经济全球化进程中进出口交易快速发展的需要。特别是进出口业务的准备阶段，一项进出口交易能否顺利进行，关键取决于准备是否充分，而准备过程往往就是获取信息、作出决策、执行决策的反复循环，由于缺乏高效率的信息化和电子化工具而导致准备时间过长，可能会贻误商机，给企业带来经济损失。而国际电子商务利用现代通信技术、计算机技术和网络技术，将参与贸易的各方连接在了一起，构建起了一个虚拟的系统，突破了地域空间的限制和对实物基础设施的严重依赖，以电子数据传输、网络沟通、信息公开等方式就可以完成进出口业务的全部流程，企业通过在网上寻找合适的贸易伙伴、贸易咨询洽谈、网上订购、网上支付、网络营销、网上国际贸易交易管理等为进出口业务的顺利开展搭建了良好的外部环境，将节省的成本让渡给了消费者，创造出了更多的价值。

实验原理分为进口业务的准备阶段和出口业务的准备阶段分别介绍。进口业务中企业作为商品需求的一方，准备阶段的主要任务是进行行情调研和成本核算，以及完成相应的管理程序，而出口业务中企业作为商品供给的一方，商品是否被国外市场所接受决定了企业能否实现利润，以维持未来的可持续发展，准备阶段的主要任务包括了行情调研、业务关系建立、商务谈判、网络营销，以及出口商品经营方案制订等多个环节。可见，相比进口准备，出口准备更为复杂，更考验企业管理者跨空间整合资源、统筹安排的能力。

（一）进口业务准备阶段

我国企业在进口交易前的准备工作主要包括：行情调研与信息搜集、制订商品进口方案，以及遵循一定的进口管理程序，其中，行情调研与信息搜集是成本核算与进口管理的基础。

1. 行情调研与信息搜集

在进口业务准备阶段，行情调研是企业交易决策的基础，企业只有通过行情调研，才能评估进口商的资信、了解如何才能在国际市场上购得物美价廉的商品，从而确定上游供应商。行情调研主要包括经济环境调研、市场调研、进口商调研。

信息搜集是进行行情调研的前提。国内企业从事进口业务首先必须通过有关的信息媒介和信息渠道，采用相适宜的方法，有计划地获取信息。这些信息包括了即将进口的商品在国际市场上的价格水平信息、供应状况，进口商品所在国家的外贸政策规定、贸易文化，国外供应商的基本概况、资信证明和报价情况等。在以往传统的贸易环境下，要获取数量如此繁杂、范围如此广泛的信息，需要耗费长达几个月甚至更长的时间，而且信息的质量和时效性还难以保证。但是随着以因特网的普及，实时沟通工具的运用，第三方贸易平台的建立等为标志的电子商务的盛行，企业要搜集有关进口商品和合作企业的信息已经突破了贸易地域的空间局限，变得便捷和及时起来，所有信息都可以借助全球联网的电子化平台得到有效的沟通和展示。当电子商务环境中的"信息"不再是稀缺资源时，如何在浩如烟海的网络资源中定位对自己有用的进口贸易信息成为当今企业面临的新问题和必须解决的难题之一。

信息搜集的对象。针对进口业务的准备阶段，信息搜集的对象包括：

（1）经济环境信息。进口商品所在国的贸易政策和相关的国际贸易规定、国际惯例、贸易文化等，如关税、进口配额、许可证等政策，历年有关的进出口数据等。

（2）商品信息。进口商品在产业链各个环节上的报价信息、商品质量、原材料产地、主要销往地、供求数据、产量数据等。

（3）企业信息。供应、生产、批发、零售进口商品企业的经营状况，发展历史，发展潜力，产品质量，联系方式等。

信息搜集的关键是要有针对性，既要具备一定的专业深度，也要有较广的覆盖面，在搜集的过程中，逐步保留有用信息，省略无用的或不重要的信息，尽可能地考虑到所有可能对进口贸易产生影响的因素。信息是决策的基础，只有快速地搜集有用信息，才能为接下来进口贸易的顺利进行提供依据，避免事后问题的出现。

信息搜集的途径。国际电子商务信息包括了一手信息和二手信息，不同的信息类型有不同的搜集方法。具体而言：

一手信息的搜集依托直接沟通，运用电子邮件问卷法、在线小组访谈、参加国内外展览会等途径，得到对方的意思表示，实现直接交流。其中，电子邮件问卷法、在线小组访谈等属于电子商务环境下常用的一手信息搜集方法，通过向已经建立关系的进口商进行咨询和调研，可以搜集到最为及时的信息，许多小规模的企业为节约进口交易成本，更倾向于选择这种非面对面的但仍能达到较好沟通效果的信息搜集方法；而参加国内外展览会则是长期以来一直普遍盛行的一种信息搜集方法，适用于想要尽快树立品牌声誉，提高产品和企业知名度的大中型企业从事进口业务时使用。在国内举办进出口展览会的主要方式有：政府部门搭台、行业协会协办和展览公司参与的各类博览会、展览会；企业自行组织的各类展览会、展示会、新产品发布会和看样订货会；企业常设展示厅、陈列室展览。而企业到国外参展的主要途径是通过是经国家批准的有出展权的主办单位的全年组展计划了解可出国参加哪些展会，并向这些单位交费参加，如贸促会系统（地方分会与行业分会）、各地经贸委、大型外贸、工贸总公司、大型商会等。

二手信息的搜集依托间接沟通，利用网络资源来获取信息。

首先，经济环境信息的搜集。最为普遍的方法是查询各国相关政府机构的网站，如国家统计局、商务局、海关总署网站等，从官方披露的数据中获取企业所需要的信息，以确保数据的权威性和可靠性；此外，还可以查询世界各大新闻机构网站和数据库，新闻网站上公布的数据尽管可能连续性有所欠缺，但却可能是最新的实时数据，在某些时候具有相当重要的参考价值，而数据库则是专业机构开发的，专门用于查询相关国际贸易数据的工具，如果运用了恰当的查询方法，可以获取较为系统的信息。

其次，商品信息的搜集。商品信息中最为重要的是供求信息和价格信息，这两类信息除了通过直接沟通可以获取一手信息外，在某些时候，企业还需要在直接沟通之前，对商品信息有一个大致的了解，以利于谈判。商品信息的获取有两个重要渠道，一是进口商的网站，二是相关的行业协会和专业机构的网站，进口商的网站一般会披露其主营商品的报价信息，尽管有可能只是历史数据，但是也能在一定程度上供作参考；行业协会和专业机构网站有的提供了行业内部的价格信息和供求情况，有的只是给出了行业内部企业的名录和联络方式，依托这样的中介形式，通过网络沟通也能很方便地和目标进口商建立起业务联系。

最后，企业信息的搜集。官方网站是企业最为全面的信息来源，除此之外，还有世界权威的企业信息数据库（Big Yellow、Euro Pages 等）、行业协会和专业机构网站、第三方交易平台等，可以从中获取相关企业信息。如果仍然无法找到需要的企业信息，那么可以尝试在搜索引擎中输入关键字，进行网页检索，找出可以深入挖掘的数据来源。

搜集信息的整理。信息在整理前可能会呈现出无序混乱的状态，无法成为决策的依据，因此在获取到大量的信息之后，还必须按照科学的程序对信息进行加工整理，其基本步骤是"筛选—分类—加工"。"筛选"是指在浏览信息的过程中对无用和过时的信息进行剔除，以便于集中精力处理剩下的有用信息。但是需要注意的是"筛选"时要有标准，完全不符合标准的才进行剔除，而有的信息尽管现在表面上看起来暂时不太重要，但是经过一段时间以后，重要性才会慢慢凸显出来，或者几条普通的信息综合到一起以后会得出有用的结论，所以在筛选之前一定要作好备份。"分类"是指将初筛以后的信息按照一定的标准划分聚类，标准可以是信息的类型、来源、参考价值、可靠性等。信息分类既方便于查找，也提高了信息使用的效率。"加工"是指将一般的数据经过计算、绘图、统计分析、比较等方法加工成更加直观和清楚的有用信息。通常我们搜集到的数据来源多种多样，数据格式也各有不同，单独观察无法看出其中的规律所在，因此，我们可以先将数据进行整理，统一计量单位，借助许多数据处理和分析工具和软件（如 EXCEL、SPSS、EVIEWS 等），绘制几何图形，进行描述性统计的分析、样本数据的趋势分析等，便于我们看出数据背后隐藏的规律，做出合理的推测和预测，尽早把握商机。

交易对象的确定。企业在掌握了充分的信息之后可以确定交易对象，结合经济环境信息、商品信息、企业信息，进一步深入评估拟交易对象的支付能力、经营能力等代表资信水平和总体声誉的指标，选择出最合适，成交可能性最大的交易对象，进行深入谈判。

2. 制订商品进口方案

（1）进口成本核算。进行成本收益核算是企业进行任何一项决策所必须进行的工作，如果入不敷出，那么企业将放弃此项决策。同样，进口业务的准备阶段也需要对进口成本进行核算，以决定是否应该进口。进口成本由进口合同价格和进口费用两部分组成。

其中，进口合同价格就是外贸合同上的从境外供货商处取得的进口商品货款。进口费用包括：

国外运输费用：从出口国港口、机构或边境到我国边境、港口、机场等的海、陆、空的运输费用。运输费用并非一定由买方承担，而是根据外贸合同上所采用的外贸术语来得以确定的。

运输保险费：上述运输途中的保险费用，同样也是根据外贸合同上所采用的外贸术语来确定是买方承担，还是卖方承担。

卸货费用：这类费用包括码头卸货费、起重机费、驳船费、码头建设费、码头仓租费等。不是所有的进口业务都有卸货费用。

税：进口税货物在进口环节由海关征收（包括代征）的税种有：关税、产品税、增值税、工商统一税及地方附加税、盐税、进口调节税、对外贸易调节税、车辆购置附加费等。其中：

关税：是货物在进口环节由海关征收的一个基本税种。关税的计算公式为：

$$进口关税税额 = 完税价格（合同的到岸价）\times 关税税率 \qquad (2.1)$$

产品税、增值税、工商统一税、地方附加税都是在货物进口环节由海关代征的税种。产品税、增值税和工商统一税三种税额的计算方法：

$$完税价格 = （到岸价格 + 关税）/（1 - 税率） \qquad (2.2)$$

$$应纳税额 = 完税价格 \times 税率 \qquad (2.3)$$

进口调节税：是对国家限制进口的商品或其他原因加征的税种，其计算公式为：

$$进口调节税税额 = 到岸价格 \times 进口调节税税率 \qquad (2.4)$$

车辆购置附加费：进口客车、通用型载货汽车、越野车、客货两用车、摩托车、牵引车、半挂牵引车以及其他运输车，均由海关代征车辆购置附加费，费率是15%。其计算公式是：

$$计费组合价格 = 到岸价 + 关税 + 增值税 \qquad (2.5)$$

$$车辆购买附加费 = 计费组合价格 \times 15\% \qquad (2.6)$$

上述各种税金均以人民币计征。

银行费用：我国进口贸易大多通过银行付款。银行要收取有关手续费，如开证费、结汇手续费等。

进口商品的检验费：指买方收到货物后检验货物所支付的检验费，卖方在交货前进行检验所付出的检验费一般由卖方承担。

报关提货费：指买方按照进口国海关规定为进口货物办理进口报关手续向海关支付的相关费用。

国内运输费：指货物到达合同规定的目的地后，买方进行后续运输所支付的费用。

利息支出：即从开证付款至收回货款之间所发生的利息。

其他费用，如杂费、仓储费、外贸公司代理进口费、公证费等。

电子商务环境下的进口成本核算旨在追求成本核算过程的快捷和结果的准确，而快速准确的进口成本核算对企业成本计划的实施、成本水平的控制和进口经营决策的制订至关重要。企业运用专门的国际贸易软件或财务管理软件，可以使进口成本的核算由静态走向动态，不仅实现了在网上实时计算和更新进口成本信息，还提供网上订购、采购、付款、会计处理以及交易资料的记录、传递、认证与汇总，涵盖了物流、资金流及信息流，为各种交易和事项的确认、计量和披露等会计活动提供了技术基础，丰富了成本信息的内容并提高了成本信息的价值。

（2）进口合同条款的磋商。订购数量和时间的确定。要根据用货单位的需要，洞察国外市场波动，防止采购时间、数量过度集中以致外商提高价格或提出其他苛刻条件等，争取在保证满足国内需要的前提下，在最有利的时机成交适当的数量。

商品价格的确定。价格往往是买卖双方争论的焦点。如我方出价过低，不利于成交，完不成采购任务；出价过高，又将浪费国家外汇，甚至影响经济效益或亏损。因此在对国际市场价格做出详细调查的基础上，参照近期进口成交价，拟订出价格掌握幅度，并不宜过早透露给外商。

进口业务贸易方式和条件的确定。进口业务除采用单进的贸易方式外，还应针对不同的商品特点、交易地区、交易对象，灵活多样地采取招标、易货、补偿贸易、三来业务和技术贸易等多种方式；交易条件的制订，比如品质、运输、保险、商检，以及价格上的佣金、折扣等内容，也要在处理时机动灵活，以便既利于进口成交，又维护了我方利益。

3. 进口管理程序①

在对国际市场进行行情调研和信息搜集之后，通过核算进口成本，可以做出是否开展进口贸易的决策，如果决定开展进口贸易，接下来就需要遵循一定的进口管理程序，按照步骤来完成相应的流程。

（1）报批进口货单。进口货物审批采用分级审批的原则。进口货物分为三大类：

第一类是关系国计民生的大宗的敏感性的重要进口商品，如粮食、食糖、钢材、化肥、木材、农药、农膜及其原料、棉花、石油、涤纶、腈类、橡胶、烟草等专卖商品以及为保护民族工业限制进口的某些机电仪器产品，必须经过中央审批。

第二类是国际市场上相对集中、价格敏感或国内紧缺的重要物资，如羊毛、木浆、胶合板、牛皮、卡纸和瓦楞纸，重要化工原料、废船、显像管等由中央分配各地方一定的进口额度，由地方审批。

第三类是一般商品，由地方政府部门审批。进口商品的单位根据国家的进口计划或经省、市、自治区政府主管部门批准的进口计划提出订货申请书，按隶属关系由最终用户按外贸部门统一规定，填写进口订货卡片和订货卡片说明，经主管进口审查机关审查后，报送审批。进口订货卡片的内容包括：商品名称、品质、规格、数量、包装、生产国别或厂商名称、用途、要求到货时间、外汇来源等。

（2）申领进口许可证。一国政府为了禁止、控制或统计某些进口商品的需要，规定只有从指定的政府机关申办并领取进口许可证，商品才允许进口。实行进口许可证制度是进口国采用的行政管理手续，它要求进口商向有关行政管理机构呈交申请书或其他文件，作为货物进口至海关边境的先决条件，即进口商进口商品必须凭申请到的进口许可证进行，否则一律不予进口的贸易管理制度。按照许可证有无限制，可分为公开一般许可证（对进口国别或地区没有限制，凡列明属于公开一般许可证的商品，进口商只要填写此证，即可获准进口）和特种进口许可证（进口商必须向政府有关当局提出申请，经政府有关当局逐笔审查批准后才能进口）。

进口单位必须在委托外贸公司对外订货之前，填报"进口许可证申请表"，并连同批准的进口证件（批准件）、使用外汇证件向发证部门申请进口许可证。签了许可证的

---

① 潘冬青，胡松华. 国际贸易电子化实务［M］. 杭州：浙江大学出版社，2010.

对外经济贸易部门，在审核领证单位提交的有关文件及许可证申请表无误后，即签发许可证。

（3）报批用汇计划。使用贸易外汇进口必须按批准的用汇计划、用确定的外汇和批准的用途使用。进口商品所用的一切外汇均须按一定程序向主管部门申请批准用汇计划。进口商品经国务院批准，列入中央进口计划的，一般由中央拨给外汇地方；地方进口商品使用的外汇来源主要有中央分配的、经中央批准的专项外汇和周转外汇。在我国的进口业务的实践中，外贸公司的进口业务分自营进口和代理进口两种。一般用货单位委托外贸公司代理经营的，所使用外汇均须经规定部门批准后，才能向中国银行购买。在外汇落实后，才能办理进口业务。

①贸易外汇。对以信用证付款的进口货物，进口单位在向银行申请开证前，应先报请外汇管理部门出具外汇来源证明。对需要进口许可证或批准件的单位或商品，还应提供相应的许可证或批件，外汇管理局才能凭以出具证明。银行凭进口单位的开证申请及外汇管理局出具的证明办理开证。

在不开信用证情况下的进口，进口单位应同样向外汇管理部门办理证明。银行凭进口单位提供的进口单据、付款通知书及外汇管理部门出具的外汇来源证明办理付款手续。

预付进口货款应凭外商所在地银行出具书面保函办理付款手续。

②贷款外汇。申请贷款申请时需提交以下文件：外汇贷款申请书或使用短期贷款申请表；由主管部门同意的贷款项目计划或项目建议书或可行性研究报告；已经落实的国内配套计划和有关合同副本；已经落实的归还贷款所需的外汇额度人民币资金计划；用出口商品还款的项目，要提供与外贸公司签订的产销还汇合同或与外商草签的合同。

签订贷款合同。

填制和审核订货卡片或设备分交方案。

（4）委托代理进口。没有经营进口权或进口商品超出其经营范围的企业，如需进口，必须委托有经营权的外贸公司代理进口，进口订货卡片是进出口公司办理进口业务的主要依据之一，进出口公司在收到用货单位的进口订货卡片和相关资料后，必须严格审查。

进口单位必须向有经营权的外贸公司提交的文件：政府正式批准进口的书面文件，如订货卡片、进口订货说明书；使用外汇的有关证明，如留成外汇，要有中国银行开具的进口订货用汇通知单或外汇调拨单；如果是贷款外汇，还要提交与银行签订的贷款合同。

（二）出口业务准备阶段

我国企业在出口交易前的准备工作主要包括：行情调研与信息搜集、建立业务关系、商务谈判、网络营销、制订出口商品经营方案，以及出口商品的商标注册与企业域名注册等。其中：商务谈判和网络营销是电子商务环境下，企业出口业务准备阶段的突出特点。

1. 信息搜集与行情调研

由于出口业务不同于国内销售业务，涉及的贸易环节繁多且复杂，地理位置的阻隔使得企业无法对出口地的销售情况进行全面有效的控制，一旦出口业务出现问题，不仅会使企业的声誉受损，还会遭受到巨大的沉没成本损失，因此，企业在出口业务的准备阶段，必须进行信息搜集与行情调研，信息搜集与行情调研越充分，失败的可能性越小。特别是在国际贸易的电子化时代，网络使每个企业都有均等的机会获取信息，如果因为信息的遗漏或行情调研的失误导致出口决策不当，将给企业发展带来严重的打击。

和进口业务的准备阶段相同，出口业务准备阶段的信息搜集对象同样包括：

（1）经济环境信息。对宏观环境的调研旨在获取经济环境信息，如全球经济的景气程度、进口国的经济状况、外贸交易状况、贸易管制与惯例、民众生活习惯、社会文化、进出口商品结构等，出口国有关商品的出口配额、优惠政策、国内销售情况等，竞争对手销售额的境内外分布、国外营销策略、市场定位、未来可能采取的策略等。

（2）商品信息。以具体的拟出口商品为对象，了解该种或该类商品在国内外市场上的销售情况，现有的品种、类型、规格、包装、卖点、价格水平等，国外目标市场对商品的容纳能力，民众对商品在某种属性上的特殊需要等。

（3）企业信息。国外客户主要包括了进口商、各大批发商、零售商等，了解可能经营拟出口商品的客户其经营状况、营销能力、市场份额、资信情况等。

出口业务准备阶段的信息搜集与行情调研途径可以借鉴进口业务准备阶段，主要通过互联网来进行，既可以自己主动搜索潜在的客户，查询客户网站、有关招聘网站、各地黄页、行业协会网站等，迅速地获取客户的有关信息，进而利用电子邮件等沟通方式廉价地与客户取得联系，尽快建立客户关系，也可以通过网上自我展示来吸引客户，利用各种网站和网页，或者加入行业协会或产业管理组织，持续发布有关企业和商品的信息供客户参考，进行企业或商品的网上宣传，使客户主动地与自己联系，进而达到信息搜集和行情调研的效果。除此之外，国内外银行、商会、咨询公司、驻外商务机构、交易会、博览会、交流会、大使馆、领事馆、商务参赞处、媒介广告、贸易代表团体的访问等也是重要的信息来源。

出口业务准备阶段搜集到的信息同样需要整理，使之更具参考价值。出口企业应该建立潜在市场和客户的列表，密切关注其发展动向，便于企业在适当的时候扩大新兴市场，并且根据国家或专业机构发布的信息，以及企业的市场调研结果，实时更新重要的数据，如商品价格、供求情况、技术参数等，在不断优化产品自身性能的同时，使企业能有效地利用外部环境，及时掌握商机，提升在国际市场上的竞争能力。

2. 确定出口地区和客户，建立业务关系

企业通过调研，掌握了国际市场上的经济环境信息、商品信息和企业信息之后，可以确定商品的出口地区和客户，并与之建立业务关系，进行长期的贸易合作。商品出口地区和客户的选择都需要参照一定的标准，具备了某种条件，才有可能成为企业的目标市场。

目标出口地区的选择。企业从事出口业务，将商品销售到国外，同样需要遵循可衡量性、可进入性、有效性、对营销策略反应的差异性等原则，对国际市场进行市场细分，并对各细分市场进行评价。根据细分市场内部竞争激烈的程度、新竞争者的威胁、替代产品的威胁、购买者讨价还价的能力、供应商讨价还价的能力等因素，综合评价各细分市场的规模和发展潜力、市场结构的吸引力、是否符合企业的目标和能力等，再来选择最容易进入的、最有利于商品销售的国际细分市场，以此作为目标出口地区。

目标客户的选择。目标出口地区和目标客户的选择需要相互结合，目标客户分为不同层面，进口代理商、进口商、批发商、零售商、消费者都属于目标客户的范畴。对于进口代理商、进口商、批发商、零售商这类中间企业层面的客户而言，企业声誉和必要的经济实力、营销实力是最重要的考虑因素，而对于消费者这类终端层面的客户而言，重点考虑的则是是否容易接近和具有需求。目标客户群处在不断的变化之中，他们的期望值随时间的推移而变化发展，这要求出口企业要能够不断地调整其产品和服务，以满足和超过客户不断变化的期望值。

在确定出口地区和客户的基础上，建立客户档案，档案中既应包含现实的客户，也应涵盖潜在的客户。对于现实客户，运用电话、传真、邮件、发产品样本、发名片等方式与客户取得初步联系，收集记录相关资料，并且剔除初步联系后不合适的对象。一笔具体的交易往往始于出口商主动向客户发函建立业务关系。就标准规范的层次而言，建立业务关系的信函一般应包括如下内容：

（1）说明信息的来源，告诉对方是如何获悉其地址和业务范围的；

（2）说明去函的目的，表示愿意与对方建立业务关系；

（3）向对方做自我介绍（企业性质、业务状况、经营范围、信誉声望等）；

（4）以礼节性的语言结尾，表明对对方回复和合作的希望。

在得到对方积极的回复之后，与可能开展合作的客户进行深入接触，通过电话联系、网络交流，甚至实地考察等方式，逐步培养关系；对于潜在客户，要进行持续性的记录和后续跟踪，关注或挖掘合作的领域。

3. 商务谈判

商务谈判是指不同的经济实体各方为了自身的经济利益和满足对方的需要，通过沟通、协商、妥协、合作、策略等各种方式，把可能的商机确定下来的活动过程。企业的出口业务要顺利进行，需要和国外买方就各种细节进行反复的洽谈和磋商，双方在和贸易合同有关的商品价格、生产品质、技术参数、贸易术语、贸易条件、款项支付等方面往往由于利益出发点不同，存在争议和分歧，需要商务谈判来就共同关心的部分进行商讨，尽可能地解决矛盾，化解争议，达成共识，预见到将来贸易可能发生的问题，并提前拟定好沟通和解决机制，以保证出口贸易实现双赢的目标。

电子商务谈判的途径。不同于传统的商务谈判更多采取的是面对面的会议形式，电子商务谈判不再局限于时空限制，谈判双方可以随时在任何地方交换意见，避免在安排谈判时间、地点、环境、方式上的麻烦，减少了成本耗费；更有效地将谈判集中于双方共同关注的问题上，问题的解决循序渐进，淡化了感性因素对谈判结果的影响，保证了谈判的效率。电子商务谈判的途径主要有电话谈判、函电谈判、网上谈判、视频会议系统等。

电话谈判是借助电话通信进行沟通信息，协商寻求达成交易的一种谈判方式，适用于欲与谈判对方快速沟通，尽早联系，尽快成交的情况；

函电谈判是通过邮政、邮件、传真等途径进行磋商，寻求达成交易的一种谈判方式，是目前国际贸易商务谈判中使用最普遍、最频繁的谈判方式，一般包括五个环节，即询盘、发盘、还盘、接受和签订合同。

网上谈判是借助电子商务而发展起来的，指借助于互联网进行协商和对话的一种特殊的书面谈判，为买卖双方沟通提供了丰富的信息和低廉的沟通成本。

视频会议系统。包括软件视频会议系统和硬件视频会议系统，是指两个或两个以上不同地方的个人或群体，通过现有的各种电气通信传输媒体，将人物的静、动态图像、语音、文字、图片等多种资料分送到各个用户的计算机上，使得在地理上分散的用户可以共聚一处，通过图形、声音等多种方式交流信息，增加双方对内容的理解能力。目前视频会议逐步向着多网协作、高清化的方向发展。

电子商务谈判的人员要求。商务谈判不是一个人所能完成的，需要由谈判小组团队合作进行，因此，要以一定的组织形式，成立谈判小组，并做好谈判班子的配备管理工作。

谈判人员首先应具备忠于职守的观念和良好的团队精神，坚持平等互惠的原则；其次，应具备纵向和横向复合的知识结构，纵向熟悉商品的性能、特点及用途，了解商品的生产潜力或发展的可能性，有丰富的谈判经验与应付谈判过程中出现的复杂情况的能力，能熟练掌握外语，直接用外语进行交流，了解国外企业的类型和不同特点，横向熟悉有关对外经济贸易方面的方针政策，并了解国家关于对外经济贸易方面的具体政策措施，有关国际贸易和国际惯例知识，国外有关法律知识，包括贸易法、技术转让法、外汇管理法、税法等，各国各民族的风土人情和风俗习惯等；最后，具备较强的心理素质、高度的预见应变能力、坚强的毅力和敏锐的洞察力。

谈判小组应根据谈判对象来确定规模，层次分明，分工明确，由技术人员、商务人员、法律人员、财务人员、翻译人员、谈判领导人员、记录人员等组成，不同谈判内容要求谈判人员承担不同的具体任务，并处于不同的谈判位置，谈判过程中互相协调，相互呼应，相互支持。

电子商务谈判的方案确定。在商务谈判开始之前，需要对谈判目标、谈判议程和谈判策略预先做出安排，方案详略可根据谈判的规模、重要程度的不同而定。如对大规模进出口商品，特别是关系到国计民生的重点商品所拟定的谈判方案比较详细具体，各种谈判过程可能出现的情况都尽可能地提前作好应对准备，对谈判问题的先后顺序、难易程度、突发状况做到心中有数。

一般而言，谈判方案包括以下几项基本内容：明确主要或基本交易条件可接受范围，以及保证标准和理想标准；规定谈判期限；明确谈判人员的分工及其职责；规定联络通信方式及汇报制度等。而谈判方案的具体内容则主要涉及贸易合同价格、贸易条件等与合同条款有关的方面。如我国为在每年的铁矿石价格谈判上争取到最有利的价格，会制订详细的铁矿石谈判整体方案，用于指导谈判进程。

电子商务谈判的技巧。事前做好充分的信息搜集。由于互联网上充斥着形形色色公开的大众媒体,使用网上谈判意味着与客户、合作伙伴之间的关系公开化,谈判对手可以通过互联网随时了解到相关信息,因此,在谈判之前必须做好充分的信息搜集,尽可能多地掌握谈判对手不知道的信息,并且做好标签和索引,以便于谈判中随时利用网络查阅,占据有利的谈判地位。

书面表达注意措辞。简单的网上谈判有时仅限于文字交流,利用即时的网络沟通工具来达到谈判的目的,由于对方的意思表示只能来源于文字,因此这种谈判类型对措辞提出了更高的要求,必须做到谨慎和委婉,但同时也要明确地表达出我方的意图,可以由多人合作,选择最好的方案来推进谈判。

注意肢体语言和表情语言。在运用视频会议等形式进行电子商务谈判时,和面对面的谈判一样,尤其需要注意肢体语言和表情语言的辅助功能,用适当的动作和表情可以强化语言效果,传递隐含信息,营造良好的谈判氛围。

4. 制订商品出口方案

通过电子化的商务谈判,大致明确了出口贸易合同的各项条款之后,企业就要根据合同拟定的要求,开始制订方案,确保合同义务的履行。方案一般包括了以下几项内容:如何落实出口商品货源;如果没有现成的货源,怎样组织生产,确保在规定的交货期能够交出保质保量的货品;商品运送到国外之后,又将如何开展经营活动,获取应得利润。其中,生产计划和经营计划的制订可以利用有关的管理软件等电子化工具来辅助完成。

落实出口商品货源。落实出口商品货源主要是针对进出口外贸公司而言,这类公司并非生产制造型的企业,而是专门从事进出口外贸代理业务,取得了外贸订单之后,再按照订单要求组织货源。货源的收购方式有直接收购、间接收购、调拨收购等,常用的货源组织方法包括:

建立关系稳定的供货商网络。在全国各地发展具有较好信誉的联系人或联系机构,作为中介随时提供商品供求信息和帮助组织商品,并联络符合出口要求的商品生产厂家,经过筛选之后,与企业成为长期稳定的合作伙伴,将其基本资料、生产能力、库存能力、运输能力等数据输入电脑信息系统,建立供应商的统一联网管理平台,以便于随时查询,以及紧急时刻的货源调配。

纵向一体化实现产品自给。实力雄厚的进出口外贸公司可以采用产业链纵向一体化,自行开设工厂或建立生产和加工基地,实现产品自给,也可以采用参股、控股、合作研发、工贸联营等资本运作方式,和生产制造型企业展开合作,根据订单对商品花色、品质、规格等的不同要求,按需生产,提供个性化服务,从而吸引中高端的国外客户。

建立战略合作联盟。与其他出口同类型商品的外贸公司通过合作,形成战略联盟关系,联盟伙伴的规模和经营能力彼此之间应该相当,组织管理和经营理念相近,国外市场的销售和分配能互补和相互促进。订单利润由战略联盟按照事先约定的比例共享,货源也由战略联盟按照任务的分配共同组织,集合联盟伙伴的供货渠道,整合一切可以利用的资源,在最短的时间内落实好货源,采取高效率、低成本的出口竞争模式。

制订国内生产计划。生产制造型企业在接下国外订单后，若有符合要求的库存商品，那么可以直接用于出口，否则还需要进行生产。企业的生产能力决定了可以接受的国外订单数量，因此，企业在出口业务的准备阶段，除了对外贸合同的细节进行研讨决策之外，还需要分析履行合同的可行性，而是否能按时保质保量的生产出合同规定的商品就是重要的考虑因素之一。制订国内生产计划需要注意以下几点：

根据国际市场的供求情况随时调整生产计划。出口商品在国外市场上的供求和价格情况瞬息万变，企业必须对相关网站披露的数据和政府机构发布的政策信息保持高度关注，以随时调整国内的生产计划。在市场看好的时期，适当增加通用标准件的货源库存，在市场看低时期，可以实行准时生产方式，尽量减少库存，按订单需要来组织个性化生产。

企业内部各职能部门密切配合，做到产销衔接。采购部门要保证原材料的供给，把握生产所需各种原材料的库存数量，在材料发生短缺前能及时通报生产部门；生产部门做好生产前人员、设备、模具等准备，以营销部门的销售计划为基准来确定自己的生产计划，合理安排生产进度，并不断地确认生产的实际进度；销售部门要提前向生产部门提供下期的产量需求意向，产量需求必须明确产品型号、数量、完成时间等。通过各个部门的通力合作和信息的及时沟通，尽快实现出口商品的货源到位。

利用管理信息系统来对企业资源实行全面监控。随着信息化技术的发展及管理水平的不断提升，要实现各职能部门的密切配合，信息化生产管理成为制造企业生产管理的重要手段。以计算机硬件、软件、网络通信设施及其他办公设备为平台，进行信息的收集、运输、加工、储存、更新和维护，对企业资源实行全流程的监控，确保出口商品的生产按照预定计划进行。

制订国外经营计划。出口商品到达国外以后通过销售取得利润是企业出口业务的最终目的，出口商品的国外经营计划是对商品在国际市场上竞争获利的统筹安排，是多个计划的组合，如销售计划、成本计划、人事计划、应急计划等。对于大宗重要出口商品，可以按照商品来分别制订经营计划，而一般的出口商品则可以按照商品类别来制订，小宗商品可以制订较为简单的方案，仅包括关键的价格浮动计划、市场投放计划等即可。具体而言：

销售计划和措施。按照国别或地区，按品种、数量或金额列明销售的计划进度，特别是价格区间、商品投放量、广告投放量、促销制度安排等，以及按销售计划采取的措施，如对客户需求和反馈的调研、收汇方式的运用，对佣金和折扣比例的掌握、货款支付方式、贸易条件等。

成本计划和措施。根据价格变动趋势，计算出口成本、创汇率、盈亏率等，进行出口商品的成本收益核算，逐个明确每一种或每一类出口商品的外汇贡献度，预测未来的经营成本和现金回流量，设立明确的评价指标体系，帮助企业适时扩大或减少某种商品的出口量，甚至放弃某种商品的出口计划。

人事计划和措施。按照商品系列或类别，成立专门负责出口商品国外经营的人力资源团队，界定责任和分工，以及能力要求；明确适当时机在国外设立外贸子公司或办事处的人员配备计划，制订奖惩激励措施。

应急计划和措施。出口商品在国外经营有可能会遇到许多突发事件，如果处理不及时不恰当，会使企业，以至于国内的经营都面临巨大风险，如由于产品质量缺陷引起的声誉危机、战争或政治风波引起的社会动荡导致出口受阻等，企业应该事先对可能发生的突发事件进行合理预测，制订应急处理机制，尽量降低企业出口业务的风险。

5. 网络营销

商品出口到国外，要赢得国外消费者的青睐，也需要进行市场营销。由于地理位置遥远，语言文化和社会习俗均有异于本国，因此，国外营销无法直接套用国内或本地的营销模式。如何让第一次接触到出口商品的国外消费者尽快了解和接受该商品，互联网提供了直接有效的渠道，网络营销应运而生。在出口业务的准备阶段，为确保企业出口获得目标利润，资金尽快回流，网络营销应该提前进行，在国际市场上扩大知名度，给国外消费者留下印象，便于商品出口上市后短期内能占领市场。出口业务准备阶段网络营销的方法有：

（1）建立网站。在网络上开展市场营销活动首先要通过网页的设计和组织将企业和商品的基本情况表现出来，互联网的普及使得地球上任何一个角落的潜在消费者都有可能随时访问到你的网站，通过浏览网页上的信息来认识和了解你的企业和商品。建立专属的官方网站，既为自我信息的展示搭建了一个开放的平台，同时也增加了国外客户对企业和商品的信任感。一个外贸网站至少应该包括三大要素：企业介绍、商品介绍和联系方式，同时提供在线客服功能和丰富详尽的商品图文说明，采用友好交互式的网站界面，方便客户咨询和自主操作。针对国际贸易的外贸网站还应该根据目标市场的所在国语言，增设不同的语言版本，方便国外消费者查阅，并配备熟悉企业和商品情况的翻译工作人员在线解答客户的咨询。同时网站作为企业重要的一项形象认知，必须进行大力推广，网址应伴随着出现在和宣传企业和商品有关的一切传播媒介上，如广告、产品目录、宣传册、名片、信函、搜索引擎、互惠链接、电子邮件等，提高网站的知名度。

（2）建立网上商店。建立在第三方提供的电子商务平台上、由商家自行经营网上商店，如同在大型商场中租用场地开设商家的专卖店一样，是一种比较简单的电子商务形式。网上商店除了通过网络直接销售产品这一基本功能之外，还是一种有效的网络营销手段。传统的企业出口贸易是一次性用大型交通工具将商品批量运送到国外，企业不得不承担运输、储存、保险等一系列费用，还面临着商品积压、途中破损、意外事故等不确定风险，而网上商店的建立为国内外客户提供了商品的展示功能，尽管不如实体商店可以亲身感受到商品的性能，但客户却可以通过简单的点击，查询所需商品的各项参数、外观形态、成交价格、买方评价等，初步作出是否可以购买的决策，而对于国内企业来说，网上商店比起传统的出口贸易库存压力和经营成本会大大降低，经营规模不再受场地局限，根据买方要求订制产品满足了个性化需求，网上支付也保证了资金回笼的安全。

（3）发布网络广告。网络广告是通过网络传递到互联网用户的一种高科技广告运作方式，可以利用网站上的广告横幅、文本链接、多媒体等方法，在互联网刊登或发布广告。与传统的广告传播媒体相比，网络广告具有受众面更广、交互性更强、针对性更直接、效果评估更科学等优势，尤其是对于年轻一代的国内外客户而言，网络是其每天都会接触的事物，更容易接受网络广告这种网络营销形式。针对国际贸易所设计的网络广告应该特别注意国外受众对于广告内容、表现形式、广告语言、广告时间等的接受习惯，慎用广告词，绝对不能违反当地政策法规的规定，或者有悖于当地民族精神信仰，同时力求突出最抢眼的卖点，给国外消费者留下深刻的印象。

（4）登录电子商务国际贸易平台，主动发布信息。国际贸易 B2B 贸易平台是互联网上专供国际买卖双方发布各自供求信息，以促进合作的网站。著名的 B2B 贸易网站有：阿里巴巴网、环球资源网、中国海商网、慧聪网、铭万网等，通常在谷歌中输入所需的产品名，加上"B2B"组合关键词，就可以找到分类比较详细的贸易平台网站。企业可以在这类贸易平台网站公开发布供求信息，加入网上的买卖者群体，等待有合作意向的国际商家主动联系，实现从建立最初印象，到货比三家，再到讨价还价，签单和交货，最后到客户服务的全流程出口业务，为企业节约大量的资源和时间。

（5）电子邮件。电子邮件营销是以订阅的方式将行业及产品信息通过电子邮件的方式提供给所需要的用户，以此建立与用户之间的信任与信赖关系。开展邮件营销需要解决三个基本问题：向哪些用户发送电子邮件、发送什么内容的电子邮件，以及如何发送这些邮件。出口企业可以拟好有关企业和商品说明的邮件范本，适当附加资质凭证，明确联系方式，以增加国外客户对企业和商品的信赖度。特别是开发信的写作，首先应说明获得客户联系方式的途径，接下来再是简单介绍企业和商品的情况，表示与对方合作的诚意等，内容要简单精练，留有余地，引起客户的兴趣，吸引有意向的客户进行回复和咨询。如果有客户对开发信进行了回复，需要后期继续跟进，及时整理相关资料，确认询问事宜，补充更详细的产品资料，通过不断的网络沟通，基本达成贸易合作意向。

（6）其他网络营销方法。出口企业为达到推广商品的目的，还可以在国外点击率较高的论坛、留言板、交流群、专栏等公共讨论区适时地进行企业和商品的宣传，利用访问量来带动营销理念的传播，而且由于公共话题的开放性，企业还能即时搜集到潜在客户的许多反馈信息，以改进和优化宣传的效果。

6. 出口商品的商标注册与企业域名注册[①]

商标和域名都属于企业重要的专用性资产，是识别企业的独特标志，出口企业要将商品销往国外，商标和域名必不可少。附在实体商品上的商标代表着企业的理念和文化，而注册域名是企业进行网络营销的前提。

出口商品的商标注册。出口商品必须在该国合法注册，才能得到该国法律的承认和保护。目前，各国对商标所有权或专用权的管理，大致有四种制度：

一是"使用在先原则"，即谁先使用某商标，就拥有该商标的所有权；

二是"注册在先原则"，即谁先依法注册，就取得该商标在注册国家的所有权；

三是"混合原则"，即原则上以注册在先来确定商标所有权，但申请注册时须经公

---

① 潘冬青，胡松华. 国际贸易电子化实务 ［M］. 杭州：浙江大学出版社，2010.

告一段时间，如无人提出异议，才给予承认和保护。

四是"双重原则"，即如有先注册者和首先使用者分属两人时，商标所有权属于首先注册者，首先使用者自己仍可继续使用，但不得转让。

我国的出口商品一般是先在国内注册，取得国内法律的保护，再委托中国国际贸易促进委员会或进出口商会商标处，或国外友好团体、客户代向国外办理注册。外国人在我国申请商标注册，按规定应委托法定代理人中国贸促会代办。对出口企业而言，选择商标不仅要遵守我国及国际上的商标法规，还要考虑到进口国的文化背景、宗教习惯、风土人情、审美习惯等，以防商标在使用过程中造成不必要的误解。如不要选择国际上禁用的商标，选用的商标及其图案要尊重进口国的风俗民情，出口产品的英文商标名称要翻译得准确而富有创造性，避免出现歧义。

企业域名注册。在新的经济环境下，域名所具有的商业意义已远远大于其技术意义，而成为企业在新的科学技术条件下参与国际市场竞争的重要手段，它不仅代表了企业在网络上的独有的位置，也是企业的产品、服务范围、形象、商誉等的综合体现，是企业无形资产的一部分。域名的注册遵循先申请先注册原则，每一个域名的注册都是独一无二的。

申请国内域名，可以到中国互联网络信息中心（www. cnnic. net. cn）去申请，也可以由互联网代理机构代理申请，如搜狐、新浪等。我国商业企业的域名一般是www. xxxxx. cn，其中，xxxxx 由企业自行决定，域名要简单好记，富有吸引力和企业文化特色，以便公众熟知并对其访问，从而扩大企业知名度，一般是企业中文名称的拼音或企业英文名称的简写；申请国际域名，可以到国际互联网域名注册管理机构（www. internic. net）申请，商业企业域名的普遍形式是 www. xxxxx. cn 或www. xxxxx. biz。无论是国内，还是国外的域名管理机构都会先查询申请的域名是否被他人注册，如果没有，则可以提交申请表格和相关材料，缴纳一定的费用以后就可以申请成功。

三、实验范例

正如实验原理所述，由于在电子商务环境下，进出口业务准备阶段所涉及的工作内容繁杂，需要熟练运用多个学科专业的知识，而不仅是局限于国际贸易，要求具备较强的综合能力，如听说读写国际商务英语的能力、商务沟通与谈判能力、经济信息检索能力、报告和策划撰写能力等。因此，在本部分的实验范例中，我们无法一一罗列在进出口业务的准备阶段应该完成的各项任务并附以范例，只是选择了其中相对而言比较重要且是必需的三项工作任务，加以举例说明。

（一）信息搜集与行情调研

信息搜集与行情调研是进口和出口业务准备阶段都必不可少的一项工作。如何在最短的时间内搜集到对商品进出口决策有用的信息是重要的工作技能之一。请根据下列背景资料设计出调研采取的方法和步骤。

1. 案例背景

国内某贸易公司为迎合当今社会崇尚健康、提倡低碳生活的潮流，意欲向国外某知名自行车生产厂家进口一批自行车，占领一部分高端自行车市场的份额。为了论证这项进口业务是否能为公司带来目标收益，是否具有可行性，首先需要对国内自行车市场的行情和进出口状况进行调研。

2. 操作评析

信息搜集和行情调研的关键是设计出具体可行的调研方法和步骤，明确调研的重点和难点，在进出口业务的准备阶段，尤其需要一项一项地清晰列出调研的顺序和方法，突出可操作性和实践性。

3. 操作参考

为该贸易公司在进口自行车业务准备阶段设计的具体调研步骤如下：

首先，对本国市场进行调研，获取国内消费者对自行车的需求情况和市场主要卖点。

（1）通过专门的报告或年鉴，收集国内自行车市场的最新信息，包括自行车的历年产量、销量，主要的自行车类型、分类型用途等数据。

（2）系统查阅各种信息资料和经济专刊等一系列出版物，详细了解国内市场的竞争情况和进口信息，重点调研国内主要品牌自行车的生产经营状况，以及整个自行车行业的竞争态势和未来发展趋势。

（3）成立专业的调研小组，设计调查问卷，提前作好预调研，在进一步修改和完善问卷后，采取发放网络问卷和纸质问卷相结合的方式，了解国内消费者对自行车的需求数量和需求特点，并以图表的形式作好数据的统计处理，以供今后查阅。

其次，详细调研中国的自行车市场和出口状况。

（1）通过美国驻中国贸易促进委员会机构等官方部门提供关于中国自行车市场的最新信息，并作好数据的及时更新。

（2）通过互联网搜索中国自行车出口市场的相关资料，重点整理对自行车进口决策有重大影响的网页信息，以表格形式列示，按重要级别排序。

（3）走访国外某知名自行车生产厂家驻中国办事处，与该公司相关人员直接探讨该产品的性能、销路及各方面特点，并分析该公司的经营和资信状况，商讨合作意向。

采用的方法：采用室内调研、媒体交流和就地访问相结合的调研方法。

（二）与客户建立业务联系[①]

与客户建立业务联系是进出口交易的基础，草拟建立业务联系的信函是每个外贸业务人员必须掌握的操作技能。请根据下列背景资料拟写建交函：

1. 案例背景

网上有一则悉尼的求购广告，急需一批 EVA 底运动鞋。给对方发份邮件，再寄一套最新目录。下面是公司的有关情况介绍：

---

① 孟祥年. 国际贸易实务操作教程［M］. 北京：对外经济贸易大学出版社，2007.

安徽化工进出口公司是一家国有外贸企业，主要经营化学工业所需原料及相关产品的进出口业务。近年来，随着公司内部管理体制的改革及外贸业务的高速发展，公司已经取得了巨大的成绩。

橡胶制品部是公司的主要业务部门之一，经营各类国产鞋类的出口，包括布面胶鞋、睡鞋、童鞋、胶底皮鞋、便鞋及 EVA 底运动鞋等，产品行销中国香港、欧洲、美国及亚洲其他市场。

公司拥有经验丰富的制鞋专业人员、品质管理人员及国际贸易人员，并与市场内和附近的十余家鞋厂建立了密切的业务联系，可确保稳定广泛的货源及质量。公司在国际市场上竭诚地寻求合作机会，可通过如兴办合资鞋厂，或来样加工、补偿贸易等多种形式，并愿意按照互利互惠、共同发展的原则同世界各地的鞋类经销商进行业务往来。

2. 操作评析

根据上述资料我们可以从以下几个方面着手写建交信函：

开头部分说明从网上得知对方公司求购 EVA 底运动鞋，并说明去函目的是在互惠互利、共同发展的基础上与对方建立业务联系。

介绍部分首先要介绍安徽化工进出口公司的情况：本公司是国有贸易企业，主要经营化学工业所需原料及相关产品的进出口业务，公司拥有经验丰富的制鞋专业人员、品质管理人员及国际贸易人员，并与市场内和附近的十余家鞋厂建立了密切的业务联系，可确保稳定广泛的货源及质量。其次介绍公司产品情况：公司的橡胶制品部经营各类国产鞋类的出口业务，包括布面胶鞋、睡鞋、童鞋、胶底皮鞋、便鞋及 EVA 底运动鞋等，产品行销中国香港、欧洲、美国及亚洲其他市场，并附上最新目录等。

结尾部分主要希望对方早日回音并表示敬意等。

3. 操作参考

Dear Sir or Madam：

We learned from the Internet that you are in the market for jogging shoes with EVA sole, which just fall into our business scope. We are writing to enter into business relations with you on a basis of mutual benefits and common developments.

Our corporation, as a state – owned foreign trade organization, deals in the import and export of raw materials and relevant products for chemical industry. We have a Rubber Products Department, which specialize in the export of various kinds of shoes made in China including jogging shoes with EVA sole of fashionable designs, comfortable feeling, and high popularity in America, Europe and Asia. We have established close business relationship with more than a dozen of shoe manufacturers so that the stable supplies, the quality guarantee as well as the flexible ways of doing business can be reached.

Enclosed is our latest catalogue on jogging shoes with EVA sole, which may meet with your demand. If there isn't, please let us know your specific requirements, we can also produce according to your designated styles.

It will be a great pleasure to receive your inquiries against which we will send you our best quotations.

We are looking forward to your prompt reply.

Yours faithfully,

Anhui Chemicals Import and Export Corporation

×　×　×

（三）制订出口商品的经营方案①

1. 案例背景资料

花果山野菜有限公司为迎合当前人们追求健康生活的理念，扩大公司销售额，意欲向国外出口公司的几种野菜产品，请根据公司实际面临的国内外市场的情况，为该公司制订出口野菜商品的经营方案。

2. 操作评析

出口商品的经营方案主要包括了以下几个方面的内容：

（1）国内商品情况（商品来源、特点、规格、分类等等）；

（2）国外市场情况（国外市场特点、目标市场及市销品种）；

（3）营销方案（出口计划、初步安排、推销计划及措施）；

（4）收汇方式（根据实际情况选择合适的收汇方式）；

（5）其他有关问题等。

制订出口商品的经营方案首先要分析国内商品情况和国外市场情况，进而制订具体的营销方案，并考虑收汇方式、价格变动等其他有关的问题，撰写出口商品经营方案。以下提供了一则简单的示例，目的旨在说明出口商品经营方案的大体框架，但在实际操作中，出口商品的经营方案应包含尽可能多的数据、图片等资料，最后得出一个详尽可行的经营方案。

3. 操作参考

花果山野菜有限公司出口商品经营方案

Ⅰ. 国内商品情况

a. 商品来源：山野菜长期生长繁衍在深山幽谷、茫茫草原等自然环境中，有很强的生命力，且具有未受污染的优越性。

b. 商品特点：一是营养价值高。野菜的营养含量通常比常规蔬菜高 1～2 倍。二是有保健作用。野菜中许多营养成分本身就是"良药"。三是无污染无残毒。野菜生长在大自然，生命力强，抗病虫害能力强，没有化肥、农药、污染物等有害物质，是纯天然绿色食品，是高质量的无公害蔬菜。四是风味独特。野菜吃法多样，可凉拌、炒食、鲜食、烧汤，也可做馅，还可加工成袋装即食菜品，制成干菜或腌制，可长期保存和食用，清鲜味美。

c. 商品规格：按分类不同，规格也迥异，但一般常用为 30×40×50cm

d. 商品分类：山野菜按保鲜要求可分为新鲜菜、脱水菜和盐渍菜。

---

① 此示例来源于：http://wenku.baidu.com/view/4f779852ad02de80d4d8403a.html

e. 商品质量：无公害天然绿色食品，通过国家质量认证。

f. 国内主要供货商：

东北山野菜（中国好聚全特产有限公司）是纯绿色无污染食品，该食品种类繁多，有刺嫩芽、蕨菜、薇菜、黄瓜香、山芹菜、黄花菜、刺五加、猴腿菜、山胡萝卜、榛蘑、羊肚菌、猴头蘑、木耳等上百个品种。

美林谷山野菜（汇丰食品有限公司）主要经营各种东北地区山特产品，销售的产品有：木耳、猴头、元蘑、榛蘑及各种野生菌类、熊胆粉、蜂蜜、蜂胶、山野菜、松子、榛子等。以"经营健康"为理念，批发零售兼营。

桐柏山野菜公司（大连圣达国际贸易有限公司）常年提供农副产品、山野菜、蘑菇、杂豆等系列产品的加工出口业务。以上产品多为野生天然食品，具有丰富的食用，医用价值。本公司自有加工生产基地，完全可以做到产销一条龙服务，并有以上产品的多年进出口经验团队。

Ⅱ. 国外市场情况

a. 国外市场的特点：近年来，在国内外食品市场上，山野菜出现俏销，需求量增加。国内外消费者之所以青睐山野菜，是因为它纯天然、无污染、口味特别，适合众多很少能吃到山野菜的城市居民的消费心理。为了开拓山野菜的国内外市场，我国的一些食品企业加快了开发和生产速度，将一大批山野菜推向市场。由于货源充足，价格有所降低，这不仅适应了国内消费者的需求，也为出口国际市场创造了条件。目前，我国出口到日本、韩国、俄罗斯等国家和东南亚地区的山野菜，呈迅速上升之势，其中仅出口到日本的山野菜，年均已超过 20 万吨，创汇 1 亿多美元。

b. 目标市场：日本是最大的农产品进口国，其中进口蔬菜约占农产品贸易总额的 11%，约占日本蔬菜消费的 15%，日本进口蔬菜的贸易国家达 70 个以上，其中中国蔬菜占日本进口蔬菜的 40% 左右，有时这一比重还会更高。再者日本人对养生之道非常讲究和注重，所以山野菜出口的目标市场就是日本，在日本地震过后农产品期货市场走势坚挺。此次地震对日本影响重大，日本大地震导致日本农产品和食品物流受到很大影响，蔬菜、牛奶、面包等商品供不应求，部分批发市场已出现涨价现象。由于地震破坏，除日本东北地区蔬菜水果市场停止交易外，其他地区农产品和加工食品等不能按期交货现象也十分严重。但对中国农产品和食品的品质与供给总体不会有大的影响，会增加中国对日本的出口，可能会对中国食品价格构成一定的刺激或减弱降价力量，因为中国是日本最近的、最可靠的农产品和食品进口国，也是中国香港、澳门地区以及其他东南亚国家和地区的重要出口国。

c. 试销品种：有八种野菜走俏国内外市场。这八种野菜是：芦蒿、菊花叶、荠菜、马兰头、枸杞头、豌豆头、菱儿菜和首蓓头。脱水菜和鲜菜更是热销。

Ⅲ. 营销方案
a. 出口计划

表 2 - 5　　　　　　2008—2010 年干制山野菜出口量（值）统计表

年份	出口量（值）万吨	同比增长
2008 年	40	5%
2009 年	50	25%
2010 年	60	20%

计划 2011 年同比增长 30%。

b. 初步安排：加大对热销的 8 种野菜的栽培，严格按照绿色健康以及出口质量要求加工生产，主要针对国外市场对鲜菜和脱水菜的需求，对症下药扩大规模，树立品牌形象。

c. 推销计划：针对日本的当前现状，加大对其的山野菜供应（主要脱水菜和盐渍菜）。对日野菜输出采取优惠政策。

措施：积极关注时事，了解国外对山野菜的需求动态以在最短时间内制订相应的计划。增加野菜种植规模，将生产、加工、包装等环节有机结合起来，形成更加完善的一体化机制。灵活运用各种政策以促进销售；产品质量、验证标准等都要与国际接轨。

Ⅳ. 商品价格趋势
a. 换汇成本

出口商品换汇成本 = 出厂所需总成本（人民币）/出口销售净收入（日元）　　（2.7）

人民币总成本包括：收购商品成本运费，保险费，银行费用，综合资用等，经扣除出口退税金额（如果出口商品属于退税补贴商品）后的人民币总支出。

出口销售日元净收入：外销商品的日元收入减去国外银行费用，给客户的佣金折扣等费用后的日元净收入。

换汇成本反映了出口商品的盈亏情况是考察出口企业有无经济效益的重要指标，其衡量的标准是：人民币对日元的汇价。如果换汇成本高于人民币对日元汇价，则该商品的出口为亏损，虽然有创汇，但出口本身却无经济效益，换汇成本越高，亏损越大。因此，要避免亏损，必须准确测算换汇成本。

b. 佣金

在 CIF 合同的情况下，应以 FOB 价作为计算支付对方佣金的基数。理由是根据 IN-COTERMS 2000 的规定，CIF 贸易术语项下买卖双方的货物风险划分点在装运港的船舷，因而卖方在此后的运输与保险是为了买方的利益而行事，即 CIF 价中的运输与保险费成本并非卖方的既得利益，是为了买方的利益而分别支付给船公司和保险公司的，所以卖方不应就运输与保险费部分抽取佣金给买方，而应从 CIF 价中扣除运输与保险费用后，以货物的 FOB 价作为计算支付对方佣金的基数。

另外，本公司在此问题上一定要坚持在买卖合同履行完后才能支付佣金给中间商。

坚持这一做法的目的在于将中间商的利益与该合同的履行状况融为一体，使得中间商会努力地促使交易各方更好地履约，以得到他欲得到的那一部分利益。特别是当我方与买方初次交易出现误解和纠纷时，中间商的沟通及调解作用显得尤为重要。试想我方在还未安全收到买方的全部货款之前就将佣金支付给了中间商，当合同履行出现问题时，中间商就会因为缺乏相应的激励而"偷懒"，就不会积极地去促成交易的顺利进行。

c. 价格术语

在使用 CIF 术语时，卖方可以主动选择货代，船公司和保险公司，可以把握船货衔接的尺度，避免出现有船无货或有货无船的现象，同时也可以避免外商与货代串通而发生无正本提单船方就放行货物的骗局；交货条件为象征性交货，卖方只要在装运地按期交付货物后及时向买方提供合同约定的，证明他已完成交货的运输单证，就有权要求买方履行付款义务而不必保证实际到货；与国内公司打交道在单据的获得时间上有保证，便于早日结汇；货款中包括运费、保险费、故价格一般高于同等货物的 CFR，FOB 价格，可以多创外汇，而且给国内运输公司，保险公司也增加业务。且我公司距天津港口不远，以 CIF 术语条件做出口业务比较方便。

Ⅴ. 收汇方式

运用信用证收汇，因为在国际贸易活动中，买卖双方可能互不信任，买方担心预付款后，卖方不按合同要求发货；卖方也担心在发货或提交货运单据后买方不付款。因此需要两家银行作为买卖双方的保证人，代为收款交单，以银行信用代替商业信用。银行在这一活动中所使用的工具就是信用证。

可见，信用证是银行有条件保证付款的证书，成为国际贸易活动中常见的结算方式。按照这种结算方式的一般规定，买方先将货款交存银行，由银行开立信用证，通知异地卖方开户银行转告卖方，卖方按合同和信用证规定的条款发货，银行代买方付款。

信用证方式有三个特点：

一是信用证是一项自足文件（Self – Sufficient Instrument）。信用证不依附于买卖合同，银行在审单时强调的是信用证与基础贸易相分离的书面形式上的认证；

二是信用证方式是纯单据业务（Pure Documentary Transaction）。信用证是凭单付款，不以货物为准。只要单据相符，开证行就应无条件付款；

三是开证银行负首要付款责任（Primary Liabilities For payment）。信用证是一种银行信用，它是银行的一种担保文件，开证银行对之负有首要付款的责任。

Ⅵ. 其他有关问题

其他有可能遇到的问题在实际操作中，酌情处理：

a. 商品价格不是一成不变的，是按照当时国际情况予以适当调整的。

b. 在交易过程中如遇自然等不可逆的因素影响交易的，买卖双方应按适当原则予以解决。

四、实验技巧①

在电子商务环境下，进出口业务的准备阶段除了履行国家规定的程序之外，绝大部分的工作任务是搜集信息，尽可能全面地掌握市场、交易对象、进出口商品、竞争对手的所有信息，以便于在正式开始交易磋商和合同拟定时，拥有话语权，因此，信息的搜集技巧尤为重要。特别是在崇尚"快节奏、高效率、现代化"的今天，搜集第一手信息需要较长的时间和较大的精力，灵活地运用搜索引擎来快速获取信息成为许多公司信息搜集的首选。

Google 良好的搜索和易用性已经得到了广大网友的欢迎，但是除了我们经常使用的 Google 网站、图像和新闻搜索之外，它还有很多其他搜索功能和搜索技巧。如果我们也能充分利用，必将带来更大的便利。

（一）限定搜索范围的技巧

1. 文件类型

有时候我们可能不需要搜索网页文件或者图片，我们可能想要搜索其他类型的问题，比如文档文件（Word、Excel、PPT）、Flash 文件，甚至是谷歌地图文件，我们都可以使用"file type"功能来实现。

比如我想搜索一篇关于有关出口退税政策的 Word 论文，使用 Google 搜索"filetype：doc 出口退税"即可得到大量相关信息。我想搜索关于中国的 Google Earth 卫星图片，那么就在 Google 中搜索"file type：kmz china"即可。

2. 指定网站

有时我们进行网页搜索，想要在某一个指定的网站内搜索感兴趣的内容，这时候我们可以使用"site"功能来限定搜索的网站。

比如，我想在新浪网上搜索关于铁矿石谈判的消息，只需要用 Google 搜索"site：sina. com. cn 铁矿石谈判"即可得到结果。

如果你想把搜索结果限制在大学的网站之中，可以使用"site：. edu 关键词"

通过限定搜索范围的方法，我们可以更快更准确的搜索到我们想要的东西。

3. 其他限定搜索方法

intitle：搜索关键词（intitle：关键字）只搜索网页标题含有关键词的页面。

inurl：搜索关键词（inurl：关键字）只搜索网页链接含有关键词的页面。

intext：搜索关键词（intext：关键字）只搜索网页 body 标签中的文本含有关键词的页面。

（二）写作辅助小工具

Google 有一些小工具，为进出口业务准备阶段的信息搜集和方案撰写提供了很多方便之处。

---

① 资料来源：人大经济论坛. http：//bbs. pinggu. org/thread－104394－1－1. html.

1. 翻译工具

谷歌本身带有中英文翻译的功能，只需输入一个关键词（"翻译"或"fy"任选其一）和要查的中（英）文单词，Google 会直接显示您要查的单词的英文（或中文）翻译。

比如我们想要翻译"出口"这个词为英文，那么只需要在谷歌中搜索"翻译 出口"或者"fy 出口"，返回的第一条记录就是翻译的结果。同样，我们搜索"fy export"可以得到这个单词的中文翻译。

2. 学术词典工具

我们有时候想要知道一个具体词汇的定义，可以使用"翻译"或"define"，接着键入一个空格，然后键入您需要其定义的词。

比如，我们想要知道"网络营销"是什么意思，只需要在 Google 中搜索"定义 网络营销"，就可以找到网络营销的定义。

（三）改进工作效率

在进出口业务的准备阶段，每天都要关注自己公司、竞争对手、供货商、销售商等利益相关者的最新消息，怎么才能在最短的时间内获得最多的信息呢？

Google 快讯是 Google 的新闻定制自动发送，用户可以定制自己需要的内容，Google 会在设定的时间内（即时、每天、每周）给用户发送 Google 最新搜索到的新闻文章，非常方便，我们就可以用这个功能来跟踪关注对象的最新消息。

例如在从事笔记本电脑进出口贸易时，需要每天关注各大品牌笔记本电脑厂家的动态，因此只要登录然后在"搜索字词"中输入"联想""频率"为每天，即可每天收到关于联想公司的最新消息，同样在"搜索字词"中输入"华硕"，可以获得华硕公司的最新消息。

当然，搜索关键字不只是公司，我们可以用这个工具跟踪任何信息，比如输入某个行业名称，可以追踪这个行业的相关新闻，输入某个新闻事件，可以得到这个事件的最新报道。

第三章 国际货物买卖合同的磋商与订立

第一节 建立业务关系

一、实验任务

通过对本章第一节至第五节国际货物买卖合同磋商的实习，了解贸易磋商的一般程序，熟悉贸易磋商过程中询盘、发盘的具体内容和过程，熟悉还盘与接受的法律意义及具体内容，掌握询盘、发盘、还盘和接受的技巧并能撰写相应的外贸函电，熟练掌握发盘的模拟操作过程。要求学生了解寻找客户的方法以及与客户及途径，掌握相关的模拟操作过程；了解交易磋商的基本程序，掌握询盘、发盘、还盘和接受的内容及特点；熟练掌握国际贸易中建交函、询盘函、发盘函、还盘函以及接收函的撰写方法。

建立业务关系是指企业寻找合适的交易对象，与之建立长期友好的合作关系的过程，是企业开展国际贸易至关重要的问题。

二、实验原理

（一）寻找客户

国际贸易中，企业寻找客户关系的渠道方法很多，归纳起来大体有以下四种类型：

（1）通过他人介绍，即企业通过委托我驻外使领馆的商务参赞办公室、代办处或者国外驻华使领馆的商务参赞、代办处，国内外各种商会、银行及与本企业有业务关系的企业介绍寻找客户。

（2）通过媒体寻找，即企业利用各国商会、工商团体、国内外出版的企业名录及国内外报纸、杂志上的广告以及计算机数据库中提供的客户信息、资料查找客户。

（3）通过展览会，即通过在国内外参加或举办各种交易会、展览会的方式找到客户。

（4）出国考察，即利用出国举办展览会等机会，广泛接触东道国的客户，进行实地考察，进一步了解客户的真实情况。

相关链接：

Where to find potential customers

1. The Commercial Counselor's Office of the Embassy in Foreign Countries 大使馆驻国外商务参赞处

2. China Council for Promotion of International Trade （CCPIT）中国国际贸易促进委员会

3. Overseas Chamber of Commerce 海外商会

4. Trade Union（Directory）贸易行会（名录）

5. Business Houses of the Same Trade 同业商行

6. Exhibitions and Trade Fairs 交易会

7. Advertisements in the Media 媒体广告

8. Banks 银行

9. Market Survey/Research 市场调研

10. Other Channels 其他渠道

模拟操作提示

在 SimTrade 实习平台软件中，各项商业信息都体现在"淘金网"，具体表现为：

①首页：市场信息、买家信息、卖家信息帮助使用者调研国内外市场状况，为使用者分析、选择适当的目标市场与交易对象提供多种渠道（图 3-1）。

图 3-1

②产品展示：可交易的商品限制在本页面所示的范围内。使用者可了解产品的基本特点，以便从中选择适当的产品，更有厂商发布的产品广告作为交易参考（图 3-2）。

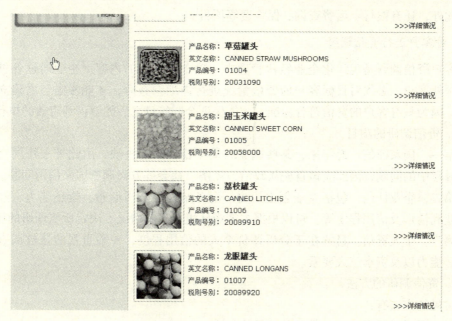

图 3－2

③公司库：在这里可以查到所有出口商、进口商、工厂的详细资料，还有成绩优秀的公司排名，为使用者调研、评估交易对象的资信状况、选择正确的交易对象提供准确信息；公司广告更为使用者宣传自己提供一席之地，增加扩大业务的机会（图 3－3）。

图 3－3

此外，还有银行、运费查询、保险费等项目。

（二）对客户进行资信调研

客户资信调研是现代化企业经营管理中一项十分重要的内容。企业通过各种渠道找到国外客户，必须对目标客户的资信情况进行详细调查后，才能考虑与之建立业务关系。因为只有客户的资信符合标准，才能保证合同签订之后能够得到有效的执行。

1. 资信调研的项目

第一，国家征信。近年来，某些国家政局不稳，外汇短缺，由此带来跨国交易在履约过程中的问题，因此应该首先从政治、经济、社会等方面调查国家信用问题。

第二，企业征信。包括企业创立历史、财务结构、公司形态、偿还能力、经营方针、获利情形及信用程度等。可以根据主客观环境及实际情况，决定所要调研的项目。

第三，个人资信。目的在于分析评价个人的信用程度，一般重视的是被调查人的品性、能力以及资本三大要素。

2. 资信调研的方法

常见的方法有：

（1）通过银行调查，这是一种常见的方法。

（2）通过国外的工商团体进行调查。

（3）通过举办的国内外交易会、展览会、技术交流会、学术讨论会主动接触客户，并进行了解。

（4）通过实际业务的接触和交往活动，从中考察客户。

（5）通过我驻外机构对客户进行考察所得的材料。

（6）通过外国出版的企业名录、厂商年鉴有关资料。

（7）通过国外的咨询机构调查。其调查报告均以密码编类各类等级，以估计财力与综合信用评价分为若干个等级。

（三）建交函电

一笔交易往往开始于卖方向买方发出的希望建立业务联系的函电。建立业务联系是进行出口交易的基础，草拟建立业务联系的信函是每个进行国际贸易的业务人员必须掌握的基本技能。随着现代科学技术的不断发展，互联网为企业寻找和发展潜在客户提供了大量的机会。企业可以通过网络寻找和查询符合自己要求的客户，然后通过电子邮件向其发出建交函来开发新客户，寻找潜在商机。

模拟操作提示：

①打开公司的邮箱。

②撰写建交函，并发送。

③随时关注邮箱，查收回函。

当你决定向某潜在客户发建交函时，由于该客户对你企业的初步了解完全来自这封建交函，因此信中一定要包含有企业的全称、详细地址、联络方式及简介，以便于日后的联系，最好使用印有企业中英文名址及联络方式的行头纸来写信。建交函中要适当地介绍企业主要产品，特别是现阶段正大力推广的产品，以便潜在客户能够从中找到自己所需的产品。由于这只是一封建交函，对于产品的介绍不用十分详细，通常只要包含产品的货号和品名即可。为了让对方能更全面地了解自己企业的产品，在信的后面一般随附产品目录，给对方以更大的选择空间，也给自己更多的机会。最后，为了能促成这比交易的发展，通常要在信的末尾写上一些表示期待与对方达成具体交易的热切愿望的话语，希望能尽快收到对方的询盘。

三、范文举例

Nantong United Textiles Import & Export Corp.

75 Hongqiao Street
Nantong 226000, Jiangsu
P. R. China
FAX：86 - 25 - 23500638 TEL：86 - 25 - 23501213
E - MAIL：imh@ simtrade. com

January 4, 2011
B. Wallace &. Co.
236 St. Louis Street
Croydon, England

Dear Sirs,
We have obtained your name and address from Simpson & Co. Ltd. , London, England. As you are in the line of cotton piece goods, we are writing to enquire whether you are willing to enter into business relations with us.
We are a state - owned corporation specializing in the export of the above items. To give you a general idea of our products we enclose a brochure and a sample - cutting booklet. We shall send you quotations once we get your specific enquiry.
We look forward to hearing from you soon.

Yours faithfully,
Nantong United Textiles Import & Export Corp.

Enclosures：1brochure
1sample - cutting booklet

第二节 询盘

询盘（Inquiry）（询价）是指交易的一方欲购买或出售某种商品，向另一方发出探询买卖该商品及有关交易条件的一种表示。

一、询盘的类型

（1）由买方发出的询盘——"邀请发盘"（Invitation to make an offer）。

eg：“请报东北大豆最惠价”。（Please cable offer Northeast Soybean most favourable price）

（2）由卖方发出的询盘——“邀请递盘”（Invitation to make a bid）。

eg：“可供东北大豆请递盘”。（Can supply Northeast Soybean please bid）

二、询盘的特点

（1）询盘内容不只限于价格，可以兼询商品的质量、数量、包装和交货期等等。

（2）询盘是交易磋商的第一步，但在法律上对双方均无约束力。

（3）有保留条件。

（4）不是必经程序。

三、询盘应注意的问题

（1）询盘不一定有“询盘”字样，凡含有询问、探寻交易条件或价格方面的意思表示均可作寻盘处理。

（2）避免只是询价而不购买或不售货，以免失信。

（3）要尊重对方询价，应及时处理与答复。

（4）可同时向一个或几个交易对象发出，但不应同时期集中发出，以免暴露我意图。

四、范文举例

From a French importer of fashion goods to a British exporter

Dear Sirs，

We have heard from the British Embassy in Paris that you are producing for export hand－made shoes and gloves in natural materials.

There is a steady demand in France for high－quality goods of this type. Sale are not high，but a good price can be obtained for fashionable designs.

Will you please send us your catalogue and full details of your export prices and terms of payment，together with samples of leathers used in your articles and，if possible，specimens of some of the articles themselves？

We are looking forward to hearing from you.

yours faithfully，

相关链接：

How to Enquiry Effectively

A first enquiry— a letter sent to a supplier with whom you have not previously done business should include：

（a）Brief mention of how you obtained your potential supplier's name.

（b）Some indication of the demand in your area for the goods which the supplier deal in.

(c) Details of what you would like your prospective supplier to send you, such as catalogue, a price list, discounts, methods of payment, delivery time, where appropriate, samples.

(d) A closing sentence to round off the enquiry.

How to Reply Enquiries Effectively

The reply will generally include:

(a) Thank the writer of the letter of enquiry for the letter in question.

(b) Supply all the information requested, and refer both to enclosures and to samples, catalogues and other items being sent by separate post.

(c) Provide additional information, not specifically requested by the customer, so long as it is relevant.

(d) Conclude with one or two lines encouraging the customer to place orders and assuring them of good service.

模拟操作提示

在 SimTrade 实习平台软件中，学生可以通过发布广告或者进入"淘金网"寻找到相关买家（或卖家）。

①作为出口商，打开"广告公司"界面（图 3 - 4）。

图 3 - 4

②在"广告公司"界面发布广告（图 3-5）。

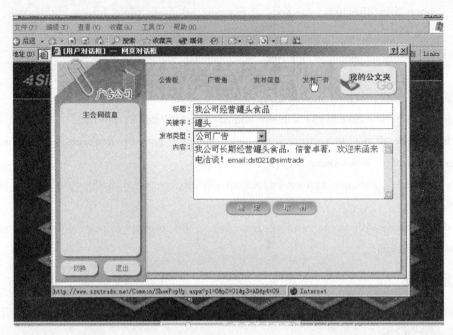

图 3-5

③作为进口商，可以进入"淘金网"的公司库中，寻找符合要求的产品及厂家（图 3-6）。

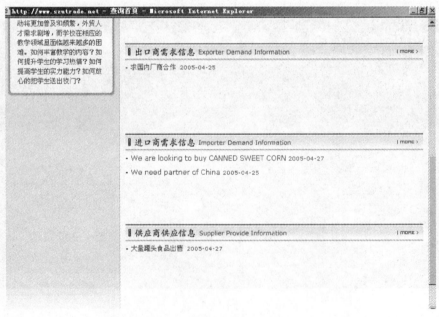

图 3-6

④要想了解某公司的详细信息，单击该公司名称即可（图 3-7）。

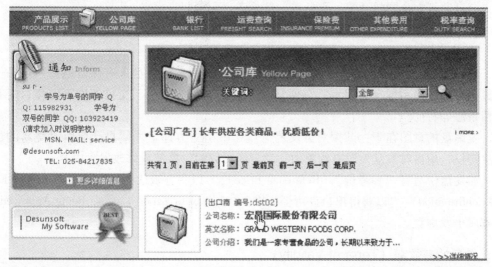

图 3-7

第三节 发盘

发盘，又称发价，是指交易的一方向另一方提出一定交易条件，并愿意按照提出的交易条件达成买卖该项货物的交易，签订合同的一种口头或书面的表示。《联合国国际货物销售合同公约》（以下简称《公约》）第十四条对发盘的定义为："向一个或一个以上特定的人提出的订立合同的建议，如果十分确定并且表明发盘人在得到接受时承受约束的意旨，即构成发盘。一个建议如果写明货物并且明示或暗示地规定数量和价格或规定如何确定数量和价格，即为十分确定。"

发盘一般采用下列术语和语句：发盘（Offer）、发实盘（Offer Firm，Firm Offer）、报价（Quote）、供应（Supply）、可供应（Can Supply）、订购（Book，Booking）、订货（Order，Ordering）、可订（Can Book）、递盘（Bid，Bidding）、递实盘（Bid Firm，Firm Bid）。

一、发盘构成的四项必要条件

根据《公约》对发盘所下定义，其构成条件有以下四项：
（1）向一个或一个以上特定的人提出；
（2）表明发盘人订约意图（contractual intent）；
（3）内容必须十分确定；
（4）送达受盘人。

二、实盘和虚盘

1. 实盘
实盘（Firm Offer，Offer With Engagement），又称有约束力的发盘。实盘是表示发

盘人有肯定订立合同的意图，受盘人一旦承诺，合同即告成立。

实盘的特征：①发盘内容明确。②发盘内容完整。③发盘无保留条件。

2. 虚盘

虚盘（Non - Firm Offer, Offer Without Engagement）是发盘人有保留地按一定条件达成交易的一种不肯定的表示。它通常没有肯定订约的表示、交易条件不完整、附有保留条件等特征。

发虚盘的意图在于：试探对方交易态度、吸引对方递盘、使自己保留对交易的最后决定权。虚盘对发盘人没有约束力，发盘人可以随时撤销或修改发盘内容。

如发盘中写有"参考价"（Reference Price），"以我方确认为准"（Subject to Our Final Confirmation）、"以获得出口许可证为准"（Subject to Export License Being Approved）等都属于发虚盘。

三、发盘的有效期（Term of Validity）

在发盘中通常都规定有效期，作为发盘人受约束的期限和受盘人表示接受的有效期限。

发盘人在规定有效期时要注意：

（1）要根据商品的特点和采用的通信方式来合理确定。

（2）有效期要具体明确，尽量避免"尽快答复"之类的词句。

（3）最好明确有效期的到期时间和地点。

相关链接：

发盘人对有效期通常有以下三种规定方法：

（1）规定接受的最后日期。例如"发盘限 12 月 10 日复到我处"（Offer Subject Reply Reaching Here December Tenth）；"发盘有效至我方时间星期二"（Offer Valid Until Tuesday Our Time）；

（2）规定接受的天数或一段接受的期间。如"发盘限 3 天内复到有效"（Offer Subject Reply Here In Three Days...）；"发盘内有效三天"（Offer Valid Three Days）；

（3）不作明确的规定或仅规定答复传递的方式。例如"发盘……电复"（Offer... Cable Reply）"即复"（Reply Promptly）、"速复"（Reply Immediately）、"急复"（Reply Urgently）、"尽快答复"（Reply As Soon As Possible）等。

第（3）种规定方法，由于其有效期不具体，容易引起纠纷，应少用或不用。

四、发盘的生效和撤回

1. 发盘的生效

对于发盘何时生效的问题，《公约》第十五条规定，发盘于送达受盘人时生效。不论是书面的或是口头的发盘，只有传达至受盘人时才能对发盘人产生约束力。

2. 发盘的撤回

发盘的撤回是指发盘人在发盘送达受盘人之前，即在发盘尚未生效时，阻止该项发盘生效。

五、发盘的撤销和失效

1. 发盘的撤销

发盘的撤销是指发盘送达受盘人，即已生效后，发盘人再取消该发盘，解除其效力的行为。因此，发盘的撤销不同于发盘的撤回。

《公约》第16条第2款又规定，凡有以下情形的，发盘人不得撤销其发盘：

（1）发盘中已写明了接受发盘的期限，或以其他方式表示发盘是不可撤销的。

（2）受盘人有理由信赖该项发盘是不可撤销的，并已经本着对该项发盘的信赖行事。

2. 发盘的失效

（1）生效前被阻止未能生效。

（2）有效期间的失效。

其一，拒绝（Rejection）。

其二，还盘（Counter‐Offer）。

其三，法律实施。

其四，撤销（Revocation）。

（3）有效期满的失效。

六、范文举例

（1）实盘信举例：

Dear sirs,   **Re：Groundnuts & Walnutmeat**

We confirm your cable of 18th this month, asking us to make you firm offers for both groundnuts and walnutmeat CFR Amsterdam. We cabled back this morning, offering you 360 metric tons Shandong groundnuts, hand‐packed, shelled and ungraded at RMB1,800 per metric ton, CFR Amsterdam or any other European Main Port for shipment during July/August, 2008. This Offer is firm, subject to your reply reaching us within one week. We wish to point out that this is the best price we can quote and that we are unable to entertain any counteroffers.

As regards walnutmeat, we would inform you that the few parcels we have at present are under elsewhere. However, if you should make an acceptable bid, there is a possibility of your obtaining these.

Yours faithfully,

（2）虚盘信举例：

Dear sirs,

We thank you for your letter of July 10, 2008 and have pleasure in offering you the following:

Commodity：embroidered satin mini skirts.

Quantity: 10, 000 dozens.

Price: $ 50 per dozen CFR New York.

Packing: in see – through plastic bags.

Shipment: in August 2008.

Payment: by irrevocable L/C, payable by draft at sight.

This offer is subject to our confirmation. If you find it acceptable, let us have your reply as soon as possible.

Yours faithfully,

模拟操作提示

在 SimTrade 实习平台软件中，各项报价资料查询方法如下：

（1）购货成本：向工厂询盘得知。

（2）运费：在"淘金网"的"运费查询"页，输入港口名称进行查询（图 3 – 8）。单击查询按钮得出查询结果（图 3 – 9）。

图 3 – 8

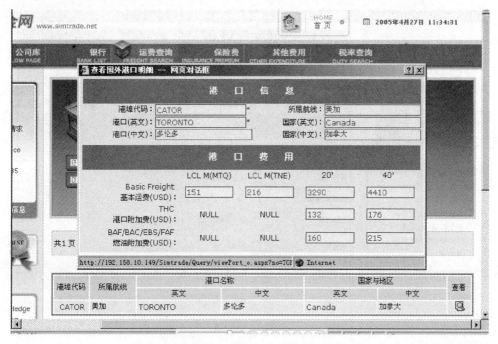

图 3 - 9

（3）保险费：在"淘金网"的"保险费"页查看（图 3 - 10）。

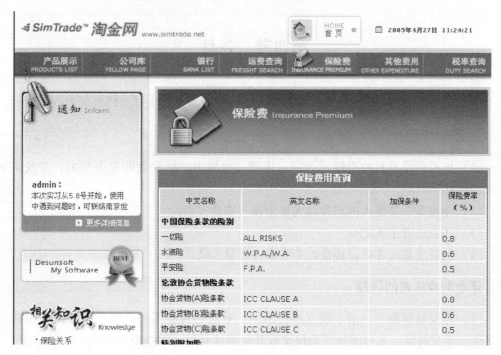

图 3 - 10

（4）其他各项费用均可在"淘金网"的"其他费用"页查到（图 3 - 11）。

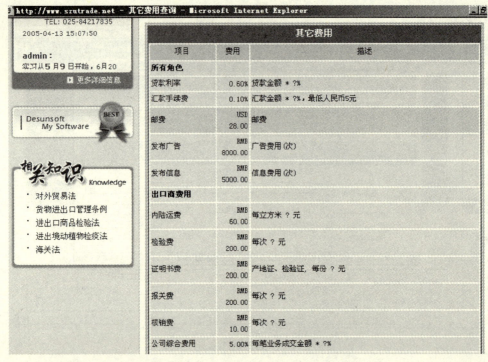

图 3 - 11

第四节　还盘

还盘（counter - offer）是交易的一方对另一方的发盘提出部分内容的修改或建议。

一、还盘的性质

（1）还盘是对发盘的拒绝或否定，还盘一经做出，原发盘即失去效力，发盘人不再受其约束。

（2）还盘等于受盘人向原发盘人提出得一项新发盘。

（3）还盘也有虚实之分 。

（4）只有受盘人才可以还盘，非受盘人还盘无效。

二、还盘时应注意的问题

（1）在交易磋商中，由于双方地位不同，争取的目标不同，因而一方的报价或其他条件，往往与另一方可能接受的价格或其他条件有较大的差距。

（2）在谈判中，当对方的发盘条件与我方的能够接受的条件相距甚远时，要冷静分析对方的发盘。

（3）在摸准市场动态和客户经营作风及其真实意图的基础上，如果确认我方原发盘符合市场行情，所报价格和其他交易条件是合理的而对方还盘中所提条件是不合理的，那么我们就不能轻易接受对方的还盘。

三、还盘的应对

无论是买方还是卖方，面对对方的还盘，可能出现的应对方式有三种选择：

（1）完全接受对方的还盘，合同即告成立；

（2）坚持原发盘，即拒绝对方的还盘；

（3）针对对方的还盘进行再还盘，或是有条件地接受对方的还盘。

还盘函的内容如下：

（一）确认对方来函

还盘函总是一封回信，因此在信的开头，我们会礼节性地感谢对方的来函。而且，通常还会先简洁地表明我方对来函的总体态度。例如：

（1）We are glad to receive your letter of March 22 but sorry to learn that your customers find our quotation too high.

（2）Thank you for your fax of March l9. We regret to say that we can not accept your counter offer.

（二）强调原发盘的合理性，并列明理由

（1）As business has been done extensively in your market at this price, we regret to say we cannot make further concession.

（2）We believe our price are quite realistic; it is impossible that any other suppliers can under – quote us if their products are as good as ours in quality.

（3）The price we quoted is accurately calculated. We have cut the profit to the minimum in order to expand the market.

（4）We feel that your counter offer is not proper because the price for such material is on the increase at present.

（三）提出我方条件，并催促对方行动

（1）However , in order to develop our market in your place, we have decided to accept your counter offer as an exceptional case.

（2）In order to assist you to compete with other dealers in the market, we have decided to reduce 2% of the price quoted to you in the previous letter, if your order reaches 5000 sets at one time.

（3）Owing to the great demand for the product, this offer is valid only for 5 days.

（4）As an excellent substitute for this article, we would suggest you our Fine range shoes, which are sold at a lower price but also enjoy a good popularity in the world market.

模拟操作技巧

面对买家的还盘，出口商可以采取的对策有：

（1）努力说服客户接受原报盘，不作让步。

（2）减少公司的利润以满足客户的降价要求。

（3）缩小费用开支以达到降价的目的。

（4）降低采购成本。

四、范文举例

Dear sirs,

Tin Foil Sheets

We wish to thank you for your letter of November 12 offering us 65 long tons of the captioned goods at $ 165 per long ton, CFR Shanghai, usual terms.

In reply, we very much regret to state you that our end - users here find your price too high and out of line with the prevailing market level. Information indicates that some parcels Japanese make have been sold at the level of $ 158 per long ton.

In such case, it is impossible for us to persuade our end - users to accept your price, as material of similar quality is easily obtainable at a much lower price. Should you be prepared to reduce your limit by, say 8%, we might come to terms.

It is in view of long - standing relationship that we make you such a counter - offer. As the market is declining, we hope you will consider our counter - offer most favorable and cable us acceptance as soon as possible.

We are anticipating your early reply.

Your faithfully,

第五节　接受

接受在法律上称为承诺，它是指受盘人在发盘规定的时限内，以声明或行为表示同意发盘提出的各项条件。

一、构成接受的条件

（1）接受必须由指定受盘人做出，而不能是第三者。

（2）接受的内容必须与发盘完全相符。

（3）接受的时间必须在发盘有效期内。

（4）接受的传递方式符合发盘的要求。

根据《联合国国际货物销售合同公约》（以下简称《公约》）的规定，一项有效的接受必须是同意发盘所提出的交易条件。如果只接受发盘中的部分内容、对发盘条件提出实质性的修改或者提出有条件的接受均不能构成有效接受，而只能视作还盘。但是，若受盘人在表示接受时，对发盘内容提出某些非实质性的添加、限制和更改（如要求增加重量单、装箱单、原产地证明或某些单据的份数等），除非发盘人在不过分迟延的时间内表示反对其间的差异外，仍可构成一项有效的接受，从而使合同得以成立。在此情况下，合同的条件就以该项发盘的条件以及接受中所提出的某些更改为准。

二、逾期接受

在国际贸易中，由于各种原因，导致受盘人的接受通知有时晚于发盘人规定的有效期送达，这在法律上称为"逾期接受"或"迟到的接受"。

根据《公约》第二十一条第一款的规定，逾期接受仍然具有接受的效力，如果发盘人立即用口头或书面形式将这种意见通知受盘人。按照这个规定，只要发盘人对逾期接受毫不迟延地表示同意，合同仍可成立。

三、接受的生效与撤回

1. 接受的生效

英美法系（即普通法）采用"投邮生效原则"（Despatch Theory），即接受的函电一经投邮或发出立即生效，只要发出的时间在有效期内。大陆法系采用"到达生效原则"（Receipt Theory），即表示接受的函电须在规定时间内送达发盘人才算生效。

《公约》采用的是大陆法系的"到达生效原则"。

2. 接受的撤回

对于接受的撤回，按英美法系"投邮生效"原则，接受一经投邮立即生效，合同就此成立，因此不存在接受的撤回。

《公约》采用的是"到达生效"原则，其在第二十二条规定，接受得以撤回，但撤回通知必须在接受通知送达发盘人之前或同时送达发盘人。

模拟操作技巧：

无论是买方还是卖方，在做出接受时应注意以下问题：

第一，应该慎重地对磋商的函电或谈判记录进行认真核对，经核对认为对方提出的各项主要交易条件已明确、完整、无保留条件和肯定时，才能表示接受。

第二，应该在对方报价规定的有效期间做出，并应严格遵守有关时间的计算规定。

第三，在做出接受之前，应该详细分析对方的报价，搞清楚是实盘还是虚盘。

四、范文举例

Dear sirs,

We are glad to know from your letter of July 10th that you have accepted our offer dated July 4th.

In reply, we confirm having sold you 15,000 metric tons of small red beans on the following terms and conditions：

Price：at US $ 400 per metric ton CFR Seattle.

Packing：in gunny bags of about 50 kilograms net each.

Quality：FAQ 2008.

Shipment：to be effected from Shanghai to Seattle during December 2008.

Payment ：by a confirmed and irrevocable letter of credit in our favor, payable by draft at sight.

We are pleased to have transacted this first business with you and look forward to the further expansion of trade to our mutual benefit.

Yours faithfully,

第六节 国际货物买卖合同的签订

一、实验任务

了解并掌握合同签订的一般原理，熟悉调整合同签订的法律渊源，重点掌握《公约》和中国的《合同法》关于合同签订的相关规定，公平合理制作买卖合同范本，合理设定买卖双方的权利义务，能正确预测合同结果的法律风险，详细审查合同条款，有效避免国际业务中常见的欺诈或诈骗案件，能在合同中最大降低商业风险和索赔成本。

二、实验原理

熟悉并掌握合同订立的基本原理，准确体会当事人意思表示一致的过程。合同是指平等主体之间的自然人、法人、其他组织设立、变更、终止民事权利义务的协议。合同的签订强调当事人意思表示一致，意思表示一致的过程在合同理论中称为"要约"和"承诺"两个步骤，在国际货物买卖合同签订又称为"发盘"和"受盘"。

三、国际货物买卖合同的订立

（一）要约

1. 要约的概念

要约是指希望和他人订立合同的意思表示，该意思表示应当符合下列规定：第一，内容具体确定；第二，表明经受要约人承诺，要约人即受该意思表示约束。与要约相关的另一概念为要约邀请，要约邀请是希望他人向自己发出要约的意思表示。在国际货物买卖合同中，要约又称发盘或报价，发盘分为实盘和虚盘。实盘是指含有确定意思的发盘，实盘有两个主要特点：第一，实盘必须提出完整、明确、肯定的交易条件；第二，必须规定有效期限。所谓虚盘，是指不含确定意义的报价，也就是发盘人有保留地愿意按一定条件达成交易的一种表示。实盘对发盘人来说，具有法律拘束力，如果受盘人在有效期限内表示接受，合同即告成立。而虚盘对发盘人没有法律拘束力，发盘人可以随时撤回或修改虚盘内容。即使受盘人对虚盘表示接受，仍须经过发盘人的最后确认，才能成立一项对双方都有拘束力的合同，虚盘也有两个主要特点：第一，在发盘中附有保留条件；第二，在发盘中不规定有限期。

2. 要约生效和失效

要约的生效是指要约何时对要约人有法律拘束力。在传统的合同法理论中，有两种原则：第一，发信原则，也称投邮主义，即一旦要约投邮或递交邮局，对要约人就产生法律拘束力；第二，受信原则，也称到达主义，即只有当要约到达受要约人时才对要约人产生法律拘束力。《公约》和我国《合同法》均采用到达生效的原则，即要约到达受要约人时生效。我国合同法对采用数据电文形式订立合同，对到达的规定更为明确，若收件人指定特定系统接收数据电文的，该数据电文进入该特定系统的时间视为到达时间；若未指定特定系统的，该数据电文进入收件人的任何系统的首次时间，视为到达时间。

要约的失效是指要约丧失法律效力，对要约人没有法律拘束力。对要约人而言，解除其必须接受承诺的义务；对承诺人而言，不追究要约人的责任。要约失效的原因主要有下列四种情形：第一，拒绝要约的通知到达要约人；第二，要约人依法撤销要约；第三，承诺期限届满，受要约人未作出承诺；第四，受要约人对要约的内容作出实质性变更。

3. 要约的撤回和撤销

要约的撤回是指要约人在要约生效前使其失去效力。撤回要约的通知应当在要约到达受要约人之前或者同时到达受要约人。要约的撤销是指要约人在要约生效后承诺人未作出承诺前使其失去效力。要约人随时可以撤回要约，在受要约人承诺之前，要约原则上可以撤销，但在以下两种情况下要约不能撤销：一是要约中载明了有效期，或者以其他方式表明了它是不可撤销的；二是受要约人有理由信赖该项要约是不可撤销的，并且已经本着对该项要约信赖行事，为履行合同作了准备工作。

（二）承诺

1. 承诺的概念

承诺是指受要约人同意要约的意思表示。一项有效的承诺应当符合以下条件：第一，承诺只能由受要约人作出才产生效力。第二，承诺的内容与要约的内容一致。依传统普通法理论，承诺应像镜子一样反射要约的条件，不得有任何变更，而《公约》则规定，承诺只要不在实质上变更要约的内容，而且要约人在合理时间内未表示异议，则仍可构成有效承诺。受要约人对要约的内容作出实质性变更的，为新要约。何谓实质性变更，是指对有关货物的价格、付款、货物的质量和数量、交货时间和地点、赔偿责任范围和解决争议等方面的变更。第三，承诺应当采取明示的方式。受要约人收到要约后仅仅表示缄默，不采取任何行动对要约做出反应，不构成承诺。除非在某些例外情况下，如果根据交易双方的约定或者按照双方已经确定习惯做法或惯例，受要约人保持缄默也可能构成承诺。至于明示的方式，既可以发出声明的方式（书面或口头均可）表示同意接受其要约，也可以用发运货物或支付货物等行为表示接受其要约。此外，如果要约中已明确规定了承诺的方式，还须按照要约规定的方式作出，才构成承诺。第四，承诺必须在要约确定的期限内作出。对于规定了有效期限的要约，应在规定的期限内作出；未规定有效期限的，应在合理期限内作出承诺。

2. 承诺的生效

承诺的生效是指承诺何时对承诺人有法律约束力。在传统的合同法理论中，承诺生效的时间与要约生效的时间一样，有两种原则：第一，发信原则，也称投邮主义，即一旦承诺投邮或递交邮局，对承诺人就产生法律约束力；第二，受信原则，也称到达主义，即只有当承诺到达要约人时才对承诺人产生法律约束力。《公约》和我国《合同法》均采用到达生效的原则，即承诺到达要约人时生效。我国《合同法》对采用数据电文形式订立合同，对到达的规定更为明确，若收件人指定特定系统接收数据电文的，该数据电文进入该特定系统的时间视为到达时间；若未指定特定系统的，该数据电文进入收件人的任何系统的首次时间，视为到达时间。

承诺不需要通知的，根据交易习惯或者要约的要求作出承诺的行为时生效。承诺生效时合同成立。

3. 承诺的撤回

根据《公约》和我国的《合同法》的规定，承诺是可以撤回的，只要撤回的通知能在承诺生效之前或与其同时送达要约人。但承诺一旦生效，合同即告成立，承诺人就不得将其撤回。若承诺人不按承诺履行义务，则应承担违约责任。

四、国际货物买卖合同的主要条款

国际货物买卖合同主要由首部、正文与尾部三部分组成。首部包括合同的名称、编号、缔约日期、缔约地点、缔约双方的名称、国籍和住所以及合同的序言等。正文是合同的主体部分，包括合同的各主要条款和双方的权利义务以及法律适用等内容。尾部是合同的结束部分，包括合同的分数、附件、使用文字及效力、合同的生效日期和双方的签字等。一般国际货物买卖合同的主要条款有如下几条：

1. 货物的品质规格条款

货物的品质规格是指商品所具有的内在品质与外观形态。在国际货物买卖中，商品的品质首先应当符合合同的要求，对于某些由国家制订了品质标准的商品，还必须符合有关国家的规定。规定品质规格的方法常见有两种：凭样品和凭文字与图样的方法。

2. 货物的数量条款

数量是指用一定的度量衡制度表示出商品的重量、个数、长度、面积、容积等的量。数量条款的主要内容包括交货数量、计量单位和计量方法，还可以约定数量的机动幅度，即"溢短装条款"，如"海南橡胶800吨，溢短装3%"，同时约定溢短装的作价方法。

3. 货物的包装条款

包装条款的主要内容有包装方式、规格、包装材料、费用和运输标志。包装条款是国际货物买卖合同中的重要内容之一，不可使用"适合海运包装"或"标准出口包装"等含义不清的词句。若由买方提供包装材料或运输标志的，应当写明买方提供的时间。

4. 货物的价格条款

价格是指每一计量单位的货值。价格条款的主要内容包括每一计量单位的价格金额、计价货币、指定的交货地点、贸易术语与商品的计价方法。由于各国的货币名称不一以及各国汇率的波动，应明确写明计价货币的名称和计价方法。在国际货物买卖合同中，货物作价的方法主要有：

（1）短期交货合同，可采用固定价格，即在合同有效期内不得变更的价格。

（2）长期交货合同，可采用滑动价格，即先在合同中暂定一个价格，在交货时再根据行情及生产成本增减情况作相应的调整。

（3）后定价格，即双方在合同中不规定商品的价格，只规定确定价格的时间和方法，如规定"以某年某月某日香港商品交易的价格计价"。

（4）对分期分批交货合同，可采用部分固定价格，部分滑动价格的方法。对近期交货部分可采用固定价格，对远期交货部分按交货时的行情或另行协议作价。

5. 货物的装运条款

装运是指把货物装上运输工具。主要内容包括：装运时间、运输方式、装运地（港）与目的地（港）、装运方式（分批、转船）以及装运通知等。在一般情况下，装运与交货是两个概念，但在 FOB、CIF 合同中，卖方只要按合同规定把货物装上船，取得提单，就算履行了交货义务，故提单签发的时间和地点即为交货时间和交货地点，所以"装运"一词常被"交货"概念代替。

6. 货物的保险条款

国际货物买卖中的保险是指进、出口商按一定险别向保险公司投保并交纳保险费，以便货物在运输过程中受到损失时，从保险公司得到经济上的补偿。保险条款的主要内容包括：确定投保人以及支付保险费、投保险别和保险金额。

7. 货物的支付条款

国际货物买卖中的支付是指用什么手段，在什么时间、地点，用什么方式支付货款及其从属费用。常见的支付手段为：货币和汇票；常见的支付方式为：立即付款、汇付、托收、信用证。

8. 货物的检验条款

商品检验是指由商品检验机关对进出口商品的品质、数量、重量、包装、标记、产地、残损等进行查验分析与公正鉴定，并出具检验证明。检验条款的内容有：检验机构、检验权与复检权、检验与复检的时间与地点，检验标准与方法以及检验证书。

9. 不可抗力条款

不可抗力是指合同订立以后发生的当事人在订立合同时不能遇见的，不能避免的，人力不可控制的意外事故。一般认为不可抗力来自两个方面：自然条件和社会条件。前者为火山、地震、水灾、海啸等，后者为战争、罢工、暴动等。由于各国对不可抗力概念有着不同的理解，因而在订立不可抗力条款时，双方当事人应具体写明：不可抗力的含义、范围，不可抗力引起的法律后果以及当事人的权利义务。

10. 解决争议的条款

若今后在合同履行中产生纠纷，首先协商解决，协商不成，则可选择仲裁或提起诉讼。这两种方式只能选其一，若选择两种方式，或任选一种方式的约定都为无效条款。若选择仲裁方式，双方应当在仲裁条款中写明：仲裁机构，适用的仲裁程序规则，仲裁地点及裁决效力；若选择诉讼，可以约定地域管辖，在原告所在地、被告所在地、合同签订地、合同履行地、标的物所在地中任选其一作为诉讼所在地。

11. 法律适用条款

国际货物买卖合同是指营业地分处不同国家的当事人之间订立的买卖合同。由于各国政治、经济、法律制度不同，就产生了法律冲突和法律适用问题。根据意思自治原则，各国都允许当事人通过合同自由选择适用何种法律。这些法律可以是当事人一方的国内法，也可以是第三国法；可以是国际公约，也可以是国际惯例。

五、国际货物买卖合同买卖双方的义务

（一）卖方的义务

1. 提交货物与单据的义务

卖方应当在合同规定的时间和地点交付货物和单据。如果合同对交货时间、地点未作规定，则按照《公约》的规定处理：

（1）交货地点。《公约》规定，卖方没有义务在其他任何地点交付货物，而是在自己的营业地向买方提交货物。如果在订立合同时，双方都知道货物不在卖方营业地，而是在某一特定地点，则交货地点就是在该货物存放或生产制造的特定地点。当卖方的交货义务涉及运输时，则卖方只要把货物交给第一承运人就算履行了交货义务。

（2）交货时间。根据《公约》规定，一般情况下卖方应在合同约定的时间（确定的日期或期间）提交货物；如果合同中没有约定时间，则卖方应当在订立合同后一段合理时间内交货。所谓合理时间，一般作为事实问题由法院根据货物的性质及合同的其他规定而决定。如果卖方在规定日期前交货，则买方有权选择收取货物或拒绝收取货物。

（3）书证的交付。在国际货物买卖中，装运单据具有十分重要的意义，它们是买方提取货物、办理报关手续、转售货物以及向承运人或保险公司请求赔偿必不可少的文件。《公约》规定，卖方交付的单据应保证单据的完整和符合合同及《公约》的规定，所谓完整，即是卖方应提交一切与货物有关单据使之是以作为买方正当获得所有权及占有货物的保证。这些单据一般包括：提单、发票、进出口许可证、领事签证、商检证、保险单、原产地证书等。

2. 担保义务

（1）品质担保。品质担保是指卖方对其所销售货物的质量、特性或适用性承担的责任。按照《公约》规定，卖方提交的货物除了应符合合同的规定外，还应当符合下列要求：第一，货物适用于同一规格货物通常使用的目的；第二，货物适用于订立合同时买方明示或默示通知卖方的特定目的；第三，在凭样品或说明书的买卖中，货物要与样品和说明书相符；第四，卖方应按照同类货物通用的方式装箱或包装，如果没有通用方式，则用足以保全或保护货物的方式装箱或包装。

（2）所有权担保。所有权担保是指卖方所提交的货物必须是第三者不能提出任何权利要求的货物，卖方应保证其所售货物的所有权不因存在买方所不知的瑕疵而被追夺。《公约》对卖方的所有权担保义务作了两项规定：第一，卖方所交付的货物，必须是第三方不能提出任何权利或请求的货物，除非买方同意在这种权利和要求的条件下收取货物；第二，卖方所交付的货物不得侵犯第三方的工业产权或其他知识产权。

（二）买方的义务

1. 支付价款的义务

按照《公约》规定，买方应根据合同和公约的规定履行支付价款的义务，包括根据合同或任何法律和规章规定的步骤和手续，在约定的时间和地点支付货款。按照一般的国际实践，付款应履行的步骤和手续，包括买方向银行申请信用证或银行付款保函，向政府主管部门申请进出口许可证及所需外汇等。这些手续是买方付款的前提和保证，完成这些步骤和手续都是买方的义务，不履行这些义务，则构成买方违反付款义务。付款时间和地点是由双方在合同中约定，若在合同中没有约定或约定不明的，则依据公约规定：在卖方的营业地或在凭移交货物或单据付款时，则以提交货物或单据的时间和地点为准。

2. 收取货物

根据公约规定，买方收取货物的义务包括两个方面：采取一切理应采取的行动以期卖方能提交货物以及接收货物。所谓一切理应采取的行为，是指买方应及时指定交货地点和安排有关的运输事宜，让卖方得以顺利交付货物。买方有义务在卖方交货时接收货物。"接收"并不等于"接受"。"接受"货物是指买方认为卖方所交付的货物在品质、数量等各方面均符合合同要求而完全接纳，"接收"货物的要求是，货物到达目的地后，不管是否存在品质或数量等方面的异议，买方也应接收货物，并可向卖方索赔，而不能将货物弃之不理。否则，买方应承担由此而产生的诸如滞期费等各方面的责任。

六、实验范例

案例1：巴西A公司与荷兰B商号关于合同成立纠纷

2010年3月，巴西A公司应荷兰B商号的请求，报出镁矿石初级产品200吨，每吨2150美元，即期装运的实盘。但荷兰方接到巴方报盘，未作还盘，而是一再请求巴方增加数量，降低价格，并延长有效期。巴西方将数量增到350吨，每吨价格为CIF鹿特丹价2100美元，有效期经三次延长，最后延长到2010年9月25日。荷兰B商号于9月20日来电表示接受该盘。

巴方接到该电报时，得知国际市场镁矿石价格上扬，因此决定拒绝成交，于是向荷兰方发电，称："由于国际市场镁矿石市场价格发生变化，货物已于接到你方电报时售出。"而荷兰方对此拒绝接受，认为他是在发盘有效期内接受，坚持要求按发盘的条件执行合同，巴方如不执行合同，则要赔偿荷兰方的损失，即差价25万美元。

问题：荷兰B商号于9月20日来电接受的发盘是实盘还是虚盘？此时，合同是否成立？

解答：根据《1980 年联合国国际货物销售合同公约》对发盘和接受的规定，本案中，卖方在发盘后，经三次延长，合同的实质性条款完整、肯定、明确，而且规定有效期为 9 月 25 日，由此看出巴方发出的是有确定意义的发盘，因此，此发盘为实盘，而非虚盘。

按照要约理论，受盘人在有效期内作出接受的意思表示，对要约人是有约束力的。在本案中，发盘方向受盘方提出的有效期是在 9 月 25 日之前，而受盘方在 9 月 20 日就发电表示接受，发盘方也于 9 月 20 日接到受盘方的电函，因此，在 9 月 20 日，此销售合同成立，在双方当事人之间形成了合同约定的权利义务关系，一方违反合同约定的条款，即构成违约，应当承担违约责任。

案例 2：中国 A 出口公司与法国 B 进口公司关于产品品质纠纷

中国 A 出口公司与法国 B 进口公司签订一份出口某商品的合同，合同对货物的数量、单价、质量、规格都作了明确规定，其中对品质规格的规定是：水分最高为 15%，杂质不超过 3%，交货品质以中国商品检验局品质检验为最后依据。这样，确立了双方以合同规定的品质规格作为交货标准。但在成交前，中方 A 出口公司又向法国 B 进口公司寄送了样品，并电告对方："所交货物与寄送样品相似。"后货物运到 B 进口公司后，该公司提出，尽管有中国商检局出具的商品检验合格证书，但货物的品质比样品低，同时 B 进口公司出具了欧洲某检验机构出具的检验报告，指出货物的平均品质比样品低 7%。B 公司提出，既然你公司提供了样品，就应以样品为准，所交货物应与样品一致。现在你公司不能交付与样品一样的货物，则要求以每吨减价 60 英镑的价格来支付货款。中方 A 出口公司接到对方来电后，称"合同中并未明确规定凭样品交货，仅规定凭规格交货。既然所交货物与合同规格相符，故不认为有义务减价交货"。双方争执不下，只好诉诸法院。

问题：中方 A 公司交货义务的标准应以何为准？本案纠纷哪方应承担责任？

解答：货物的品质条款是货物买卖合同的重要条款，如果卖方所交付的货物与买卖合同约定不符，买方即有权要求卖方承担违约责任。根据国际贸易规则，表示货物品质的方法一般有五种情形：①凭样品买卖；②凭规格、等级或标准买卖；③凭牌号或商标买卖；④凭说明书买卖；⑤按现状条件买卖。其中最常见的是前三种，本案涉及的是前两种。本来中国 A 出口公司与法国 B 进口公司在合同中明确规定以规格为交货标准，但后来 A 公司又在给 B 公司的电报中指出：以寄送的样品为准。由此可见，交货的标准属于变更为凭样品买卖，故 A 公司交付的货物虽达到了原规格的标准，但未达到样品的标准，因而 B 公司的要求是合理的，A 公司应当承担违约责任。

七、实验技巧

在签订国际货物买卖合同中，为了把握主动，在签订合同时应注意以下技巧：

第一，发盘时尽量用虚盘，让对方先开出实盘后，再行承诺，这样有选择的机会。

第二，在合同中对送达的方式应详细写明，将对方的通信地址、营业地址、手机、电传以及电报、电子邮箱、网址、QQ 号等诸多现代电子通信工具作为附件予以确认，今后为自己提供许多方便和法律上的保证。

　　第三，在合同中选择对自己有利的索赔程序。对于法律适用和解决争议的办法，各国和《公约》均采用当事人意思自治原则，允许自行选择，所以选择对自己有利的法律适用和诉讼地或者仲裁机构尤为重要，既可以降低索赔成本，也可使索赔结果尽可能有利于自己。

第四章　国际结算方式的选择

第一节　信用证方式

一、实验任务

通过在实验室采用模拟操作软件（例如世格的 SimTrade 外贸实习平台、学硕外贸实训教学软件 XueTrade 4.0、点金国际贸易教学模拟软件 v1.0 等等），另外辅助以纸质单据，学习进出口贸易不同价格条件下的信用证结算方式。

在实务中我们一般采用的贸易术语主要有 FOB、CFR 和 CIF，结合信用证结算的交易为：L/C + FOB、L/C + CFR 和 L/C + CIF，这里我们主要以 L/C + CIF 的交易流程为主作为实验操作对象，要求教师把学生按照学号分组，四人一组分别扮演进口商、出口商以及进口地银行和出口地银行四个角色，合作完成至少一笔 L/C + CIF 的结算业务流程。实验时间比较充裕的情况下可以安排学生轮换角色，再完成 L/C + FOB 和 L/C + CFR 的方式。通过模拟操作练习，掌握信用证结算的方法特点以及主要操作流程步骤，将课堂理论课学习的知识进行验证性实验，使同学们更加感性地认识进出口贸易中的结算的流程。

二、实验原理

信用证结算属于"逆汇"的结算方式，由债权人（进口商）主动向银行提供收款的单据等凭证，委托银行通过国外代理行向国外债务人（出口商）收取款项。

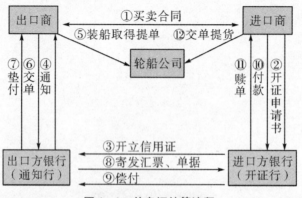

图 4-1　信息证结算流程

（一）信用证结算方式的主要操作流程图（图4-1）

（1）申请开证：在合同中决定按照信用证的方式结算的情况下，首先由进口商到进口地银行（即开证行）填写开证行申请书申请开立信用证。

（2）开立信用证：开证行接受进口商的申请，并按照开证申请书的要求和指示，开出信用证。信用证有信开本和电开本两种，现在通常使用的电开本尤其是SWIFT格式的信用证为主。

（3）信用证通知：开证行开出的信用证通过邮递或电讯形式发给国外代理行（即通知行）通知。

（4）备货发货：出口商接到通知行通知的信用证后，经过审核如果信用证的内容和贸易合同相符合，即可以立即备货发货；如果信用证存在问题，应该立即联系进口商要求修改信用证。

（5）交单：出口商发货后取得海运提单、保险单、商业发票、检验证书等全套单据，和信用证一起按照规定时间交到议付行（可由通知行兼任）议付，或者按照信用证规定交到其他银行。

（6）付款：议付行（或者付款行等）收到单据和信用证一起审核，要求"单证一致、单单一致"，审核完毕，符合要求即垫付货款。

（7）寄单：议付行（或者付款行等）垫付货款后，立即将所有单据邮递给开证行索偿。

（8）偿付：开证行收到议付行（或者付款行等）邮寄来的单据后，和信用证对照审核，仍然要求"单证一致、单单一致"，符合要求就由自己或者偿付行汇出款项进行清偿。

（9）付款赎单：进口商收到开证行转来的单据后，验证无误，即可付款赎出单据。

（二）信用证结算实验的角色安排

实验教师把学生按照进口商、出口商、进口地银行（开证行）、出口地银行（同时担任通知银行以及议付行）分为四个角色。操作以下四个模块的业务：

1. 进口商

（1）填写开证申请书；

（2）联系进口地银行开出信用证修改书；

（3）付款赎单。

2. 出口商

（1）参照贸易合同审核信用证；

（2）联系进口商开立信用证修改书；

（3）填制全套单据；

（4）向出口地银行交单议付。

3. 进口地银行

（1）按照开证申请书开出信用证；

（2）转递给出口地银行要求其通知；

（3）开立信用证修改书；

（4）收到出口地银行邮寄的单据进行审单；

（5）对出口地银行清偿。

4. 出口地银行

（1）通知信用证；

（2）通知信用证修改书；

（3）根据信用证审核单据；

（4）邮寄单据到开证行并清偿。

三、纸面单据实验范例

教师预先准备案例需要的各种纸质单据，要求学生填制以下单据：

（一）基本资料

【进口商资料】Huang Trading Company，LLC

Haha Road 88，Frankfurt，German

Manager：Petter

【出口商资料】Great Universal Foods Corp.

Qingdao Building 5F，Hongkong Road，Qingdao 266001，China

大世界股份有限公司

中国青岛香港中路青岛大厦 5 楼

经理：刘林

【产品描述】WOODEN TEA SERVICE

PACKING：1SET/BOX，5SETS/CARTON

170000SETS，CIF FRANKFURT EUR25.00

【装运港】Qingdao，China

【目的港】Frankfurt，German

【结算方式】L/C

（二）实验流程

实验一：开立信用证

【案例】2011 年 7 月 25 日，Huang Trading Company，LLC 公司的 Peter 根据贸易合同的内容向中国银行申请开证。

【参考资料】

表 4 - 1   销售合同范例

<table>
<tr><td colspan="5" align="center">销售合同
SALES CONTRACT</td></tr>
<tr>
<td rowspan="3">卖方
SELLER：</td>
<td rowspan="3">Great Universal Foods Corp.
Qingdao Building 5F, Hongkong Road, Qingdao 266001, China</td>
<td>编号 NO.：</td>
<td colspan="2">CONTRACT2011</td>
</tr>
<tr>
<td>日期 DATE：</td>
<td colspan="2">2011 - 07 - 20</td>
</tr>
<tr>
<td>地点 SIGNED IN：</td>
<td colspan="2">QINGDAO, CHINA</td>
</tr>
<tr>
<td>买方
BUYER：</td>
<td>Huang Trading Company, LLC
Haha Road 88, Frankfurt, Germany</td>
<td colspan="3"></td>
</tr>
<tr>
<td colspan="5">买卖双方同意以下条款达成交易：
This contract is made by and agreed between the BUYER and SELLER, in accordance with the terms and conditions stipulated below.</td>
</tr>
<tr>
<td>1. 品名及规格
Commodity & Specification</td>
<td>2. 数量
Quantity</td>
<td colspan="2">3. 单价及价格条款
Unit Price & Trade Terms</td>
<td>4. 金额
Amount</td>
</tr>
<tr>
<td></td>
<td></td>
<td colspan="3">CIF FRANKFURT PORT, GERMANY</td>
</tr>
<tr>
<td>WOODEN TEA SERVICE
PACKING：1SET/BOX, 5SETS/CARTON</td>
<td>170000SETS</td>
<td colspan="2">EUR25. 00</td>
<td>EUR4250000. 00</td>
</tr>
<tr>
<td align="right">Total：</td>
<td>170000SETS</td>
<td colspan="2"></td>
<td>EUR4250000. 00</td>
</tr>
<tr>
<td colspan="5">允许溢短装，由卖方决定
With More or less of shipment allowed at the sellers' option</td>
</tr>
<tr>
<td>5. 总值
Total Value</td>
<td colspan="4">SAY EUR FOUR MILLION TWO HUNDRAD AND FIFTY THOUNSAND ONLY.</td>
</tr>
<tr>
<td>6. 包装
Packing</td>
<td colspan="4">WOODEN TEA SERVICE
PACKING：1SET/BOX, 5SETS/CARTON
34000CARTONS</td>
</tr>
<tr>
<td>7. 唛头
Shipping Marks</td>
<td colspan="4">WOODEN TEA SERVICE
GERMANY
C/NO. 1 - 34000</td>
</tr>
<tr>
<td>8. 装运期及运输方式
Time of Shipment & means of Transportation</td>
<td colspan="4">NOT LATER THAN AUG 31, 2011 BY VESSEL
PARTIAL SHIPMENTS AND TRANSHIPMENT ARE NOT ALLOWED</td>
</tr>
</table>

表4-1(续)

9. 装运港及目的地 Port of Loading & Destina-tion	FROM：QINGDAO PORT, CHINA TO：FRANKFURT, GERMANY
10. 保险 Insurance	THE SELLER SHALL ARRANGE MARINE INSURANCE COVERING ALL RISKS PLUS WAR CLAUSE (CARGO) AND STRIKE FOR 110% OF CIF VALUE AND PROVIDE OF CLAIM, IF ANY, PAYABLE IN BENEFICIARY'S COUNTRY.
11. 付款方式 Terms of Payment	THE BUYERS SHALL OPEN THROUGH A BANK ACCEPTABLE TO THE SELLER AN IRREVOCABLE LETTER OF CREDIT PAYABLE AT SIGHT OF REACH THE SELLER 30 DAYS BEFORE THE MONTH OF SHIPMENT, VALID FOR NEGOTIATION IN CHINA UNTIL THE 15TH DAY AFTER THE DATE OF SHIPMENT.
12. 备注 Remarks	

The Buyer	The Seller
HUANG TRADING COMPANY, LLC	GREAT UNIVERSAL FOODS CORP.
Peter	Liu Ling

【单据填制】

表4-2   信用证开证申请书

IRREVOCABLE DOCUMENTARY CREDIT APPLICATION			
TO:	BANK OF CHINA, FRANKFURT BRANCH	Date：	2011-07-25
Beneficiary (Full name and address)		L/C No.	
Great Universal Foods Corp. Qingdao Building 5F, Hongkong Road, Qingdao 266001, China		Ex-Card No.	
		Contract No.	CONTRACT2011
		Date and place of expiry of the credit	
		2011-09-21 CHINA	
Partial shipments	Transhipment	☐Issue by airmail by teletransmission	☐With brief advice
☐allowed ☒ not allowed	☐allowed ☒not allowed	☐Issue by express delivery	
		☒Issue by teletransmission (which shall be the operative instrument)	
Loading on board/dispatch/taking in charge at/from			
QINGDAO, CHINA		Amount	

表4－2(续)

not later than	2011－08－31	EUR4250000.00 SAY EUR FOUR MILLION TWO HUNDRAD AND FIFTY THOUNSAND ONLY.
For transportation to：	FRANKFURT，GERMANY	
		Credit available with ANY BANK
		□by sight payment by acceptance □by negotiation
Description of goods： WOODEN TEA SERVICE		□by deferred payment at against the documents detailed herein
		☒and beneficiary's draft（s）for 100% of invoice value at SIGHT on BANK OF CHINA，FRANKFURT BRANCH
Packing： 1SET/BOX， 5SETS/CARTON，34000 CARTONS		□FOB □CFR ☒CIF □or other terms

Documents required：（marked with X）

1.（ X ）Signed commercial invoice in __5__ copies indicating L/C No. and Contract No.

2.（ X ）Full set of clean on board Bills of Lading made out __to order__ and [X] blank endorsed, marked "freight [ ] to collect / [X] prepaid"

3.（ ）Airway bills showing "freight [ ] to collect/ [ ] prepaid [ ] indicating freight amount" and consigned to

4.（ ）We normal issued by consigned to

5.（ X ）Insurance Policy/Certificate in __1__ copies for __110__ % of the invoice value showing claims payable in china in currency of the draft，blank endorsed，covering [X] Ocean Marine Transportation / [ ] Air Transportation / [ ] Over land Transportation [X] All Risks，War Risks.

6.（ X ）Packing List/Weight Memo in __5__ copies indicating quantity，gross and net weights of each package and packing conditions as called for by the L/C.

7.（ ）Certificate of Quantity / Weight in copies issued by an independent surveyor at the loading port，indicating the actual surveyed quantity / weight of shipped goods as well as the packing condition.

8.（ X ）Certificate of Quality in __1__ copies issued by [ ] manufacturer/ [X] public recognized surveyor/ [ ].

9.（ ）Beneficiary's Certified copy of cable / telex dispatched to the accountees within hours after shipment advising [ ] name of vessel / [ ] fight No. / [ ] wagon No. ，date，quantity，weight and value of shipment.

10.（ ）Beneficiary's Certificate Certifying that extra copies of the documents have been dispatched according to the contract terms.

11.（ ）Shipping Co's certificate attesting that the carrying vessel is chartered or booked by accountee or their shipping agents：

12.（ ）Other documents，if any

表4-2(续)

Additional instructions：	
1. (X) All banking charges outside the opening bank are for beneficiary's account.	
2. (X) Documents must be presented within 21 days after date of issuance of the transport documents but within the validity of this credit.	
3. ( ) Third party as shipper is not acceptable, Short Form/Blank back B/L is not acceptable.	
4. ( ) Both quantity and credit amount % more or less are allowed.	
5. ( ) Prepaid freight drawn in excess of L/C amount is acceptable against presentation of original charges voucher issued by shipping Co / Air Line / or it's agent.	
6. (X) All documents to be forwarded in one cover, unless otherwise stated above	
7. ( ) Other terms, if any	
Account No.	with (name of bank) BANK OF CHINA
Transacted by：	HUANG TRADING COMPANY, LLC
Telephone No. ：	Peter
	(with seal)

实验二：审核信用证

【案例】2011 年 7 月 28 日，大世界股份有限公司经理刘林从中国银行青岛分行收到通知的编号为 L/C2011 的信用证，参照贸易合同内容进行审证。

【参考资料】

(1) 销售合同参照实验一；

(2) 信用证（表4-3）。

表4-3　　　　　　　　　　　信用证范例一

LETTER OF CREDIT		
SEQUENCE OF TOTAL	27：	1 / 1
FORM OF DOC. CREDIT	40 A：	IRREVOCABLE
DOC. CREDIT NUMBER	20：	L/C2011
DATE OF ISSUE	31 C：	JULY 28, 2011
DATE AND PLACE OF EXP.	31 D：	AUGUST 31, 2011 IN GERMAN
APPLICANT	50：	HUANG TRADING COMPANY, LLC HAHA ROAD 888, FRANKFURT, GERMANY
ISSUING BANK	52 A：	BANK OF CHINA FRANKFURT BRANCH, 40 IMAMGANJ, DHAKA-1211, FRANKFURT, GERMANY

表4-3(续)

		LETTER OF CREDIT
BENEFICIARY	59:	GREAT UNIVERSAL FOODS CORP. QINGDAO BUILDING 5F, HONGKONG ROAD, QING-DAO266001, CHINA
AMOUNT	32 B:	EUR425000
AVAILABLE WITH/ . BY …	41 D:	ANY BANK IN CHINA, BY NEGOTIATION
DRAFTS AT…	42 C:	DRAFTS AT 60 DAYS SIGHT FOR 100PCT INVOICE VALUE
DRAWEE	42 D:	BANK OF CHINA, FRANKFURT BRANCH
PARTIAL SHIPMENT	43 P:	NOT ALLOWED
TRANSSHIPMENT	43 T:	NOT ALLOWED
LOADING/DISPATCH-ING/TAKING	44 A:	QINGDAO, CHINA
FOR TRANSPORT TO…	44 B:	FRANKFURT, GERMANY
LATEST DATE OF SHIP-MENT	44 C:	AUG 31, 2011
DESCRIPT OF GOODS.	45 A:	WOODEN TEA SERVICEPACKING: 1SET/BOX, 5SETS/CARTON, 34000CARTONS
DOCS REQUIRED	46 A:	+ SIGNED COMMERCIAL INVOICE IN TRIPLICATE + SIGNED PACKING LIST IN TRIPLICATE + CERTIFICATE OF QUALITY ISSUED BY PUBLIC RECOGNIZED SURVEYOR. . + INSURANCE POLICY OR CERTIFICATE ENDORSED IN BLANK FOR 110 PCT OF CIF VALUE, COVERING W. P. A. RISK AND WAR RISK +3/3 PLUS ONE COPY OF CLEAN "ON BOARD" OCEAN BILLS OF LADING MADE OUT TO ORDER AND BLANK ENORSED MARKED "FREIGHT COLLECT" AND NOTIFY APPLICANT.
ADDITIONAL CONDI-TION	47 A:	+ ALL DRAFTS DRAWN HERE UNDER MUST BE MARKED "DRAWN UNDER BANK OF CHINA, FRANKFURT BRANCH CREDIT NO. L/C2011 DATED JULY 28, 2011" + T/T REIMBURSEMENT IS NOT ACCEPTABLE
DETAILS OF CHARGES	71 B:	ALL BANKING CHARGES OUTSIDE GERMAN ARE FOR BENEFICIARY'S ACCOUNT
PRESENTATION PERIOD	48:	DOCUMENTS MUST BE PRESENTED WITHIN 15 DAYS AFTER THE DATE OF ISSUANCE OF THE SHIPPING DOCUMENTS BUT WITHIN THE VALIDITY OF THE CREDIT
CONFIRMATION	49:	WITHOUT

表4 –3（续）

LETTER OF CREDIT		
INSTRUCTIONS TO THE PAYING/ ACCEPTING/ NEGOTIATING BANK	78：	THE AMOUNT AND DATE OF NEGOTIATION OF EACH DRAFT MUST BE ENDORSED ON THE REVERSE OF THIS CREDIT ALL DOCUMENTS INCLUDING BENEFICIARY'S DRAFTS MUST BE SENT BY COURIER SERVICE DIRECTLY TO US IN ONE LOT. UPON OUR RECEIPT OF THE DRAFTS AND DOC-UMENTS WE SHALL MAKE PAYMENT AS INSTRUCTED BY YOU

【单据填制】

表4 –4   信用证审核结果

信用证号	L/C2011
合同号	CONTRACT2011
审证结果	1. 31D：信用证中的到期日和到期地点与合同以及开证申请书不符。信用证中是"AUGUST 31, 2011 IN GERMANY"，正确的应该是"110921 IN CHI-NA"。 2. 50：开证申请人的地址不符。合同中规定的是"Haha Road 88, Frankfurt, Germany"，信用证中则误为"Haha Road 888, Frankfurt, Germany"。 3. 42C：汇票不符。开证申请书是"at sight"，信用证中是"DRAFTS AT 60 DAYS SIGHT"。 4. 32B：总金额不符。合同中的金额是 EUR4250000，信用证中的金额为 EUR425000。 5. 46A：单据不符。开证申请书中要求的是： （1）Signed commercial invoice in 5 copies indicating L/C No. and Contract No. （2）Full set of clean on board Bills of Lading made out to order and blank en-dorsed, marked "freight prepaid" （5）Insurance Policy/Certificate in 1 copies for 110 % of the invoice value showing claims payable in china in currency of the draft, blank endorsed, covering Ocean Marine Transportation All Risks, War Risks. （6）Packing List/Weight Memo in 5 copies indicating quantity, gross and net weights of each package and packing conditions as called for by the L/C. （8）Certificate of Quality in 1 copies issued by public recognized surveyor. 而信用证中的单据要求为： + SIGNED COMMERCIAL INVOICE IN TRIPLICATE 应该为"in quintuplicate" + SIGNED PACKING LIST IN TRIPLICATE 应该为"in quintuplicate" + INSURANCE POLICY OR CERTIFICATE ENDORSED IN BLANK FOR 110 PCT OF CIF VALUE, COVERING W. P. A. RISK AND WAR RISK 应该为" covering Ocean Marine Transportation All Risks, War Risks." +3/3 PLUS ONE COPY OF CLEAN "ON BOARD" OCEAN BILLS OF LADING MADE OUT TO ORDER AND BLANK ENORSED MARKED "FREIGHT COL-LECT" AND NOTIFY APPLICANT. 应该为"Full set of"和"freight prepaid" 6. 48：交单时间不符。开证申请书中为"21DAYS"，信用证中是"PRE-SENTED WITHIN 15 DAYS"

实验三：制作全套单据

【案例】2011 年 8 月 15 日，大世界股份有限公司的经理刘林依照中国银行青岛分行通知的编号为 L/C2011 的信用证，备货发货完毕，准备根据信用证要求制作包括发票、装箱单、检验证书、保险单等在内的全套单据。

【参考资料】

1. 销售合同参照实验一；

2. 信用证（表 4-5）

表 4-5   信用证范例二

LETTER OF CREDIT		
SEQUENCE OF TOTAL	27：	1 / 1
FORM OF DOC. CREDIT	40 A：	IRREVOCABLE
DOC. CREDIT NUMBER	20：	L/C2011
DATE OF ISSUE	31 C：	JULY 28，2011
DATE AND PLACE OF EXP.	31 D：	110921 IN CHINA
APPLICANT	50：	HUANG TRADING COMPANY，LLC HAHA ROAD 88，FRANKFURT，GERMANY
ISSUING BANK	52 A：	BANK OF CHINA FRANKFURT BRANCH， 40 IMAMGANJ，DHAKA-1211，FRANKFURT，GERMAN
BENEFICIARY	59：	GREAT UNIVERSAL FOODS CORP. QINGDAO BUILDING 5F，HONGKONG ROAD，QINGD-AO266001，CHINA
AMOUNT	32 B：	EUR4250000
AVAILABLE WITH/. BY …	41 D：	ANY BANK IN CHINA， BY NEGOTIATION
DRAFTS AT...	42 C：	DRAFTS AT SIGHT FOR 100PCT INVOICE VALUE
DRAWEE	42 D：	BANK OF CHINA，FRANKFURT BRANCH
PARTIAL SHIPMENT	43 P：	NOT ALLOWED
TRANSSHIPMENT	43 T：	NOT ALLOWED
LOADING/DISPATCH-ING/TAKING	44 A：	QINGDAO，CHINA
FOR TRANSPORT TO…	44 B：	FRANKFURT，GERMANY
LATEST DATE OF SHIP-MENT	44 C：	AUG 31，2011
DESCRIPT OF GOODS.	45 A：	WOODEN TEA SERVICE PACKING：1SET/BOX，5SETS/CARTON，34000CARTONS

表4-5(续)

LETTER OF CREDIT		
DOCS REQUIRED	46 A:	+ SIGNED COMMERCIAL INVOICE IN QUINTUPLICATE. + SIGNED PACKING LIST IN QUINTUPLICATE. + CERTIFICATE OF QUALITY ISSUED BY PUBLIC RECOGNIZED SURVEYOR. + INSURANCE POLICY OR CERTIFICATE ENDORSED IN BLANK FOR 110 PCT OF CIF VALUE, COVERING OCEAN MARINE TRANSPORTATION ALL RISKS, WAR RISKS. + FULL SET OF CLEAN "ON BOARD" OCEAN BILLS OF LADING MADE OUT TO ORDER AND BLANK ENORSED MARKED "FREIGHT PREPAID" AND NOTIFY APPLICANT.
ADDITIONAL CONDITION	47 A:	+ ALL DRAFTS DRAWN HERE UNDER MUST BE MARKED "DRAWN UNDER BANK OF CHINA, FRANKFURT BRANCH CREDIT No. L/C2011 DATED JULY 28, 2011" + T/T REIMBURSEMENT IS NOT ACCEPTABLE
DETAILS OF CHARGES	71 B:	ALL BANKING CHARGES OUTSIDE GERMAN ARE FOR BENEFICIARY'S ACCOUNT
PRESENTATION PERIOD	48:	DOCUMENTS MUST BE PRESENTED WITHIN 21 DAYS AFTER THE DATE OF ISSUANCE OF THE SHIPPING DOCUMENTS BUT WITHIN THE VALIDITY OF THE CREDIT
CONFIRMATION	49:	WITHOUT
INSTRUCTIONS TO THE PAYING/ ACCEPTING/ NEGOTIATING BANK	78:	THE AMOUNT AND DATE OF NEGOTIATION OF EACH DRAFT MUST BE ENDORSED ON THE REVERSE OF THIS CREDIT ALL DOCUMENTS INCLUDING BENEFICIARY'S DRAFTS MUST BE SENT BY COURIER SERVICE DIRECTLY TO US IN ONE LOT. UPON OUR RECEIPT OF THE DRAFTS AND DOCUMENTS WE SHALL MAKE PAYMENT AS INSTRUCTED BY YOU

【单据填制】

1. 商业发票

表4-6　　　　　　　　　　商业发票填制范例

Issuer: Great Universal Foods Corp. Qingdao Building 5F, Hongkong Road, Qingdao 266001, China	COMMERCIAL INVOICE	
To: Huang Trading Company, LLC Haha Road 88, Frankfurt, Germany	No. : CI2011	Date: AUG. 15, 2011
Transport details: FROM QINGDAO TO FRANKFURT BY SEA	S/C No. : CONTRACT2011	
	Terms of payment: L/C AT SIGHT	

表4-6(续)

Marks and Nos.	Number and kind of packages; Description of Goods and Quantity	Unit Price	Amount
WOODEN TEA SERVICE GERMAN C/NO. 1 - 34000	WOODEN TEA SERVICE PACKING：1SET/BOX, 5SETS/CARTON 34000CARTONS	CIF FRANKFURT PORT, GERMANY EUR25.00/SET	EUR4250000.00

Great Universal Foods Corp.

LIU LING

2. 装箱单

表4-7 装箱单填制范例

Great Universal Foods Corp. Qingdao Building 5F, Hongkong Road, Qingdao 266001, China PACKING LIST	
INVOICE NO.	CI2011
S/C NO.	CONTRACT2011
DATE	AUG.15, 2011
L/C NO.	L/C2011
GOODS DESCRIPTION： WOODEN TEA SERVICE PACKING：1SET/BOX, 5SETS/CARTON 34000CARTONS	
TOTAL QUANTITY：34000CARTONS/170000SETS	SHIPPING MARKS： WOODEN TEA SERVICE GERMANY C/NO. 1 - 34000
GROSS WEIGHT：210800KGS@ 6.2KGS/CTN	
NET WEIGHT：170000@ 5KGS/CTN	
MEASUREMENT：5461.76CBM@ 0.4x0.4x1.0CBM/CTN	
	Great Universal Foods Corp. Qingdao Builing 5F, Hongkong Road, Qingdao 266001, China

3. 质量证书：

表 4-8   质量检验证书范例

<table>
<tr><td colspan="3" align="center">中华人民共和国上海进出口商品检验局
SHANGHAI IMPORT & EXPORT COMMODITY INSPECTION BUREAU
OF THE PEOPLE'S REPUBLIC OF CHINA

正　本

ORIGINAL

No.</td></tr>
<tr>
<td>地址：上海市中山东一路 13 号
Address：13. Zhongshan Road
（E. 1.），Shanghai
电报：上海 2914
Cable：2914，SHANGHAI
电话 Tel：63211285</td>
<td>检验证书
INSPECTION
CERTIFICATE
QUALITY</td>
<td>日期 Date： AUG15，202011</td>
</tr>
<tr><td colspan="3">发货人：Great Universal Foods Corp.
Consignor　Qingdao Building 5F，Hongkong Road，Qingdao 266001，China</td></tr>
<tr><td colspan="3">受货人：Huang Trading Company，LLC
Consignee　Haha Road 88，Frankfurt，Germany</td></tr>
<tr>
<td colspan="2">品名：WOODEN TEA SERVICE
Commodity</td>
<td>标记及号码：WOODEN TEA SERVICE
Marks & No.　GERMANY
C/NO. 1 - 34000</td>
</tr>
<tr><td colspan="3">报验数量/重量：34000CARTONS/170000SETS
Quantity/Weight
Declare</td></tr>
<tr><td colspan="3">检验结果：
RESULTS OF INSPECTION：</td></tr>
<tr><td colspan="3">We hereby certify that the goods are of the above - mentioned

quantity and of sound quality.

主任检验员　　李焕
Chief Inspector：</td></tr>
</table>

4. 保险单：

表4-9　　　　　　　　　　　　　　保险单范例

PICC 中国人民财产保险股份有限公司
PICC Property and Casualty Company Limited
总公司设于北京　　一九四九年创立
Head Office：BEIJING Established in 1949

货物运输保险单 CARGO TRANSPORTATION INSURANCE POLICY
发票号码：CI2011　　　　　　保险单号次
INVOICE NO.　　　　POLICY NO. INSURANCE2011
被保险人：　　Huang Trading Company，LLC，Haha Road 88，Frankfurt，Germany　　　　.
中国人民财产保险股份有限公司（以下简称本公司）要求，以被保险人向本公司缴付约定的保险
费为对价，按照本保险单列明条款承担下述货物运输保险，特订立本保险单。
THIS POLICY OF INSURANCE WTINESSES THAT PICC PROPERIY AND CASUALTY COMPANY LIM-
ITED（HEREINAFTER CALLED" THE COMPANY"）AT THE REQUEST OF THE INSRED AND IN
CONSIDERATION OF THE AGREED PREMIUM PAID TO THE COMPANY BY THE INSURED AS PER
THE CLAUSES PRINTED BELOW.

标记 MARKS&NO. S	包装及数量 QUANTITY	保险货物项目 GOODS	保险金额 AMOUNT INSURED
WOODEN TEA SERVICE GERMANY C/NO. 1-34000	34000CARTONS	WOODEN TEA SERVICE PACKING：1SET/BOX，5SETS/CARTON	EUR 4，675，000.00

总保险金额：
TOTAL AMOUNT INSURED：EUR FOUR MILLION SIX HUNDRAD AND SEVENTY-FIVE THUNSAND
ONLY
保费：
PREMIU：AS ARRANGED DATE OF COMMENCEMENT：AS PER B/L
装载运输工具
PER CONVEYANCE：. S.S NEW RIVER V.001
自：　　　　　　　至：
FROM：　QINGDAO　TO：　FRANKFURT
CONDITIONS：
COVERING ALL RISKS AND WAR RISK OF PICC

所保货物如发生保险单项下可能引起索赔的损失，应立即通知本公司或下述代理人查勘。如有索
赔，应向本公司提交正版保险单（本保险单有3份正本）及有关整间。如一份正本已用于索赔，
其余自动失效。

表4-9(续)

IN THE EVENT OF LOSS DAMANGE WHICH MAY RESULT IN A CLAIM UNDER. THIS POLICY, IMMEDIATE NOTICE MUST BE GIVEN TO THE COMPANY PR AGENT AS MENTIONED. CLAIMS, IF ANY, ONE OF THE ORIGINAL POLICY WHICH HAS BEEN ISSUED IN THREE ORGINALS TOGETHER WITH THE RELEVANT DOCUMENTS SHALL BE SURRENDERED TO THE COMPANY. IF ONE OF THE ORIGINAL POLICY HAS BEEN ACCOMPLISHED, THE OTHERS TO BE VOID.
SURVEY TO BE CARRIED OUT BY A LOCAL COMPETENT SURVEYPR. CLAIM DOCUMENTS TO BE MAILED TO THE UNDERWRITER. WE SHALL EFFECT PAYMENT BY REMTTANCE TO THE CLAIMANT.

DDD INSURANCE CO.
P. O. BOX 201
FRANKFURT, GERMANY

中国人民财产保险股份有限公司大连分公司
PICC Property and Casualty Company Limited
Dalian Branch
张宾

赔款偿付地点：
CLAIM, PAYABLE AT　GERMANY IN EUR
日期：
DATE：2011.8.15 PLACE：QINGDAO, CHINA

5. 海运提单：

表 4 - 10　　　　　　　　　　海运提单范例

Shipper			B/L No.	KKLUSH9965115
Great Universal Foods Corp. Qingdao Building 5F, Hongkong Road, Qingdao 266001, China				
Consignee or order				
TO ORDER OF BANK OF CHINA, FRANKFURT BRANCH, 40 IMAMGANJ, DHAKA - 1211, FRANKFURT, GERMANY			中 国 外 运 大 连 公 司 SINOTRANS GUANGDONG COMPANY OCEAN BILL OF LADING	
Notify address			SHIPPED on board in apparent good order and condition (unless otherwise indicated) the goods or packages specified herein and to be discharged at the mentioned port of discharge or as near thereto as the vessel may safely get and be always afloat.	
Huang Trading Company, LLC Haha Road 88, Frankfurt, Germany			The weight, measure, marks and numbers, quality, contents and value, being particulars furnished by the Shipper, are not checked by the Carrier on loading.	
Pre - carriage by	Port of loading		The Shipper, Consignee and the Holder of this Bill of Lading hereby expressly accept and agree to all printed, written or stamped provisions, exceptions and conditions of this Bill of Lading, including those on the back hereof.	
	QINGDAO, CHINA			
Vessel	Port of transshipment		IN WITNESS whereof the number of original Bills of Lading stated below have been signed, one of which being accomplished the other (s) to be void.	
. S. S NEW RIVER V. 001				
Port of discharge	Final destination			
FRANKFURT, GERMANY				
Container. seal No. or marks and Nos.	Number and kind of packages Description of goods		Gross weight (kgs.)	Measurement (m3)
WOODEN TEA SERVICE GERMANY C/NO. 1 - 34000	WOODEN TEA SERVICE PACKING: 1SET/BOX, 5SETS/CARTON, 34000CARTONS SAY THIRTY - FOUR HUNDRAD CARTONS ONLY		210800KGS	5461. 76CBM
Freight and charges	REGARDING TRANSHIPMENT INFORMATION PLEASE CONTACT			

表4-10(续)

Ex. rate	Prepaid at	Freight payable at	Place and date of issue
			AUG 15, 2011QINGDAO
	Total prepaid	Number of original Bs/L	Signed for or on behalf of the Master
	FIRST ORIGINAL	THREE	ABA FORWARDER CO. 王平 as Agent for the carrier SINOTRANS QINGDAO COMPANY

实验四：审核单据

此部分省略，教师可以根据以上的实验单据设计，更改资料设置部分单据错误，由学生审核检查。

四、使用 SimTrade 实习平台软件实验范例

（一）进口商申请开立信用证

（1）进口商登录，进入"业务"中心，点击标志为"进口地银行"的建筑物，选择"信用证"业务；

（2）点击"添加信用证申请书"，添加完成后，点击并填写信用证申请书（图4-2）；

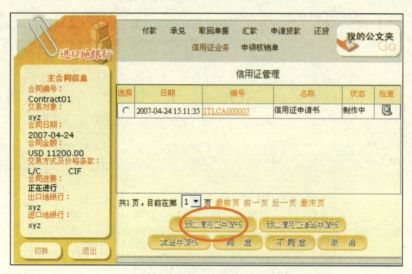

图4-2

（3）发送开证申请书。填写完成后，仍在信用证管理画面中，选中对应信用证申请书前的单选钮，点"发送申请书"。

（二）进口地银行（开证行）开立信用证

（1）进口地银行登录，收取进口商申请开证的邮件，打开业务页面，点击"信用证"按钮；

（2）打开合同号为 Contract 01 的信用证申请书编号，查看其内容图 4-3；

图 4-3

（3）再选中该申请书，点击"开证"；

（4）完成后点击信用证编号进入，进行填写；

（5）填写完成后检查正确率；

（6）再选中合同号为 Contract 01 的信用证，点击"送进口商"（图 4-4）。

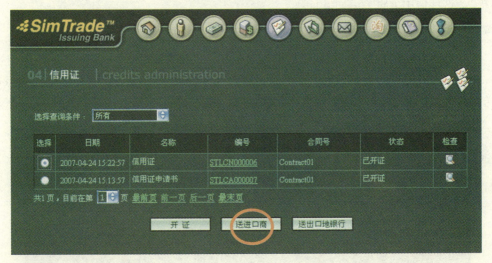

图 4-4

（三）进口商审核并同意信用证

（1）进口商登录，收取银行要求确认信用证的通知邮件；

（2）然后到业务中心点击"进口地银行"建筑物；

（3）点击"信用证业务"，参照外销合同检查对应的信用证内容；

（4）检查信用证和合同一致无误后，选中对应信用证前的单选钮，点击"同意"

（图 4-5）；

图 4 - 5

（5）如果信用证和开证申请书不一致，则选中对应信用证前的单选钮，点击"不同意"，这样信用证将会退回开证行。

（四）进口地银行确认正式信用证

（1）进口地银行登录，收取进口商同意信用证的邮件；

（2）到信用证管理界面中，选择合同号为 Contract 01 的信用证前的单选钮，点击"送出口地银行"（图 4 - 6）。

图 4 - 6

（五）出口地银行通知信用证

（1）出口地银行登录，收取进口地银行已开证的通知邮件，点击"信用证"按钮；

（2）打开合同号为 Contract01 的信用证进行查看；

（3）选中该信用证前的单选钮，点击"制作通知书"，添加信用证通知书（图4－7）；

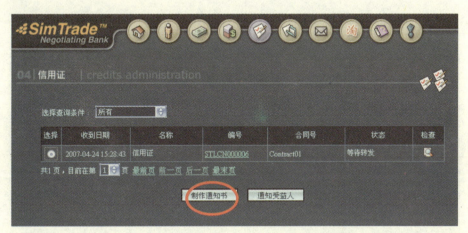

图 4－7

（4）点击该信用证通知书所对应的单据编号，打开表单根据信用证内容进行填写；

（5）填写完成后点击"保存"，回到业务画面，选择该通知书，点击"通知受益人"（图4－8）。

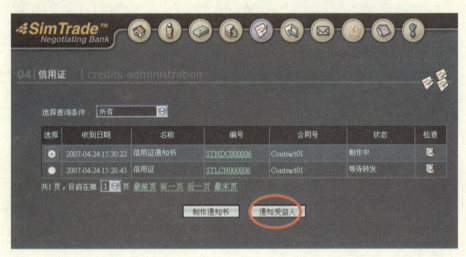

图 4－8

（六）出口商审核信用证

（1）出口商登录，收取信用证已开立的通知邮件；

（2）回到"业务中心"，点击"出口地银行"；

（3）再点击"信用证业务"，进入信用证列表画面；

（4）查看信用证内容无误后，选择相应的信用证通知书，点击"接受"，见图 4-9。

图 4-9

（七）出口商议付单据

（1）出口商备货发货准备各项单据，具体步骤不再一一列出，请参照其他章节相应内容。

（2）出口商在业务中心，点击"进口商"建筑物，添加单据"汇票"进行填写（图 4-10）；

（3）填写完成"汇票"后，回到业务中心管理界面，点击"出口地银行"建筑物，选择"押汇"业务；

（4）选中单据"商业发票""装箱单""普惠制产地证明书""货物运输保险单"（CIF 条件时）、"海运提单""汇票"前的复选框，点击"押汇"（图 4-11），完成押汇手续的办理。

图 4 – 10

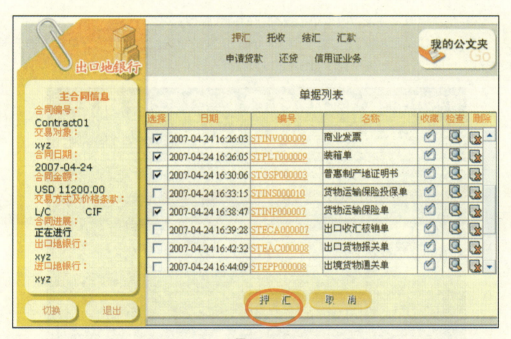

图 4 – 11

（八）出口地银行审单寄单

（1）出口地银行登录，收取单据已到达的通知邮件（图 4 – 12）；

（2）出口地银行打开信用证管理界面，审单完毕选择转递开证行。

图 4 - 12

（九）进口地银行审单结汇

（1）进口地银行登录，收取单据已到达的通知邮件；

（2）点击"结汇单据"，选中合同 Contract 01 前的单选钮，分别检查单据，如单据检查无误，再点"通知进口商"（图 4 - 13）。

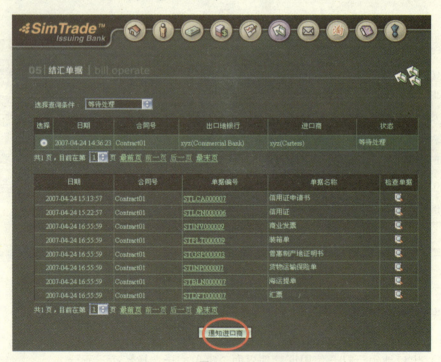

图 4 - 13

（十）进口商结汇

（1）进口商登录，在业务中心管理界面点击"出口地银行"建筑物，再点击"结汇"，结收货款；

（2）同时银行签发"出口收汇核销专用联"，用以出口核销。

五、实验技巧

（一）填制结算单据的技巧

填制结算的各种单据时，首先注意各类单据间相关部分的闭合，尤其是对货物的描述方面如"货物名称、数量、单价、价格术语"等等。很多同学容易犯错的地方是：货物名称上容易把多种货物的型号写错；填写货物的单价时点错小数；或者货物数量的位数少了一位；以及填错货币单位等。

其次，使用 SimTrade 模拟平台软件有很多系统自动设定的地方，比如进口商的国家、账号、单位代码、邮箱地址等资料是无法更改的项目。因此同学们在操作的时候一定要注意，进口商的国家相关联着后面使用的货币种类以及港口城市，这些内容都可以在"淘金网"上查询，包括货币的兑换率。例如地中海的国家阿尔及利亚，很多同学想当然地以为靠近欧洲，应该是使用欧元，但是系统设定的却是用美元作为交易货币。同学应该随时注意在淘金网查询相关资料，避免出错。

最后，由于我国外贸体制的特殊性，进口也需要办理外汇核销等手续。因此，SimTrade 软件为了让同学能够真实体会进口的相关流程，无论进口商是在哪国，填写进口报关的一系列表格如报关单、检验单、核销单等都采用的是中文单据，因此这里又是容易出错的地方。前面出口商办理出口的全套单据都使用的是英文，这里反而需要使用中文填制进口单据，而且有的单据里面还要用中英文混杂填写，因此如果应该填写中文的港口、国家等项目却填写成了英文，这样也会导致单据审核无法通过。

（二）使用 SimTrade 软件实验时设置单据的合格正确率

需要注意的是，该软件可以设置"单据的合格正确率"，系统会自动对学生单据检查评分，并且只有达到该正确率上才能通过检查，进行下一个步骤的操作。

当然，如果单据合格正确率设置低，则学生填制的单据很容易通过检查（即使单据大量空白也可以通过），却会为后面的操作留下隐患，即当后面结算需要审核单据的时候，大量留白的单据相互间无法印证，无法确定为"单证一致、单单一致"，这样导致后面的操作无法进行下去（因该软件设定为进出口商都要最终缴税完成才算操作成功，才有评分），因而导致整个模拟操作失败，只有从签订合同开始全部重新开始。所以，建议将单据的合格正确率设置高一些，一般最好设置为 90% 及以上，这样虽然增加了操作的难度，但是一方面锻炼了学生的能力，另一方面也有利于后面实验的顺利进行。

但是，即使是软件检查给出"正确率 100%"，单据也有可能存在错误，因为软件检验的只是根据操作环节需要检查其最重要的部分，例如起草合同的时候，只要合同中的主体部分包括商品名称、数量、价格等条件正确，结算方式和保险等地方空白或者胡乱填写，系统审核时也可能给出"100%"正确率，但是在实验做到后面购买保险或者交单议付结算的时候就会出问题，系统检查会始终认为单据不符合。因此，必须要求学生耐心仔细地填好每种单据的每项内容，不要图省事乱填一气。

第二节　托收方式

一、实验任务

托收可以分为三种方式：付款交单（简称为 D/P）包括即期付款交单和远期付款交单，以及承兑交单（简称为 D/A）。一般而言，付款交单相对于承兑交单来说风险相应比较低。因此，实务中一般我们推荐使用付款交单的形式交易。

根据贸易术语的不同托收交易可以分为六大类：D/P + FOB、D/P + CFR、D/P + CIF、D/A + FOB、D/A + CFR 以及 D/A + CIF，因此这里我们主要以 D/P + CIF 的交易流程作为实验操作对象，要求教师把学生按照学号分组，四人一组分别扮演进口商、出口商以及进口地银行和出口地银行四个角色，合作完成至少一笔 D/P + CIF 的结算业务流程。实验时间比较充裕的情况下可以安排学生轮换角色，再完成 D/P + FOB 和 D/A + CIF 等托收方式。通过模拟操作练习，掌握托收结算的方法特点以及主要操作流程步骤，可以使同学们更加感性的认识进出口贸易中的托收结算的流程。

二、实验原理

托收结算也属于"逆汇"的结算方式，由债权人（进口商）主动向银行提供收款的单据等凭证，委托银行通过国外代理行向国外债务人（出口商）收取款项，债券凭证和资金的流动方向相反；付款交单的主要流程如图 4 - 14：

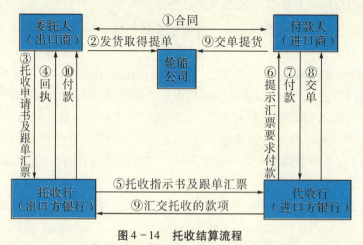

图 4 - 14　托收结算流程

（1）发货制单：出口商按合同约定备货发货后，制作并取得相关单据，包括海运提单、商业发票、保险单、装箱单等等。

（2）委托收款：出口商将全套单据交给出口地银行（托收行），并填写托收申请书和商业汇票一起交给托收行，委托其收款。

（3）寄单：托收行将全套单据以及自己制作的托收指示书邮寄到国外进口地银行（代收行），委托其代为收款。

（4）提示收款：代收行向进口商提示汇票，检验单据无误后付款赎单，如果是远期付款交单则需等汇票到期付款赎单，承兑交单可以凭承兑赎单。

（5）收款结清：代收行行收到货款和托收行结清，托收行扣除银行费用后和出口商结清货款。

三、纸质单据实验范例

（一）基本资料

【进口商】GREEN TRADE CO.

22 MARK STREET, OSLO, NORWAY

MANAGER：MARY

【出口商】ZHONGCHENG INTERNATIONAL TRADE CO., LTD

20, HANZHONG RD., NANJING, P. R. CHINA

众诚国际贸易有限公司

中国南京汉中路 20 号

经理：张敏

【产品描述】HAND TOOLS

ART NO. 1018

ART NO. 1019

【装运港】CHINA PORT

【目的港】OSLO, NORWAY

【结算方式】BY D/P AT 30 DAYS AFTER B/L DATE

（二）实验流程

【案例】2011 年 4 月 15 日，众诚国际贸易有限公司的经理张敏根据贸易合同的内容制作出境货物报检单、汇票、装箱单和海运提单。备齐全套托收单据后后交由托收行代为收款。

表 4 - 11   **售货确认书范例**

售货确认书 SALES CONFIRMATION			
The sellers：	ZHONGCHENG INTERNATIONAL TRADE CO. , LTD 20, HANZHONG RD. , NANJING, P. R. CHINA	编号 NO. ：	05SUG0012
		日期 DATE：	FEB. 6, 2011
The buyers：	GREEN TRADE CO. 22 MARK STREET, OSLO, NORWAY		
下列签字双方同意按以下条款达成交易： The undersigned Sellers and Buyers have agreed to close the following transactions according to the terms and conditions stipulated below：			
1 品名及规格 Commodity & Specification	2 数量 Quantity	3 单价 Unit Price	4 金额 Amount
		CIF OSLO	
HAND TOOLS ART NO. 1018 ART NO. 1019 GOODS ARE OF CHINESE ORIGIN	5000SETS 5000SETS 10000SETS	USD4. 00/SET USD3. 00/SET	USD20, 000. 00 USD15, 000. 00 USD35, 000. 00
TOTAL AMOUNT：SAY US DOLLARS THIRTY FIVE THOUSAND ONLY			
5. 装运期限 TIME OF SHIPMENT	NOT LATER THAN APRIL 30, 2011. PARTIAL SHIPMENT ALLOWED.		
6. 装运口岸 PORT OF LOADING	CHINA PORT		
7. 目的口岸 PORT OF DESTINATION	PORT OF DISCHARGE：OSLO NORWAY		
8. 付款方式 PAYMENT	BY D/P AT 30 DAYS AFTER B/L DATE		
9. 保险 INSURANCE	TO BE EFFECTED BY THE SELLER AT 110% OF THE INVOICE VALUE COVERING ALL RISK AND WAR RISK AS PER PICC CLAUSES.		
10. 单据 DOCUMENTS	+ SIGNED INVOICE IN 3 COPIES. + FULL SET OF CLEAN ON BOARD B/L ISSUED BY APL SHIPPING CO. + DETAILED PACKING LIST + BILL OF EXCHANGE		
The Buyer： MARY		The Seller： ZHANG MIN	

【单据填制】
(1) 出境货物报检单

表 4-12　　　　　　　　　　　出境货物报检单范例

中华人民共和国出入境检验检疫

出境货物报检单

报检单位（加盖公章）：众诚国际贸易有限公司　　　＊编号　AN5009

报检单位登记号：1462845217　联系人：张敏　电话：67678333　报检日期：2011 年 04 月 10 日

发货人	（中文）	众诚国际贸易有限公司				
	（外文）	ZHONGCHENG INTERNATIONAL TRADE CO. , LTD				
收货人	（中文）	－ － － － － － － － － － － － － － － － － － －				
	（外文）	GREEN TRADE CO.				
货物名称（中/外文）		H. S. 编码	产地	数/重量	货物总值	包装种类及数量
HAND TOOLS 手工工具 ART NO. 1018 ART NO. 1019		8204.1100	CHINA	5000SETS 5000SETS 10000SETS	USD 35 000.00	10SETS/CARTON 8SETS/CARTON 1125 CARTON
运输工具名称号码		SPRING V. 011	贸易方式	一般贸易	货物存放地点	
合同号		05SUG0012	信用证号		用途	
发货日期	2011-04-15	输往国家（地区）	NORWAY	许可证/审批号		
启运地	CHINA PORT	到达口岸	OSLO	生产单位注册号		
集装箱规格、数量及号码		3 * 40'，APLU 1234501，1234502，1234503				

合同、信用证订立的检验检疫条款或特殊要求	标记及号码	随附单据（划"√"或补填）	
	GREEN 05SUG0012 OSLO CTN. 1/1125	☑合同 □信用证 ☑发票 □换证凭单 ☑装箱单 □厂检单	□包装性能结果单 □许可/审批文件 □ □ □ □

需要证单名称（划"√"或补填）				＊检验检疫费	
□品质证书 □重量证书 □数量证书 □兽医卫生证书 □健康证书 □卫生证书 □动物卫生证书	__正__副 __正__副 __正__副 __正__副 __正__副 __正__副 __正__副	□植物检疫证书 □熏蒸/消毒证书 ☑出境货物换证凭单 □ □ □ □	__正__副 __正__副 __正__副	总金额 （人民币元）	
				计费人	
				收费人	

报检人郑重声明： 1. 本人被授权报检。 2. 上列填写内容正确属实，货物无伪造或冒用他人的厂名、标志、认证标志，并承担货物质量责任。 　　　　　签名：张敏	领取证单	
	日期	
	签名	

注：有"＊"号栏由出入境检验检疫机关填写　　　　　　　◆国家出入境检验检疫局制

[1-2 (2000.1.1)]

（2）商业发票

表 4 - 13　　　　　　　　　　　　　　商业发票范例

Issuer： ZHONGCHENG INTERNATIONAL TRADE CO．，LTD 20，HANZHONG RD．，NANJING，P. R. CHINA		COMMERCIAL INVOICE	
To： GREEN TRADE CO. 22 MARK STREET，OSLO，NORWAY		No. ： 11SUG0012	Date： APR. 10，2011
Transport details： FROM SHANGHAI TO OSLO BY SEA		S/C No. ：05SUG0012	
		Terms of payment：D/P AT 30 DAYS AFTER B/L DATE	
Marks and Nos.	Number and kind of packages；Description of Goods and Quantity	Unit Price	Amount
ART NO. 1018 C/NOS. 1～500 ART NO. 1019 C/NOS. 501～1125	HAND TOOLS 手工工具 ART NO. 1018，5000SETS ART NO. 1019，5000SETS 10000SETS	CIF OSLO， NORWAY USD4. 00/SET USD3. 00/SET	 USD20，000. 00 USD15，000. 00 USD35，000. 00

（3）汇票

表 4 - 14　　　　　　　　　　　　　　汇票范例

BILL OF EXCHANGE								
凭 Drawn Under				不可撤销信用证 Irrevocable　L/C No.				
日期 Date		支 取 Payable With interest	@	%	按		息	付款
号码 No.	汇票金额 Exchange for	USD 35 000. 00		南京 Nanjing		APR. 20，2011		
	见票 at	30 DAYS AFTER B/L DATE	日 后（本汇票之副本未付）付交 sight of this FIRST of Exchange（Second of Exchange					
Being unpaid）Pay to the order of			BANK OF CHINA，JIANGSU BRANCH					
金额 the sum of		U.S. DOLLARS THIRTY FIVE THOUSAND ONLY						
此致 To		GREEN TRADE CO.						
22 MARK STREET，OSLO，NORWAY								
					ZHONGCHENG INTERNATIONAL TRADE CO.，LTD 张敏			

（4）装箱单

表 4 – 15   装箱单范例

DETAILED PACKING LIST					

TO：GREEN TRADE CO.
　　22 MARK STREET, OSLO, NORWAY

INVOICE NO. ___11SUG0012___
DATE：___APR 10, 2011___
S/C NO. ___05SUG0012___
L/C NO. _____

SHIPPING MARKS：
GREEN
05SUG0012
OSLO
CTN. 1/1125

C/NOS.	NOS & KINDS OF PKGS	QUANTITY	G. W. （KGS）	N. W. （KGS）	MEAS. （M^3）
ART NO. 1018 C/NOS. 1～500	500 CARTONS	5000SETS	6000KGS	5000KGS	100 M^3
ART NO. 1019 C/NOS. 501 ～1125	625 CARTONS	5000SETS	6250KGS	5000KGS	62.5 M^3
TOTAL	1125CARTONS	10000SETS	12250KGS	10000KGS	162.5 M^3
SAY TOTAL	SAY ONE THOUSAND ONE HUNDRED AND TWENTY FIVE CARTONS ONLY				

ZHONGCHENG INTERNATIONAL TRADE CO. , LTD

（5）海运提单

表 4 - 16　　　　　　　　　　　海运提单范例

1. Shipper Insert Name，Address and Phone ZHONGCHENG INTERNATIONAL TRADE CO. 20，HANZHONG RD.		B/L No. TH14HK07596 中远集装箱运输有限公司 COSCO CONTAINER LINES TLX：33057 COSCO CN FAX：+86（021）6545 8984 ORIGINAL
2. Consignee Insert Name，Address and Phone TO RODER		Port - to - Port or Combined Transport BILL OF LADING RECEIVED in external apparent good order and condition except as other - Wise noted. The total number of packages or unites stuffed in the container, the description of the goods and the weights shown in this Bill of Lading are furnished by the Merchants, and which the carrier has no reasonable means of checking and is not a part of this Bill of Lading contract. The carrier has Issued the number of Bills of Lading stated below, all of this tenor and date, One of the original Bills of Lading must be surrendered and endorsed or signed against the delivery of the shipment and whereupon any other original Bills of Lading shall be void. The Merchants agree to be bound by the terms and conditions of this Bill of Lading as if each had personally signed this Bill of Lading. SEE clause 4 on the back of this Bill of Lading（Terms continued on the back hereof, please read carefully）. * Applicable Only When Document Used as a Combined Transport Bill of Lading.
3. Notify Party Insert Name，Address and Phone （It is agreed that no responsibility shall attsch to the Carrier or his agents for failure to notify） GREEN TRADE CO. 22 MARK STREET, OSLO, NORWAY		
4. Combined Transport * Pre - carriage by	5. Combined Transport * Place of Receipt	
6. Ocean Vessel Voy. No. SPRING V. 011	7. Port of Loading SHANGHAI PORT	
8. Port of Discharge OSLO NORWAY	9. Combined Transport * Place of Delivery	

Marks & Nos. Container / Seal No.	No. of Containers or Packages	Description of Goods（If Dangerous Goods，See Clause 20）	Gross Weight Kgs	Measurement
GREEN 05SUG0012 OSLO CTN. 1/1125 Seal No. SNBU7121820	500 CARTONS 625 CARTONS	HAND TOOLS ART NO. 1018 ART NO. 1019 CFS - CFS	6000KGS 6250KGS	100 M^3 62. 5 M^3

表4-16(续)

	Description of Contents for Shipper's Use Only (Not part of This B/L Contract)
10. Total Number of containers and/or packages (in words)	
Subject to Clause 7 Limitation	SAY ONE THOUSAND ONE HUNDRED AND TWENTY FIVE CARTONS ONLY

11. Freight & Charges	Revenue Tons	Rate	Per	Prepaid	Collect
FREIGHT PREPAID					
Declared Value Charge					

Ex. Rate：		Prepaid at	Payable at	Place and date of issue
			SHANGHAI PORT	SHANGHAI, APR. 15, 2011
		Total Prepaid	No. of Original B (s) /L	Signed for the Carrier, COSCO CONTAINER LINES
			THREE	

LADEN ON BOARD THE VESSEL SPRING V. 011			
DATE	APR 15 2011	BY	COSCO CONTAINER LINES

四、使用 SimTrade 实习平台软件实验范例

(一) 出口商向出口地银行办理托收业务

(1) 出口商登录，打开业务中心管理界面，点击"出口地银行"的建筑物；

(2) 选择"托收"业务（图4-15）；

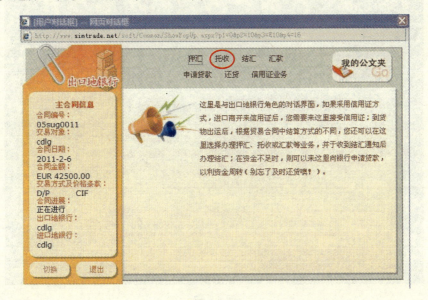

图4-15

（3）打钩选择"商业发票""装箱单""保险单"等单据办理托收业务（图4-16）。

图4-16

（二）出口地银行委托代收行

（1）出口地银行登录，到"结汇单据"管理界面中，点击选择合同号为05sug0011的按钮，点击"送进口地银行"（图4-17）；

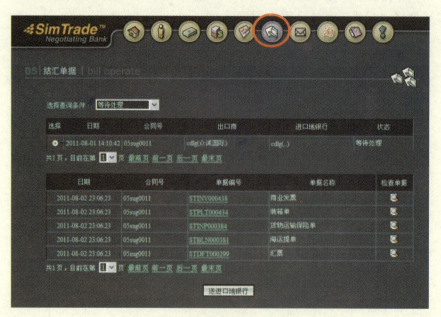

图4-17

（2）发送单据给进口地银行；

（三）进口地银行代收货款

（1）登录进口地银行，到"结汇单据"管理界面中，点击选择合同号为05sug0011的按钮，点击"通知进口商"（图4-18）；

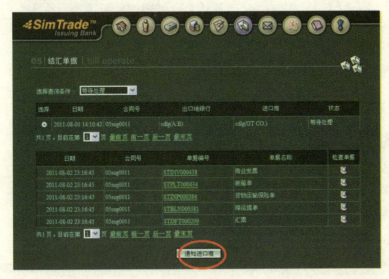

图4-18

（2）通知进口商领取单据。

（四）进口商付款结汇

（1）进口商登录，从业务中心管理界面进入，点击"进口地银行"建筑物，

（2）进口商申领并填写"付汇核销单"后，选择"付款"（图4-19）；

图4-19

（3）取得包括"海运提单"等在内的全套单据（图4-20）；

图4-20

（4）在业务中心，点击"船公司"换提货单（图4-21）；

图4-21

（5）在业务中心点击"进口商"建筑物，添加并填写"入境货物报检单"（图 4-22）；

图 4-22

（6）点击"出口地银行"建筑物，选择"结汇"（图 4-23）。

图 4-23

五、实验技巧

(一) 合同签订的注意事项

使用托收等其他结算方式在签订合同要注意其内容不一致的地方，一是合同中结算方式选择托收 D/P，以及托收是即期还是远期，是交单还是承兑；二是需要提供托收的单据，所以托收合同下面的有一栏"Documents"注意填入通常要求的单据类型及份数。这点就和信用证结算不同，信用证是和合同独立生效失效的文件，信用证也是单据的买卖，所以信用证结算方式下的合同中不要求填写单据。

(二) 托收流程的注意事项

和信用证结算由进口商主动申请开证相反的是，托收由出口商先发货后再委托托收行收款的结算方式，因而这里则由出口商主动办理结算的各项事务，包括填制单据以及委托出口地银行。因此，在托收结算方式下进口商的责任和工作比较简单，就是等待代收行通知单据抵达后，付款取得单据即可提货。

(三) 其他注意事项

托收虽然是通过银行办理业务，但是银行只是作为委托人（出口商）的代理人身份按照委托指示办事，既无检查货运单据是否完整或正确的义务，也无承担付款人必然付款或承兑的责任。如果付款人借故拒绝付款赎单，除非事先约定，银行也无义务代为提货、存仓和保管货物。因此，出口商需关心货物的安全，直到对方付清货款为止。至于货款能否收到，完全取决于进口人的信用。因此，托收属商业信用性质，风险比较大。一般建议金额比较大的交易不要采用托收这种结算方式。

尤其是采用托收的承兑交单（D/A）方式结算，卖方须注意自己的资金周转是否存在问题，不要耽误其他同时出口的业务。不过，SimTrade 外贸平台软件也考虑到了这点，资金不足的时候可以向当地银行申请贷款。

第三节 汇付方式

一、实验任务

汇付根据银行命令国外代理行付款方式的不同，可以分为电汇 T/T、信汇 M/T 和票汇 D/D 三种方式。由于电汇具有安全性高、速度快等特点，目前国际贸易中主要以电汇的方式为主，指导教师可以将学生分为进出口商、汇出行和汇入行四个角色，通过实验熟练掌握电汇方式的流程，增加对于汇款方式结算的感性认识。

二、实验原理

汇付（汇款）是一种顺汇的结算方式，债券凭证和款项的流动方向一致。汇付就是由债务人（进口商）在发货前或者收货后主动付给银行通过国外代理行以一定的方式将货款交给债权人（进口商）的一种结算方式。汇款结算方式的主要操作流程图见图4-24：

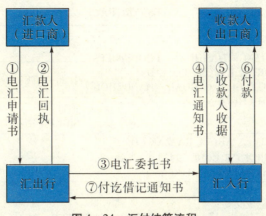

图4-24　汇付结算流程

（1）电汇申请：汇款人（进口商）主动将货款交给汇出行（进口地银行），填写电汇申请书，委托其汇款。

（2）发出支付指令：汇出行通过电讯（或者邮件等方式）向汇入行发出支付指令P. O.，命令其付款。

（3）付款结清：收款人（出口商）获得汇入行通知，领取现金或者存入账户，货款结清。

三、纸面单据实验范例

（一）基本资料

【进口商】SULEIMAN ABDUL RAZZAK ALABDLKARIM AND PARTNERS CO.

P. O BOX 152 CODE 11438 T-445913，F-4455941

RIYADH. KSA

MANAGER：MARY

【出口商】ZHEJIANG TIANHUAN FOODSTUFFS IMPORT & EXPORT CO. LTD.

128TIYUCHANG ROAD，HANGZHOU 310003 CHINA.

浙江天环食品进出口股份有限公司

经理：张敏

【产品描述】CANNED MELON JAM 西瓜酱罐头

【装运港】XINGANG，P. R. CHINA

【目的港】RIYADH PORT，SAUDI ARABIA

【结算方式】BY T/T

（二）实验流程

【案例】2011 年 10 月 5 日，浙江天环食品出口股份有限公司的经理张敏根据贸易合同的内容制作出境货物报检单、汇票、装箱单和海运提单。

表 4 - 17　　　　　　　　　　　　销货合约（范例）
SALES CONTRACT

卖方 SELLER：	ZHEJIANG TIANHUAN FOODSTUFFS IMPORT & EXPORT CO. LTD. 128 TIYUCHANG ROAD，HANGZHOU 310003 CHINA.	编号 NO.：	2011EK151
		日期 DATE：	AUG 20，2011
		地点 SIGNED IN：	ZHEJIANG
买方 BUYER：	SULEIMAN ABDUL RAZZAK CO. P. O BOX 152 CODE 11438 T - 445913， F - 4455941 RIYADH. KSA		

买卖双方同意以下条款达成交易：
This contract Is made by and agreed between the BUYER and SELLER , in accordance with the terms and conditions stipulated below.

1. 品名及规格 Commodity & Specification	2. 数量 Quantity	3. 单价及价格条款 Unit Price & Trade Terms	4. 金额 Amount
		CFR RIYADH PORT VIA DAMMAM PORT	
" MALING " BRAND CANNED MELON JAM， 24 TINS PER CARTON PER TIN 340GRAMS NET WEIGHT	2200CARTONS	USD6. 35	USD13970. 00
Total：	2200CARTONS		USD13970. 00

允许 With	5%	溢短装，由卖方决定 MORE OR LESS OF SHIPMENT ALLOWED AT THE SELLERS' OPTION		

5. 总值 Total Value	USD THIRTEEN THOUSAND NINE HUNDRED AND SEVENTY ONLY.
6. 包装 Packing	EXPORT CARTON
7. 唛头 Shipping Marks	WAZAH/RIYADH
8. 装运期及运输方式 Time of Shipment & means of Transportation	NOT LATER THAN OCT. 15，2003 BY VESSEL
9. 装运港及目的地 Port of Loading & Destination	From：XINGANG，P. R. CHINA To：RIYADH PORT，SAUDI ARABIA Via：DAMMAM PORT，SAUDI ARABIA
10. 保险 Insurance	TO BE COVERED BY THE BUYER.

表4-17(续)

11. 付款方式 Terms of Payment	BY T/T WITHIN 3 WORKING DAYS AFTER THE BUYER'S RECEIPT OF COPY OF B/L BY FAX. FULL SET OF DOCUMENTS WILL BE SENT TO BUYER COURIER SERVICE WITHIN 5 DAYS AFTER THE SELLER'S RECEIPT OF FULL AMOUNT FROM THE BUYER
12. 备注 Remarks	1) TRANSSHIPMENT ALLOWED, PARTIAL SHIPMENT NOT ALLOWED. 2) CERTIFICATE OF ORIGINAL INVOICE TO BE LEGALIZED BY CHAMBER OF COMMERCE.
The Buyer	The Seller
SULEIMAN ABDUL RAZZAK CO. MARY	ZHEJIANG TIANHUAN FOODSTUFFS IMPORT & EXPORT CO. LTD. ZHANGMIN

【单据填制】

（1）商业发票

表4-18　　　　商业发票填制（范例）

ISSUER ZHEJIANG TIANHUAN FOODSTUFFS IMPORT & EXPORT CO. LTD. 128 TIYUCHANG ROAD, HANGZHOU 310003 CHINA.	商业发票 COMMERCIAL INVOICE			
TO SULEIMAN ABDUL RAZZAK CO. P. O. BOX 152 CODE 11438 T - 445913, F - 4455941 RIYADH. KSA	NO. 2011D8628G		DATE OCT. 01, 2011	
	S/C NO. 2011EK151		L/C NO.	
TRANSPORT DETAILS SHIPMENT FROM XINGANG PORT TO RIYADH SAUDI ARABIA BY SEA	TERMS OF PAYMENT T/T			
MARKS AND NUMBERS	NUMBER AND KIND OF PACKAGE DESCRIPTION OF GOODS	Quantity	UNIT PRICE	AMOUNT
				CFR RIYADH SAUDI ARABIA
WAZAH/RIYADH	2200 CARTONS "MALING" BRAND CANNED MELON JAM, 24 TINS PER CARTON 340 GRAMS NET WEIGHT AT USD6.35 PER CARTON.	2200CARTONS	USD6.35	USD13970.00

表4-18(续)

		TOTAL:	2200CARTONS		USD13970.00

SAY TOTAL: USD THIRTEEN THOUSAND NINE HUNDRED AND SEVENTY ONLY.
THE BREAK DOWN OF THE AMOUNT AS FOLLOWS:
FOB VALUE:　　　　USD12970.00
FREIGHT CHARGES:　　USD1000.00
TOTAL (CFR) VALUE　　USD13970.00
WE HEREBY CERTIFY THAT 1 PCT. EMPTY CARTONS HAS BEEN SHIPPED FREE OF CHARGE.
WE HEREBY CERTIFY THAT THE PRODUCTION DATE OF THE GOODS NOT TO BE EARLIER THAN HALF MONTH AT TIME OF SHIPMENT.
WE HEREBY EVIDENCE THAT ORIGIN OF GOODS HAVE BEEN LABELLED THEREON.
WE HEREBY CERTIFY THAT ALL GOODS HAS BEEN AD SAUDI STANDARDS.

　　　　　　　　　　　　　ZHEJIANG TIANHUAN FOODSTUFFS IMPORT &
　　　　　　　　　　　　　　　　EXPORT CO. LTD.
　　　　　　　　　　　　　　　　ZHANGMIN

（2）原产地证书

表4-19　　　　　　　　　原产地证书填制（范例）

ORIGINAL

1. Exporter	Certificate No.　　6913449
ZHEJIANGTIANHUAN FOODSTUFFS IMPORT & EXPORT CO. LTD. 128 TIYUCHANG ROAD, HANGZHOU 310003 CHINA.	CERTIFICATE OF ORIGIN OF THE PEOPLE'S REPUBLIC OF CHINA
2. Consignee	
SULEIMAN ABDUL RAZZAK CO. P. O BOX 152 CODE 11438 T-445913, F-4455941 RIYADH. KSA	
3. Means of transport and route	5. For certifying authority use only
SHIPMENT FROM XINGANG PORT TO RIYADH SAUDI ARABIA BY SEA	
4. Country / region of destination	
SAUDI ARABIA	

6. Marks and numbers	7. Number and kind of packages; description of goods	8. H. S. Code	9. Quantity G. W	10. Number and date of invoices

表4－19(续)

WAZAH/RIYADH	(2200) TWO THOUSAND TWO HUNDRED CARTONS OF MAILING BRAND CANNED MELON JAM, 24TINS PER CARTON 340GRAMS NET WEIGHT	2007. 9910	19747. 20KGS	2011D8628G OCT. 01, 2011

| THE NAME AND ADDRESS OF MANUFCIURER：
ZHEJIANG TIANHUAN FOODSTUFFS IMPORT & EXPORT CO. LTD.
128TIYU CHANG ROAD HANGZHOU 310003 CHINA.
WE HERBY STATING THAT GOODS EXPORTED ARE WHOLLY OF DOMESTIC ORIGIN. ||

11. Declaration by the exporter 　The undersigned hereby declares that the above details and statements are correct，that all the goods were produced in China and that they comply with the Rules of Origin of the People's Republic of China.	12. Certification 　It is hereby certified that the declaration by the exporter is correct.
ZHEJIANG TIANHUAN FOODSTUFFS IMPORT & EXPORT CO. LTD. ZHANGMIN	(出入境检验检疫局或贸促会盖单据证明专用章)
HANGZHOU，CHINA，OCT01，2011	HANGZHOU，CHINA，OCT01，2011
Place and date，signature and stamp of authorized signatory	Place and date，signature and stamp of certifying authority

（3）汇票

表4－20　　　　　　　　　　　　　汇票填制范例

BILL OF EXCHANGE								
凭 Drawn Under				不可撤销信用证 Irrevocable　　L/C No.				
日期 Date		支 取 Payable With interest @		%	按	息	付款		
号码 No.	2011EK151	汇票金额 Exchange for	USD13，970. 00		浙江 Zhejiang			
	见票 at	－ － － － － －	日 后（本汇票之副本未付）付交 sight of this FIRST of Exchange（Second of Exchange					
Being unpaid）Pay to the order of		ZHEJIANG TIANHUAN FOODSTUFFS IMPORT & EXPORT CO. LTD						
金额 the sum of		USD THIRTEEN THOUSAND NINE HUNDRED AND SEVENTY ONLY						
此致 To		SULEIMAN ABDUL RAZZAK CO.						

（4）装箱单：

表 4 - 21　　　　　　　　　　　　　　装箱单填制范例

ISSUER					
ZHEJIANG TIANHUAN FOODSTUFFS IMPORT & EXPORT CO. LTD. 128 TI YU CHANG ROAD, HANGZHOU 310003 CHINA.	装箱单 PACKING LIST				
TO					
SULEIMAN ABDUL RAZZAK CO. P. O BOX 152 CODE 11438 T - 445913, F -4455941 RIYADH. KSA	INVOICE NO.			DATE	
	2011D8628G			OCT. 01，2011	
Marks and Numbers	Number and kind of package Description of goods	PACKAGE	G. W	N. W	Meas.
WAZAH/RIYADH	2200 CARTONS " MALING " BRAND CANNED MELON JAM, 24 TINS PER CARTON 340 GRAMS NET WEIGHT	2200 CARTONS	19747. 20	17952. 00	22. 80
	Total：	2200 CARTONS	19747. 20 KGS	17952. 00 KGS	22. 80CBM

SAY TOTAL：TWO THOUSAND AND TWO HUNDRED CARTONS ONLY.

WE HEREBY EVIDENCE THAT WE HAVE PUT A STRONG STICKER INSIDE THE GOOR FO CONTAINER STATING NAME AND ADDRESS OF OPENER, TEL. NO. COMMODITY DESCRIPTION AND MODE OF PACKING. .

ZHEJIANG TIANHUAN FOODSTUFFS IMPORT & EXPORT CO. LTD.
ZHANGMIN

（5）海运提单

表 4 - 22   海运提单填制范例

Shipper		B/L No.	KKLUSH9965115
ZHEJIANG TIANHUAN FOODSTUFFS IMPORT & EXPORT CO. LTD. 128 TIYUCHANG ROAD, HANGZHOU 310003 CHINA.		中远集装箱运输有限公司 COSCO CONTAINER LINES Port - to - Port or Combined Transport ORIGINAL	
Consignee or order			
TO THE ORDER OF SULEIMAN ABDUL RAZZAK CO. P. O. BOX 152 CODE 11438 T - 445913, F - 4455941 RIYADH. KSA		SHIPPED on board in apparent good order and condition (unless otherwise indicated) the goods or packages specified herein and to be discharged at the mentioned port of discharge or as near thereto as the vessel may safely get and be always afloat. The weight, measure, marks and numbers, quality, contents and value, being particulars furnished by the Shipper, are not checked by the Carrier on loading. The Shipper, Consignee and the Holder of this Bill of Lading hereby expressly accept and agree to all printed, written or stamped provisions, exceptions and conditions of this Bill of Lading, including those on the back hereof. IN WITNESS whereof the number of original Bills of Lading stated below have been signed, one of which being accomplished the other (s) to be void.	
Notify address			
SULEIMAN ABDUL RAZZAK CO. P. O BOX 152 CODE 11438 T - 445913, F - 4455941 RIYADH. KSA			
Pre - carriage by	Port of loading		
	XINGANG PORT, CHINA		
Vessel	Port of transshipment		
LUO HE V. 369S			
Port of discharge	Final destination		
DAMMAM	RIYADH, SAUDI ARABIA		
Container. seal No. or marks and Nos.	Number and kind of packages Description of goods	Gross weight (kgs.)	Measurement (m^3)

WAZAH/ RIYADH 2200CTNS CBHU3261150 L21218 CY/CY	CANNED MELON JAM 24 TINS PER CARTONS 340 GRAMS NET WEIGHT SHIPPED ON BOARD WE HEREBY EVIDENCE INDICATING THE FULL NAME, ADDRESS AND TEL NO. OF THE CARRYING VESSEL'S AGENT AT THE PORT OF DISCHARGE. WE HEREBY CERTIFY THAT SHIPMENT HAS BEEN EFFECTED IN CONTAINER BY REGULAR OCEAN LINER VESSELS ONLY. AL－BOKHARI SHIPPING, TRADING INDUSTRY INTERNATIONAL (BICO, DAMMAM) ADDRESS: BOKHAEI COMMERCIAL CENTRE FREIGHT PREPAID DAMMAM31431 SAUDI ARABIA		19747. 200KGS	22. 800 M³

Total Number of containers and/or packages (in words)
Subject to Clause 7 Limitation   SAY TWO THOUSAND AND TWO HUNDRED CARTONS ONLY

Freight and charges		REGARDING TRANSHIPMENT INFORMATION PLEASE CONTACT
Ex. rate	Prepaid at Freight payable at	Place and date of issue XINGANG PORT, OCT1, 2011
	Total prepaid Number of original Bs/L	Signed for or on behalf of the Master
	FIRST ORIGINAL THREE	ABA FORWARDER CO. 王平 as Agent for the carrier COSCO CONTAINER LINES COMPANY

四、使用 SimTrade 实习平台软件实验范例

(一) 出口商发货

(1) 出口商登录,进入"业务"中心,点击标志为"进口商"的建筑物,添加并填写"报关单"(图4－25);

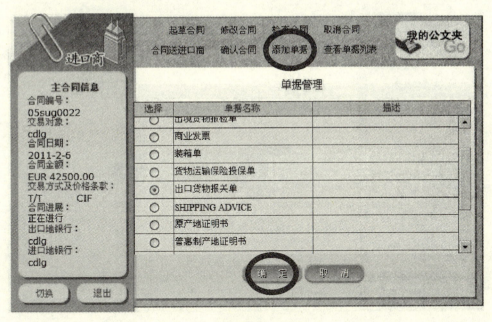

图 4 - 25

（2）在业务中心点击"海关"的建筑物，选择"送货"（图 4 - 26）；

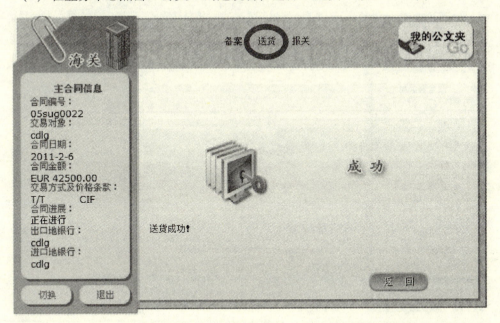

图 4 - 26

（3）再选择"报关"，货物自动出运（图 4 - 27）；

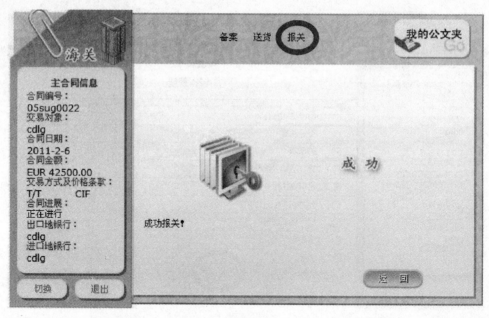

图 4 - 27

（4）回到业务中心，选择"船公司"的建筑物，点击"取回提单"（图 4 - 28）；

图 4 - 28

（5）回到业务中心，点击进口商的建筑物，添加并填写装船通知"Shipping Advice"（图 4 - 29）；

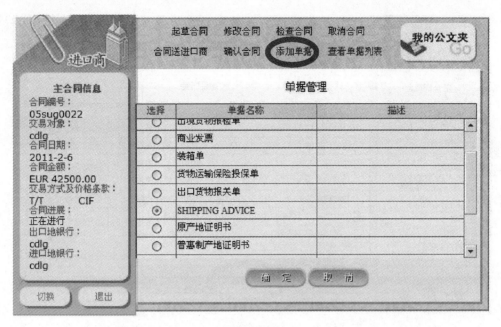

图 4 - 29

（6）发送装船通知（图 4 - 30）；

图 4 - 30

（7）出口商将全套合同要求的单据选择好，点击"单据送进口商"（图 4 - 31）。

图 4 - 31

(二) 进口商付款

(1) 进口商角色登录，查收装船通知的邮件和全套单据的邮件，并到业务中心进入出口商建筑物，检查全套单据 (图 4 - 32)；

图 4 - 32

(2) 在业务中心点击进口地银行，申领并填写"进口付汇核销单" (图 4 - 33)；

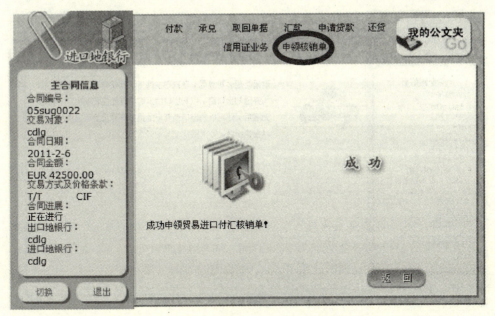

图 4-33

（3）回到业务中心，点击"进口地银行"，选择"付款"（图 4-34），付款成功后即可提货；

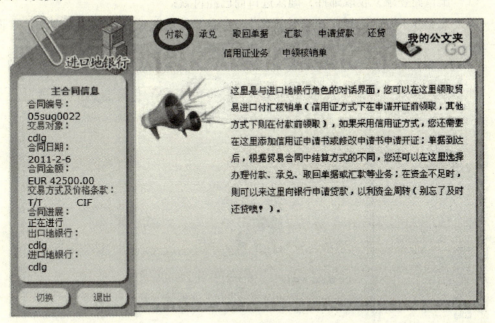

图 4-34

（4）在业务中心，点击"船公司"建筑物，选择换提货单，再办理相关的报检、报关及缴税等手续后，进口商可以到海关处提货（图 4-35）。

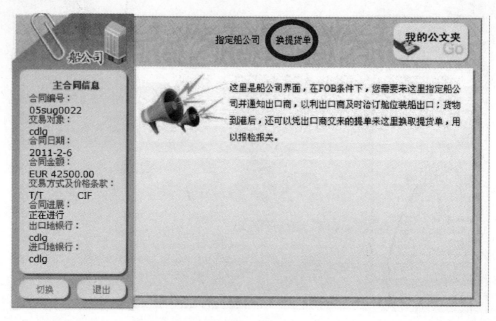

图 4 - 35

（三）出口商办理结汇

（1）出口商登录，收取邮件，确认进口商已经付款；

（2）在业务中心，选择"出口地银行"，点击"结汇"按钮，成功办理结汇（图 4 - 36）。

图 4 - 36

五、实验技巧

首先，使用 SimTrade 外贸实习平台实验的时候需要注意，指导教师安排学生分组扮演角色进行实验，可以加快实验的进度以及促进合作能力发展，由于使用汇款的方式交易相对信用证结算可以减少很多工作，因此短时间内可以重复采用汇款结算提高实验成绩，而且系统设定的也可以由同一个学生自己扮演全部角色实验，自己和自己谈生意、签订合同。这种时候需要注意不要混淆了各个角色的资料和相关信息，在单据里面填错内容。

其次，如果使用 SimTrade 外贸实习平台软件做模拟实验，一定要注意交易双方的姓名、地址、大小写等细节，包括联系双方的电话等等，毕竟采用 SimTrade 的模拟平台软件是由软件系统自动审核的，而机器总是死的，很容易因为一些特别小的地方，甚至于空格多了一个就让单据无法通过检查，不能继续进行下一步的试验操作。

最后，虽然实务操作中汇款的结算方式分为货到付款和预付两种，但是在 SimTrade 外贸实习平台中只有货到付款一种，而且不能改变顺序，因此只能按照系统设定的流程做实验，具体流程可以参考其帮助。SimTrade 外贸实习平台提供了非常详细的各种交易结算方式的步骤和单据模板以供参考。

第五章　国际货物运输与保险

第一节　租船定舱

一、实验任务

通过在实验室采用模拟操作软件，另外辅助纸面单据，学习租船订舱的业务流程。

二、实验原理

（一）货物运输方式的选择

国际货物运输方式主要有海运、陆运、空运、集装箱运输、国际多式联运等，在实际业务工作中应根据货物的特点、交货时间、自然条件、运费水平、货物数量、装卸地点等因素选择合适的运输方式。海洋运输是最主要的运输方式，它具有通过能力大、运量大、运费低、货物适载性强等优点。海洋运输按船舶的经营方式不同可分为班轮运输和租船运输；租船运输又可分为程租船、期租船和光船租船。本节就以海运为例，模拟国际货物买卖中采用 CIF 或 CFR 价格术语成交时，出口商如何与承运人签订运输合同，负责租用适航的船舶或向班轮公司订好恰当的舱位。当前，除了部分初级产品诸如原油、粮食，以及有特殊要求的商品外，多数货物采用集装箱班轮运输的方式。这是因为集装箱运输具有装卸效率高，船舶周转快，装卸费率低，货损、货差小等优点，更是因为集装箱适应了国际多式联运的飞速发展。

（二）货运代理

货运代理，简称货代，英文为 Freight Forwarding，是货主与承运人之间的中间人、经纪人和运输组织者。从工作内容来看，货运代理是接受客户的委托完成货物运输的某一个环节或与此有关的环节。在中国，国际货运代理是一种新兴的产业，是处于国际贸易和国际货物运输之间的共生产业。越来越多的国际贸易货主开始委托货运代理办理运输事宜，以便节省时间和资金。

以出口海运业务为例，货运代理业务流程如图 5-1，其主要从事的工作包括：

（1）选择运输路线、运输方式和适当的承运人；

（2）向选定的承运人提供揽货、订舱；

（3）提取货物并签发有关单证；

（4）研究信用证条款和政府的相关规定；

（5）包装货物；

（6）储存货物；

（7）货物称重和量尺码；

（8）安排保险；

（9）货物到达港口后办理报关及单证手续，并将货物交给承运人；

（10）做外汇交易；

（11）支付运费及其他费用；

（12）收取已签发的正本提单，并付发货人；

（13）安排货物转运；

（14）通知收货人货物动态；

（15）记录货物灭失情况；

（16）协助收货人向有关责任方进行索赔。

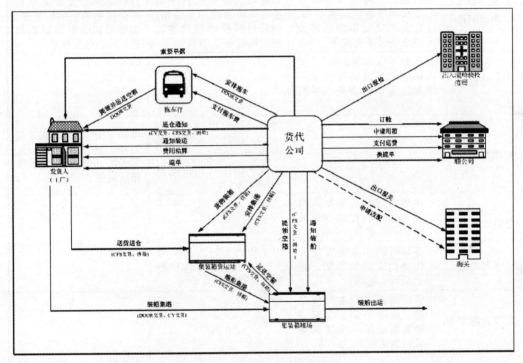

图 5-1　出口海运货运代理流程

　　按业务类型不同，出口海运可分为整箱与拼箱业务，而依照送货方式不同，整箱业务又可分为 DOOR 交货、CY 交货、CFS 交货三种流程（CFS 交货与拼箱的流程图基本一致）。具体的操作流程如表 5-1：

表 5 - 1   出口海运货代业务流程表

步骤	DOOR 交货	CY 交货	CFS 交货/拼箱
1. 索要单据	货代向发货人索要业务所需的所有单据	货代向发货人索要业务所需的所有单据	货代向发货人索要业务所需的所有单据
2. 订舱	完成预配箱，生成"集装箱预配清单"，并据此填制"集装箱货物托运单"（十联单），然后一并送到船公司进行订舱	完成预配箱，生成"集装箱预配清单"，并据此填制"集装箱货物托运单"（十联单），然后一并送到船公司进行订舱	完成预配箱，生成"集装箱预配清单"，并据此填制"集装箱货物托运单"（十联单），然后一并送到船公司进行订舱
3. 出口报检	接下委托后，如果是法定需出口检验的商品，即可填制"出境货物报检单"，并备齐其他相关单据到检验机构办理出口报检	接下委托后，如果是法定需出口检验的商品，即可填制"出境货物报检单"，并备齐其他相关单据到检验机构办理出口报检	接下委托后，如果是法定需出口检验的商品，即可填制"出境货物报检单"，并备齐其他相关单据到检验机构办理出口报检
4. 申请用箱	订舱后，可凭装货单到船公司申请使用集装箱，船公司接受申请后签发进出场设备交接单	订舱后，可凭装货单到船公司申请使用集装箱，船公司接受申请后签发进出场设备交接单	订舱后，可凭装货单到船公司申请使用集装箱，船公司接受申请后签发进出场设备交接单
5. 安排拖车	填制"拖车联系单"，连同进出场设备交接单一起送拖车行委托其进行运输		
6. 进仓通知		填制"进仓通知单（海运）"，连同进出场设备交接单，送交发货人，让其安排送货到指定集装箱堆场	填制"进仓通知单（海运）"，送交发货人，让其安排送货到指定集装箱货运站
7. 提领并运送空箱	由拖车行的集卡车队自行前往堆场提领空集装箱，并运至发货人处		
8. 装箱集港	拖车行的车队等发货人将货物完成装箱后，再运至码头堆场	由发货人自行安排集卡车队提领空箱，将货物装箱并送至码头堆场	
9. 支付拖车费	货代向拖车行支付拖车费，取得公路、内河货物运输业统一发票和集装箱装箱单		
10. 送货进仓			由发货人自行安排运输车辆将未装箱货物送至集装箱货运站
11. 提领空箱			货代凭出场设备交接单向集装箱堆场申请提领空集装箱
12. 运送空箱			空箱从堆场被运至集装箱货运站
13. 货物装箱			货代通知货运站，让其安排将货物装箱

表5-1（续）

步骤	DOOR 交货	CY 交货	CFS 交货/拼箱
14. 安排集港			货物完成装箱后，货代提交进场设备交接单，安排将货物送到码头堆场
15. 拖柜集港			重箱（已装好货物的集装箱）从货运站被运至码头堆场
16. 出口报关	货代先完成电子报关预录入，然后再携带报关单等相关单据到海关办理出口报关手续	货代先完成电子报关预录入，然后再携带报关单等相关单据到海关办理出口报关手续	货代先完成电子报关预录入，然后再携带报关单等相关单据到海关办理出口报关手续
17. 通知装船	报关完成后，提交装货单等单据，通知堆场可以安排装船了	报关完成后，提交装货单等单据，通知堆场可以安排装船了	报关完成后，提交装货单等单据，通知堆场可以安排装船了
18. 装船出运	货物在码头装船，到期系统自动安排出运	货物在码头装船，到期系统自动安排出运	货物在码头装船，到期系统自动安排出运
19. 支付运费	向船公司支付相关费用	向船公司支付相关费用	向船公司支付相关费用
20. 换提单	船开后，货代凭场站收据正本向船公司换取海运提单	船开后，货代凭场站收据正本向船公司换取海运提单	船开后，货代凭场站收据正本向船公司换取海运提单
21. 通知装运	船开后，货代应及时通知发货人货物已装运	船开后，货代应及时通知发货人货物已装运	船开后，货代应及时通知发货人货物已装运
22. 费用结算	货代向委托人收取本笔委托的费用	货代向委托人收取本笔委托的费用	货代向委托人收取本笔委托的费用
23. 退单	给付运输发票，将海运提单或货代提单、核销单、报关单核销联、退税联等相关单据退还发货人，本笔委托业务完成	给付运输发票，将海运提单或货代提单、核销单、报关单核销联、退税联等相关单据退还发货人，本笔委托业务完成	给付运输发票，将海运提单或货代提单、核销单、报关单核销联、退税联等相关单据退还发货人，本笔委托业务完成

（三）租船定舱

订舱是货物托运人（shipper）或其代理人根据其具体需要，选定适当的船舶向承运人（即班轮公司或它的营业机构）以口头或订舱函电进行预约洽订舱位装货、申请运输，承运人对这种申请给予承诺的行为。

订舱单上通常会有货名，重量及尺码、起运港，目的港、收发货人、船名等内容。承运人对这种申请（预约）给予承诺后，就会在舱位登记簿上登记，即表明承托双方已建立了有关货物运输的关系，并着手开始货物装船承运的一系列准备工作。

订舱需要编制各种有关的货运单证多达几十种，其中与托运人，即出口公司有关的主要有货物出运委托书；制单时应最大程度保证原始托单的数据正确、相符性，以减少后续过程的频繁更改。委托书需加盖公司订舱章订舱，需提供订舱附件的（如船公司价格确认件），应一并备齐方能去订舱。委托书填好后取得配舱回单，获取船名、航次、提单号信息。

三、纸面单据实验范例

由于租船订舱业务中，出口商或出口商委托的货运代理需要根据贸易合同、商业发票、信用证条款等相关单证来填制货物出运委托书，其样本如表5－2。

表5－2　　　　　　　　货物出运委托书范例

货物出运委托书			合同号	Contract001	运输编号	
（出口货物明细单）　日期：2010-04-07			银行编号	dst01	信用证号	STLCN000002
根据《中华人民共和国合同法》与《中华人民共和国海商法》的规定，就出口货物委托运输事宜订立本合同。			开证银行	THE CHARTERED BANK		
托运人	宏昌国际股份有限公司 南京市北京西路嘉发大厦2501室		付款方式	L/C		
			贸易性质	一般贸易	贸易国别	Canada
抬头人	To order of Carters Trading Company, LLC		运输方式	海运	消费国别	Canada
			装运期限	2010-05-20	出口口岸	Nanjing
通知人	Carters Trading Company, LLC P.O.Box8935,New Terminal, Lata. Vista, Ottawa, Canada		有效期限	2010-06-30	目的港	Toronto
			可否转运	NO	可否分批	NO
			运费预付	YES	运费到付	NO

选择	标志唛头	货名规格	件数	数量	毛重	净重	单价	总价
○	WOMEN'S T-SHIRT CANADA C/NO.1-750 MADE IN CHINA	WOMEN'S T-SHIRT 20PCS PER CARTON, COLOR: BLACK, FABRIC CONTENT: 100% COTTON	750CARTON	15000PC	9750KGS	8250KGS	USD30	USD450000
TOTAL:			[750 [CARTON	][15000][PC	][9750] KGS	][8250][KGS	]	[USD [450000]

[添 加] [修 改] [删 除]

注意事项		FOB价	[ ][ ]
		总体积	[107.31] [CBM]
	保险单	险别	
		保额	[ ][ ]
		赔偿地点	
		海关编号	0000000003
		制单员	

受托人（即承运人）　　　　　　　　　委托人（即托运人）

名称：_____　　　　　　名称：宏昌国际股份有限公司

电话：_____　　　　　　电话：86-25-23501213

传真：_____　　　　　　传真：86-25-23500638

委托代理人：_____　　　　　　委托代理人：刘铭华

[打印预览] [保存] [退出]

四、使用 SimTrade 实习平台软件实验范例

进出口贸易中，如果采用 CIF 或 CFR 价格术语成交时，应由出口商指定船运公司；而采用 FOB 价格术语成交时，则是由进口商指定船运公司。下面以前者为例，说明在 SimTrade 实习平台中如何进行租船订舱业务。

（1）出口商登录，进入"业务"中心，点击标志为"船公司"的建筑物；

（2）点击"指定船公司"，选择适当的船公司（图 5-2）；

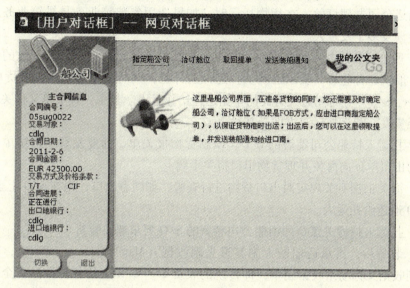

图 5-2

（3）指定船公司完成后，根据贸易合同、商业发票、信用证洽定舱位。定舱后根据业务流程，还需完成取回提单，发送装船通知（图 5-3）。

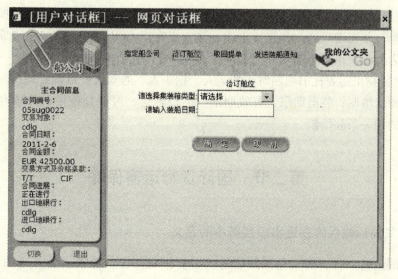

图 5-3

五、实验技巧

（1）出口商必须在货物备好、信用证审核无误后，才进入托运订舱环节，随附商业发票、装箱单等必要单据，委托货代代为租船订舱。货主与货代确立委托代理关系后，即以统一的托运人身份出现，但此"托运人"与运输单据中的托运人项填制不同，后者指的是信用证的受益人，即出口商。

（2）货代接受订舱委托后，填制货物出运委托书，随同商业发票、装箱单等必要单证向船运公司办理订舱。在货物托运时，如果选用集装箱业务是拼箱业务，则业务过程中会涉及多个发货人。

（3）船公司如接受订舱，则在货物出运委托书上编写与提单号码一致的编号，填上船名、航次，并签署，表示已确认托运人的订舱，同时把配舱回单、装货单（Shipping Order，S/O）等与托运人有关的单据退还给托运人。其中，装货单又称关单、下货纸，一经签发，承运托运双方即受其约束。

（4）托运人持船公司签署的 S/O，填制货物报关单、商业发票、装箱单等连同其他有关的出口单证向海关办理货物出口报关手续。

（5）海关根据有关规定对出口货物进行查验，如同意出口，则在 S/O 上盖放行章，并将 S/O 退还给托运人。

（6）托运人持海关盖章的由船公司签署的 S/O 要求船长装货。

（7）装货后，由承运船的大副签署大副收据（Mate's Receipt，M/R），交给托运人。大副收据又称场站收据副本，即传统的收货单。M/R 上的各种批注将全部转移到提单上，使其成为不清洁提单。托运人不能凭有批注的大副收据换取清洁提单，除非向船公司出具保函。

（8）托运人持 M/R 向船公司换取正本已装船提单。

（9）船公司凭 M/R，签发正本提单并交给托运人凭以结汇。

（10）货物装船后，托运人应及时向国外收货人发出"装船通知"，以便对方准备付款、赎单、办理进口报关和收货手续。这一点在以 CFR、FOB 价格术语成交时尤为重要，因为及时发出装船通知有利于买方及时办理保险。

（11）货物出运委托书填制时，托运人、抬头人、通知人栏目都必须按照信用证提单条款的要求填制；装运期限、有效期限、可否转运、可否分批栏目的填写也必须根据信用证的相关条款填制。

第二节　国际货物运输保险

一、国际货物运输保险在进出口实务中的意义

保险同运输一样，历来是国际贸易的必要组成部分。货物从卖方送到买方手中，要通过运输来完成，在这一过程中如遭遇意外损失，则由保险人进行经济补偿，以保

证贸易的正常进行。各种对外贸易价格条件，都需明确保险和运输由谁办理。例如国际上通用的离岸价格（FOB）和成本加运费价（C&F）中不包括保险费，保险由买方自理；而到岸价格（CIF）中包括保险费，由卖方办理。

货物运输保险之所以成为国际贸易所必需，是因为它将运输过程中不可预料的意外损失，以保险费的形式固定下来，计入货物成本，可以保证企业的经济核算和经营的稳定，避免由于意外损失引起买卖双方和有关利益方面之间的经济纠纷；可以使保险公司从自己经营成果考虑，注意对承保货物的防损工作，有利于减少社会财富损失。进出口贸易的货物在本国保险，还可以增加国家无形贸易的外汇收入。

二、实验任务

通过在实验室采用模拟操作软件，辅助于纸面单据，学习进出口贸易中的货物运输保险业务办理流程。

通过模拟操作练习，掌握货物运输保险的特点以及主要操作流程步骤，将课堂理论课学习的知识进行验证性实验，使同学们更加感性地认识进出口贸易中的保险业务。

三、实验原理

（一）国际货物海上运输保险的种类及主要条款

1. 国际货物海上运输保险的种类及承保范围

国际货物运输保险的种类很多，其中包括海上货物运输保险、陆上货物运输保险、航空货物运输保险和邮包运输保险。其中以海运保险起源最早，历史最久，应用范围也最广。因此，SimTrade 系统仅涉及海运保险。

海运保险承保的范围包括一般海上风险、海上风险以外的其他外来原因所造成的风险与损失（即外来风险）。其中海上风险包括在海上发生的自然灾害（如恶劣气候、雷电、海啸和地震等）和意外事故（如搁浅、触礁、沉没、碰撞、失踪、失火、爆炸等），而外来风险则可分为一般外来风险（如偷窃、玷污、渗漏、破碎、受热受潮、串味、生锈、钩损、短量、碰损、短少和提货不着等）和特殊外来风险（如战争、罢工、交货不到、拒收等）。

2. 两种主要的保险条款：PICC 条款和 ICC 条款

（1）PICC 条款。中国人民保险公司（即 PICC）海运保险条款分为基本险别和附加险别两大类。其中基本险别包括平安险（FPA）、水渍险（WPA 或 WA）和一切险（AR）三种，基本险承保责任的起讫期限采用"仓至仓"条款；附加险别的险种繁多，归纳起来，可分为一般附加险和特别附加险。一般附加险不能独立投保，只能在平安险或水渍险的基础上加保，但若投保一切险时，一般附加险无须加保；特别附加险也不能单独投保，只能在投保一种基本险的基础上加保。

平安险（FPA）的责任范围：自然灾害单独海损不赔（具体条款见教材）；

水渍险（WPA 或 WA）的责任范围：除平安险的各项责任外，还负责被保货物由于自然灾害造成的部分损失（具体条款见教材）；

一切险（AR）的责任范围：除平安险和水渍险的各项责任外，还负责被保货物在运输途中由于一般外来原因所造成的全部或部分损失（具体条款见教材）。

一般附加险有十一种，它包括：偷窃、提货不着险（Theft, Pilferage and Non - Delivery - 简称 T. P. N. D），淡水雨淋险（Fresh Water and/or Rain Damage），短量险（Risk of Shortage in Weight），渗漏险（Risk of Leakage），混杂、玷污险（Risk of Intermixture and Contamination），碰损、破碎险（Risk of Intermixture and Contamination），串味险（Risk of Odour），受潮受热险（Sweating and Heating Risk），钩损险（Hook Damage Risk），包装破裂险（Breakage of Packing Risk），锈损险（Risk of Rust）。

特殊附加险包括：交货不到险（Failure to Deliver Risk），进口关税险（Import Duty Risk），舱面险（On Deck Risk），拒收险（Rejection Risk），黄曲霉素险（Aflatoxin Risk），卖方利益险（Seller's Contingent Risk），出口货物到港九或澳门存仓火险责任扩展条款，罢工险（Fire Risk Extention Clause for Storage of Cargo of Destination Hongkong Inaluding Kowloon, or Macao），海运战争险（Ocean Marine Cargo War Risk）等。

（2）ICC条款。国际上采用较多的国际货物海上运输保险条款是英国伦敦保险协会所制订的"协会货物条款"（Institute Cargo Clauses, ICC）主要有六种险别：协会货物条款（A）、协会货物条款（B）、协会货物条款（C）、协会战争险条款（货物）、协会罢工险条款（货物）和恶意损害险条款。其中，（A）险相当于中国保险条款中的一切险，其责任范围更为广泛，故采用承保"除外责任"之外的一切风险的方式表明其承保范围；（B）险大体上相当于水渍险；（C）险相当于平安险，但承保范围较小些；（B）险和（C）险都采用列明风险的方式表示其承保范围。六种险别中，只有恶意损害险，属于附加险别，不能单独投保，其他五种险别的结构相同，体系完整。因此，除（A）、（B）、（C）三种险别可以单独投保外，必要时，战争险和罢工险在征得保险公司同意后，也可作为独立的险别进行投保。

（二）国际货物海上运输保险业务的基本流程

1. 选择投保条款及投保险种、险别

根据货物运输的具体风险状况，结合国家关于进出口业务投保的相关规定，充分考虑对方客户的特殊请求，选择投保条款及投保险种、险别。同时也要选择保险公司。

2. 确定保险金额和保险费

保险金额（Insured Amount），即投保人对保险标的的实际投保金额，也是一个保险合同项下保险公司承担赔偿或给付保险金责任的最高限额，同时又是保险公司收取保险费的计算基础。海上货物运输保险合同中，对保险货物价值的估价和确定直接影响保险金额的大小。

保险费（Premium），是指被保险人参加保险时，根据其投保时所订的保险费率，向保险人交付的费用。不考虑各种折扣和附加，保险费＝保险金额×保险费率。

3. 填写并交付投保单证，并向保险公司索取保险凭证

客户做好投保选择之后，应根据已有资料（如预约保险合同）进行本次运输的投保申请。投保申请的典型代表是书面"投保单"。投保单交至保险公司，经过核保，如

保险人同意承保的，应及时发放保险单证给投保人。除预约保险合同（Open Policy/Open Cover），保险单证的形式常见的有保险单（Insurance Policy）、保险凭证（Insurance Certificate）、联合凭证（Combined Insurance Certificate）和保险声明（Insurance Declaration），其中最正式的是"保险单"。

4. 海上保险索赔

在国际贸易中，如由卖方办理投保，卖方在交货后即将保险单背书转让给买方或其收货代理人，当货物抵达目的港（地），发现残损时，买方或其收货代理人作为保险单的合法受让人，应就地向保险人或其代理人要求赔偿。中国各保险公司为便利我国出口货物运抵国外目的地后及时检验损失，就地给予赔偿，已在100多个国家建立了检验或理赔代理机构。至于我国进口货物的检验索赔，则由有关的专业进口公司或其委托的收货代理人在港口或其他收货地点，向当地人民保险公司要求赔偿。被保险人或其代理人向保险人索赔时，应做好下列几项工作：

（1）当被保险人得知或发现货物已遭受保险责任范围内的损失，应及时通知保险公司，并尽可能保留现场。由保险人会同有关方面进行检验，勘察损失程度，调查损失原因，确定损失性质和责任，采取必要的施救措施，并签发联合检验报告。

（2）当被保险货物运抵目的地，被保险人或其代理人提货时发现货物有明显的受损痕迹、整件短少或散装货物已经残损，应即向理货部门索取残损或短理证明。如货损涉及第三者的责任，则首先应向有关责任方提出索赔或声明保索赔权。在保留向第三者索赔权的条件下，可向保险公司索赔。被保险人在获得保险补偿的同时，须将受损货物的有关权益转让给保险公司，以便保险公司取代被保险人的地位或以被保险人名义向第三者责任方进行追偿。保险人的这种权利，叫做代位追偿权（The Right of Subrogation）。

（3）采取合理的施救措施。保险货物受损后，被保险人和保险人都有责任采取可能的、合理的施救措施，以防止损失扩大。因抢救、阻止、减少货物损失而支付的合理费用，保险公司负责补偿。被保险人能够施救而不履行施救义务，保险人对于扩大的损失甚至全部损失有权拒赔。

（4）备妥索赔证据，在规定时效内提出索赔。保险索赔时，通常应提供的证据有：保险单或保险凭证正本；运输单据；商业票和重量单、装箱单；检验报单；残损、短量证明；向承运人等第三者责任方请求赔偿的函电或其证明文件；必要时还需提供海事报告；索赔清单，主要列明索赔的金额及其计算据，以及有关费用项目和用途等。根据国际保险业的惯例，保险索赔或诉讼的时效为自货物在最后卸货地卸离运输工具时起算，最多不超过两年。

（三）在洽商海上保险时应注意的几个问题

（1）不要忽视对方的意见和要求。有些国家规定，其进口货物必须由本国保险，这样的国家有40多个。如朝鲜、缅甸、印度尼西亚、伊拉克、巴基斯坦、加纳、也门、苏丹、叙利亚、伊朗、墨西哥、阿根廷、巴西、秘鲁、索马里、利比亚、约旦、阿尔及利亚、扎伊尔、尼日利亚、埃塞俄比亚、肯尼亚、冈比亚、刚果、蒙古、罗马尼亚、卢旺达、毛里塔尼亚等。对这些国家的出口，我们不宜按 CIF 价格报价成交。

（2）如果国外客户要求我们按伦敦保险协会条款投保，我们可以接受客户要求，订在合同里。因为英国伦敦保险协会条款，在世界货运保险业务中有很大的影响，很多国家的进口货物保险都采用这种条款。

（3）经托收方式收汇的出口业务，成立价应争取用 CIF 价格条件成交，以减少风险损失。因为在我们交货后，如货物出现损坏或灭失，买方拒绝赎单，我保险公司可以负责赔偿，并向买方追索赔偿。

四、纸面单据实验范例

（一）分配角色

教师把学生按照投保人、保险人分为两个角色，分别操作以下业务：

1. 投保人

（1）分情况（进出口业务性质、贸易术语、货物情况、运输路线、进出口国家相关规定），讨论选择保险条款、险种、险别及保险公司；

（2）与保险人协商确定预约保险合同的内容；

（3）填写投保单；

（4）模拟计算保险费。

2. 保险人（SimTrade 软件中没有专设"保险人"角色，因此本项内容只在非软件实验中进行）

（1）与投保人协商确定预约保险合同的内容；

（2）模拟计算保险费；

（3）填写保险单或保险凭证。

（二）投保选择要点

1. 投保人及投保时间的确定

我国出口货物一般采取逐笔投保的办法。按 FOB 或 CFR 术语成交的出口货物，卖方无办理投保的义务，但卖方在履行交货之前，货物自仓库到装船这一段时间内，仍承担货物可能遭受意外损失的风险，需要自行安排这段时间内的保险事宜。

按 CIF 或 CIP 等术语成交的出口货物，卖方负有办理保险的责任，一般应在货物从装运仓库运往码头或车站之前办妥投保手续。在向进口商交单时（或通过银行交单时），出口商要在保险单的背面作必要的背书（Endorsement），以便将保险单项下的保险利益，即在货物发生了承保风险造成的损失时获得保险公司赔偿的权利，转让给进口商。这样，一旦货物在运输途中发生了承保风险造成的损失，进口商就可以向保险单上列明的保险代理要求索赔。

此外，由于在 CIF、FOB 和 CFR 三术语中，买卖双方的风险划分是以装运港船舷为界的，也就是说，货物越过装运港船舷起的一切风险要由买方来承担。因此，投保人一般要在装运前向保险公司投保，相应的，作为保险凭证的保险单据的出单日期也应不迟于装运日期（一般为提单日期）。特别是以 CFR 术语成交的，装船与投保分别由不同的两个当事人操作，投保衔接工作尤显重要，故卖方在装运时，应及时通知买方投保。否则，由于卖方未尽到及时通知义务导致买方迟延投保而遭受风险或损害的，应由卖方承担由此造成的损失。

我国进口货物大多采用预约保险的办法，各专业进出口公司或其收货代理人同保险公司事先签有预约保险合同（Open Cover）。签订合同后，保险公司负有自动承保的责任。

2. 保险条款选择

目前，我国进出口贸易采用海洋运输方式的，若出口采用 CIF、进口采用 FOB 和 CFR 成交，通常都按中国人民保险公司的海运货物保险条款办理，但在实际的出口业务中，如国外客户要求采用伦敦保险协会货物保险条款时，我保险公司也可酌情接受。

凡由我国企业向当地保险公司办理投保手续的，在办理时，应根据进出口合同或信用证规定，在备妥货物并确定装运日期和运输工具后，按规定格式逐笔填制投保单，具体列明被保险人名称、保险货物项目、数量、包装及标志、保险金额、起止地点、运输工具名称、起止日期和投保险别，送保险公司投保，缴纳保险费，并向保险公司领取保险单证。

（三）协商与签订预约保险合同

预约保险合同，是用于货物运输保险和再保险中的一种不定期总括保险合同。用于货物运输保险时，保险人自动承保被保险人分批发运的所有货物，通常以保险凭证作为每批货物的保险单。用于再保险时即为"预约再保险"，再保险人必须接受依合同规定分出的分保额。预约保险合同一般无保险期限的规定，而代之以注销条款。合同双方当事人均有权依条款规定，在一定期间（通常为 30 天）内发出解除合同的注销通知，合同自到期日终止。

各保险公司的预约保险合同的具体内容大致相同。下面是中国人民财产保险股份有限公司的预约保险合同文本格式：

中国人民财产保险股份有限公司
进出口货物运输预约保险协议书

编号：

甲方：＿＿＿＿＿＿＿＿＿＿公司　　　　　　　　　　　　　　（被保险人）
乙方：中国人民财产保险股份有限公司＿＿＿＿＿分（支）公司　　（保险人）

为使甲方具有保险利益的进出口货物在运输过程中，遭受保险责任范围内的损失时能及时得到经济补偿，经甲、乙双方协商一致，乙方对甲方进出口货物采用预约方式予以承保，同时双方订立以下进出口货物运输预约保险协议，以资共同遵守。

一、保险标的
甲方凡需在国际贸易中自行办理保险的货物，不论以何种运输方式运输，均属本

预约保险协议可承保范围。货物的包装应符合安全运输的要求。［注：列明不在协议内或需逐笔另议的货物名称］

二、适用条款及承保险别

乙方按照　　　□ 中国人民财产保险股份有限公司货物运输保险条款（CIC 条款）

　　　　　　　□ 英国协会货物条款（ICC 条款）

　　　　　　　□ 英国协会船级条款（01/01/2001）

　　　　　　　□ 英国协会战争取消条款（01/12/1982）

　　　　　　　□ 其他＿＿＿＿＿＿＿

承保　　　□ 平安险　　　□ 水渍险　　　□ 一切险

　　　　　□ C 条款　　　□ B 条款　　　□ A 条款　　　□ 其他＿＿＿＿＿

附加　　　□ 战争险　　　□ 罢工险

三、责任起讫

□ 出口货物从＿＿＿＿＿＿至＿＿＿＿＿＿。

□ 进口货物从＿＿＿＿＿＿至＿＿＿＿＿＿。

［注：请注明是否是（1）仓至仓；（2）有效越过船舷至仓库；（3）有效越过船舷至码头卸货后结束；（4）其他。］

四、运输工具

甲方须选择或要求客户选择适合于安全运输的船舶（参照 2001 年 1 月 1 日英国协会船级条款）或经乙方认可的其他运输工具，若甲方违反上述规定，乙方有权解除本保险协议或拒绝承担部分或全部经济赔偿责任。

对超过 15 年（或 20 年）船龄的运输船舶，甲方应事先通知乙方，乙方将另加收老船加费。乙方不接受 25 年船龄以上的承运船舶。

五、保险金额

本协议项下的总保险金额按甲方上一年度全年进出口贸易额的__%计算，预计人民币/美元＿＿＿＿＿＿万元。期末结算时按甲方逐笔申报的投保数据/出运数据/汇总出运数据［注：此处选择其中一种方式］计算实际保额。

每一保单出口货物的保险金额，按发票金额的 110%或信用证要求确定，一般最高不超过发票金额的 130%；如单笔货物的保险金额超过发票金额的 110%，甲方应在启运前通知乙方，经乙方书面同意后保险合同方有效。

每一保单进口货物的保险金额，

□ 按货物离岸价（FOB 价）确定。

□ 按货物到岸价（CIF 价）确定。

□ 到岸价（CIF 价）加成 10%确定。

□ 由双方视具体情况协商确定。＿＿＿＿＿＿＿＿＿＿＿

本协议每一风险单位最高责任限额：美元/人民币＿＿＿＿＿＿万元。

六、保险费率

主险费率为＿＿＿＿＿＿%；

附加战争险、罢工险另加费＿＿＿＿＿＿%；

老船另加费　□15 年以上_____%
　　　　　　□20 年以上_____% ；
综合费率为%。

［注：如保险标的包括不同国家（或地区）进出口的不同货物，可视风险情况分别列明各自适用费率。］

在特殊时期特殊状况下，乙方如对某些国家或地区的战争险、罢工险费率按劳合社战争险管理委员会或中国人民财产保险股份有限公司的变更通知进行调整时，应及时通知甲方。

七、免赔额/率
□ 每笔保险金额的_____%
□ 每次事故美元/人民币元
□ 每笔保险金额的_____%，或每次事故_____元，以高者为准。
□ 其他_____

八、出运通知/投保手续
□甲方保证将其全部需办理保险的进出口货物向乙方办理保险，　　□按货物运输清单承保
□按启运通知书承保
□按投保手续承保
□甲方未全部将其需办理保险的进出口货物向乙方办理保险，　　□按启运通知书承保
□按投保手续承保

如依据投保手续承保，为充分保障甲方的经济利益，甲方应于货物启运前尽早向乙方申报投保，填具《进出口货运险业务投保单》，并就乙方的提问提供真实的情况，以便乙方及时安排分保和签发保单。乙方对甲方在货物启运后向其投保的货损，将不承担赔偿责任。乙方仅按甲方申报的投保数据承担保险责任。

如依据启运通知承保，甲方必须在货物出运前两天（节休日除外）将下列情况通知乙方：承运船舶资料、装货港资料、开航日期、转运港口、目的港，以便乙方安排分保。

当单笔保险金额超过人民币/美元_____万元［注：不得高于总公司授权书中规定的分公司权限，否则应将协议报总公司审批］时，甲方必须于货物启运前十天书面通知乙方，经乙方逐笔确认后，保险合同方可生效。

［注：对于由物流企业、运输企业、货物代理等非货主投保的情况，原则上不主张用预约协议进行承保，如承保，必须要求启运前通知，并在协议中列明货物种类及相应费率，超出范围的逐笔另议。］

九、保险费
预计保险费 = 保险金额 X 综合费率
本协议项下甲方应支付给乙方的总保险费预计数为美元/人民币（大写）_____元（￥_____）。

经双方协商，甲方按下列方式交付保险费：

□ 甲方应于本协议签订后一周内向乙方一次性支付上述保险费。

□ 乙方同意甲方分_____期支付保险费：

第一期：保费人民币/美元_____元于____年__月__日前付讫；

第二期：保费人民币/美元_____元于____年__月__日前付讫；

......

甲方如未按上述约定履行支付保险费义务，出险后乙方有权拒赔，或按出险时实收保费与出险时保险协议约定的应收保费之比例赔偿。

十、保费结算

本协议期满时，双方按协议期限内甲方实际签单保险金额结算保险费，实际应交保险费与预收保险费的差额部分实行多退少补，但本协议项下甲方最低保险费不应低于预计保险费的_____%。

十一、损失与索赔

被保险货物如发生保险范围内的损失时，甲方应立即通知保单上指定的机构进行现场查勘；根据法律法规等应当由承运人或其他第三方负责赔偿的，甲方应首先向承运人或其他第三方提出书面索赔。对受损货物，甲方负有及时施救的义务。

甲方就保险责任范围内的货损向乙方提出赔偿时，应提供如下单证：保险单、发票、提单、装箱单、磅码单、货损货差证明、检验报告及有关照片、索赔清单、向责任方索赔的书面单证及保险合同或条款规定的其他单证。

乙方应按本协议及保险条款规定及时赔偿。

十二、特别约定

1. 对裸装、废旧货、甲板货、易燃、易爆、易碎品、动植物、油品、农产品、散装货等特殊或大宗高风险货物，以及通过非正常贸易方式进出口的货物，承保条件、保险费率等双方另行特别商议。

2. _____

3. _____

十三、争议处理

因本协议发生争议，由双方协商解决。协商不成的，

□ 提交_____仲裁委员会仲裁

□ 向中华人民共和国有管辖权的法院起诉

本保险合同的争议处理适用保险条款规定的法律及惯例，保险条款没有规定的，则应适用中华人民共和国法律。

十四、协议期限

本协议有效期自____年__月__日零时起至____年__月__日24时止。如一方因故终止合同，应提前____天［注：建议为30天］以书面通知对方解约。

十五、其他事项

本协议一式二份，甲乙双方各执一份留存。

甲方：（签章）   乙方：（签章）

负责人或授权签字人（签字）： 负责人或授权签字人（签字）：

地址： 地址：

电话： 电话：

传真： 传真：

邮编： 邮编：

　　年　月　日　　　　　　　年　月　日

［注：协议中某一条款下有不同选项时，未选择项可以根据需要予以删除。］

　　根据以上基本文本格式，结合客户的要求，客户可以与保险人协商预约保险合同的具体内容。最后达成协议的预约保险合同格式可能与上述格式并不完全一致，往往更加简洁。下例是深圳某公司与中国人民财产保险股份有限公司所达成的预约保险合同：

进出口货物运输预约保险合同范例

合同编号：

甲方：XXX 有限公司

地址：

电话：　　　　传真：

联系人：

乙方：预约保险合同

地址：

电话：　　　　传真：

联系人：

为保障甲方货物运输过程中，发生保险责任范围内的灾害事故损失，获得经济补偿，经双方协商同意，实行预约保险，特订立本合同，以资共同遵守。

保险范围　　　：保险货物：钢板/卷

保险条款及投保险别：甲方可选择使用中国人民保险公司海洋货物运输保险一切险，或协会 A 条款。

保险金额：单次运输金额不超过 RMB：2000 万；

年预计运输量：RMB2.2 亿（以发票价格加成 10%）

运输工具：适航或适运的海洋及内陆运输工具

运输航程：自亚洲、欧美等国家运到中国及中国各地区的内陆运输

保险费率：进口/国内货物费率：0.8%

免赔额/率：RMB3000.00 或损失额的 5%（以高者为准）

投保手续：所有货物自起运时保险生效。无论是进口还是国内货物保险，甲方每周传真本周之出货清单（或提单和发票）至乙方。乙方盖章确认后回传。

全年预计保险费：RMB 000000.00 元

结算方式：该保单签发后甲方 15 天内一次性支付预计保费 60%，此亦为此单的最

低保费，即为：RMB63360.00，具体金额以甲方申报为准，年底以实际运量结算，多出部分补交保费。

特别约定：被保险货物的自然氧化、自然锈损、自然褪色为除外责任；进口货物、国内货物运输分别计费；船龄不能超过 25 年，20 年以上费率为 1.1%。

索赔程序：如发生保险责任范围内的货损，甲方应立即通知乙方或保单上指定的乙方代理人或有资质的公估人进行查勘，采取相应的措施以减少货物损失，并提供下列单证：

1. 保险单正本（出险后按预约合同补出保单）
2. 甲方向乙方的索赔清单
3. 发票正本
4. 装箱单/磅码单正本
5. 检验报告及反映货损程度的照片
6. 货损货差证明
7. 贸易合同
8. 如货物买卖是采用信用证方式付款，还需要提供信用证。

协议期限：本合同的有效期从 2007 年 04 月 09 日零时起至 2008 年 04 月 08 日 24 时止。如任何一方在协议有效期内终止协议，必须提前一个月向对方发出注销通知；在协议正式终止之前双方继续享受和履行各自的权利义务。

附则：本协议一式二份，甲乙双方各执一份留存。其中一方对本合同条款有修改或补充意见，则应通过书面形式通知对方，在得到双方认可并签章确认后作为本合同的附件生效。甲、乙双方之间的一切争议，应本着实事求是、平等互利的原则，通过友好协商解决。如经协商无法解决，可以采取仲裁或诉讼的方式解决。

甲方签章：　　　　　　　　　　乙方签章：

日期：　　　　　　　　　　　　日期

（四）投保人填写并提交投保单

国际海上货物运输保险的投保单，通常需要投保人填写下述内容：被保险人、发票号和合同号，必要时需填写信用证号码、保险货物、货物标记、包装和数量、保险金额、运输工具、开航日期、运输路线、提单号、承保险别、赔款地、投保人签章及日期等。表 5－3 是一份简化的投保单（也叫投保申请书）及其填写要点：

表5－3　　　　　　　　　　货物运输投保单范例

货物运输投保单

Application For Transportation Insurance

被保险人 Assured's Name：	（请详细填写被保险人公司全称）			保单号： Policy No. 发票号： Invoicer No. 合同号： Contract No. 信用证号： L/C No.
兹有下列物品向中国人民保险公司投保 Insruance is required on ther following commodities：				
标记 Marks & Nos.	包装及数量 Quantity：	保险货物项目 Description of goods：		发票金额： Amount Invoice 加成： Value plus about 保险金额（%）： Amount Insured： （以人民币填写） 费率： Rate 保险费： Premium
（如有唛头请详细填写）	（在此栏中请详细填写包装种类及数量，如属玻璃易碎品请事先通知，按保险公司要求进行包装）	（请详细将中英文品名填写入此栏，如有其他特殊或附加名称也请详细填写）		
装载工具 Perconveyance： 请以 by air、by sea、by car 字样填写（如是海运，请用英文写明船名及船期）				
开航日期（以出港日期为准） Slg. on abt.	提单号（真实的运单号） B/L No.：	赔付地点（详细地址，此栏按合同或 L/C 要求填制。如 L/C 中并未明确，一般将目的港/地作为赔付地点。）Claims Payable At		
自 From：（起运港）	经 Via：（中途港）		到 To：（目的港）	
承保险别 Conditions & /or（需要保何种保险，请在此注明） Special Coverage： 备注 Remarks：				
			投保人盖章 Applicant's Slinature	
			日期 Date	

（五）保险人缮制并交付保险单

　　保险人在接收到投保申请之后，经过核保，如果愿意承保的，应及时缮制保险单或其他保险凭证交付给投保人。

不同保险公司出具的保险单内容大同小异，多以英国劳合社船货保险单（S. G. Policy）为蓝本，一般包括以上内容：

（1）保险合同的当事人。本项填写保险人、被保险人、保险经纪人、保险代理人、勘验人、赔付代理人等的情况。

被保险人（Insured）即保险单的抬头，正常情况下应是 L/C 的受益人，但如 L/C 规定保单为 To order of xxx bank 或 In favor of xxx bank，应填写"受益人名称 held to order of xxx bank 或 in favor of xxx bank"；如 L/C 要求所有单据以 xx 为抬头人，保单中应照录；如 L/C 要求中性抬头（third party），填写"To who mitmay concern"；L/C 对保单无特殊规定的，填受益人名称。

中外保险公司都可以以自己名义签发保单并成为保险人，其代理人是保险经纪人；保险代理人代表货主；勘验人一般是进口地对货物损失进行查勘之人；赔付代理人指单据上载明的在目的地可以受理索赔的指定机构，应详细注明其地址和联系办法。

（2）保险货物项目（Description Of Goods）、唛头、包装及数量等货物规定。本项所填内容应与提单保持一致。

（3）保险金额（Amount Insured）一般按 CIF/CIP 发票金额的 110% 投保，加成如超出 10%，超过部分的保险费由买方承担可以办理。L/C 项下的保单必须符合 L/C 规定，如发票价包含佣金和折扣，应先扣除折扣再加成投保。保险金额的大小写应一致，保额尾数通常要"进位取整"或"进一取整"，即：不管小数部分数字是多少，一律舍去并在整数部分加"1"。

（4）保费（Premium）和费率（Rate）。保险单上本项目通常事先印就"As Arranged"（按约定）字样，除非 L/C 另有规定，两者在保单上可以不具体显示。保险费通常占货价的比例为 1% ~3% 左右，险别不同，费率不一（水渍险的费率约相当于一切险的 1/2，平安险约相当于 1/3）。

（5）运输方面的要求。开航日期（Date of Commencement）：通常填提单上的装运日，也可填"As per B/L"或"As per Transportation Documents"；起运地、目的地、装载工具（Per Conveyance）：填写与提单上的操作相同。

（6）承保险别（Conditions）。这是保险单的核心内容，填写时应与 L/C 规定的条款、险别等要求严格一致；在 L/C 无规定或只规定"Marine/Fire/Loss Risk""Usual Risk"或"Transport Risk"等，可根据所买卖货物、交易双方、运输路线等情况投保 All Risks、WA、FPA 三种基本险中的任何一种；如 L/C 中规定使用中国保险条款（CIC）、伦敦协会货物条款（ICC）或美国协会货物条款（AICC），应按 L/C 规定投保、填制。所投保的险别除明确险别名称外，还应注明险别适用的文本及日期；某些货物的保单上可能出现 IOP（不考虑损失程度/无免赔率）的规定；目前许多合同或 L/C 都要求在基本险的基础上加保 War Risks 和 SRCC（罢工、暴动、民变险）等附加险；集装箱或甲板货的保单上可能会显示 JWOB（抛弃、浪击落海）险；货物运往偷盗现象严重的地区/港口的保单上频现 TPND（偷窃、提货不着险）。

（7）赔付地点（Claims Payable At/In）。此栏按合同或 L/C 要求填制。如 L/C 中并未明确，一般将目的港/地作为赔付地点。

（8）日期（Date）。日期指保单的签发日期。由于保险公司提供仓至仓（W/W）服务，所以出口方应在货物离开本国仓库前办结手续，保单的出单时间应是货物离开出口方仓库前的日期或船舶开航前或运输工具开行前。除另有规定，保单的签发日期必须在运输单据的签发日期之前。

（9）签章（Authorized Signature）。由保险公司签字或盖章以示保险单正式生效。单据的签发人必须是保险公司/承保人或他们的代理人，在保险经纪人的信笺上出具的保险单据，只要该保险单据是由保险公司或其代理人，或由承保人或其代理人签署的可以接受；UCP 规定除非 L/C 有特别授权，否则银行不接受由保险经纪人签发的暂保单。

（10）保单的背书。保单的背书分为空白背书（只注明被保险人名称）、记名背书（业务中使用较少）和记名指示背书（在保单背面打上"To Order Of ×××"和被保险人的名称）三种，保单做成空白背书意味着被保险人或任何保单持有人在被保货物出险后享有向保险公司或其代理人索赔的权利并得到合理的补偿，做成记名背书则意味着保单的受让人在被保货物出险后享有向保险公司或其代理人索赔的权利。在货物出险时，只有同时掌握提单和保单才能真正的掌握货权。

（11）保单的份数。当 L/C 没有特别说明保单份数时，出口公司一般提交一套完整的保险单，如有具体份数要求，应按规定提交，注意提交单据的正（Original）、副本（Copy）不同要求。

（12）保单的其他规定。号码（Policy Number）由保险公司编制，投保及索赔币种以 L/C 规定为准，投保地点一般为装运港/地的名称，如 L/C 或合同对保单有特殊要求也应在单据的适当位置加以明确。

表 5－4 是中保财产保险有限公司和中国平安保险股份有限公司（表 5－5）的国际海上货物保险的保险单。可以看出，两者的差别并不明显，内容几乎相同。

表 5－4　　　　　　　　　　中保财产保险单范例

中保财产保险有限公司

The People's Insurance（Property）Company of China，Ltd

发票号码 Invoice No.		保险单号次 Policy No.	
海洋货物运输保险单 MARINE CARGO TRANSPORTATION INSURANCE POLICY			
被保险人： Insured：			
中保财产保险有限公司（以下简称本公司）根据被保险人的要求，及其所缴付约定的保险费，按照本保险单承担险别和背面所载条款与下列特别条款承保下列货物运输保险，特签发本保险单。 　　This policy of Insurance witnesses that the People's Insurance（Property）Company of China，Ltd.（hereinafter called "The Company"），at the request of the Insured and in consideration of the agreed premium paid by the Insured，undertakes to insure the undermentioned goods in transportation subject to conditions of the Policy as per the Clauses printed overleaf and other special clauses attached hereon.			

表5-4(续)

保险货物项目 Descriptions of Goods	包装 单位 数量 Packing Unit Quantity	保险金额 Amount Insured

承保险别 Conditions	货物标记 Marks of Goods

总保险金额: Total Amount Insured:	

保费 Premium		载运输工具 Per conveyance S. S.		开航日期 Slg. on or abt	

起运港 From		目的港 To	

所保货物,如发生本保险单项下可能引起索赔的损失或损坏,应立即通知本公司下述代理人查勘。如有索赔,应向本公司提交保险单正本(本保险单共有 份正本)及有关文件。如一份正本已用于索赔,其余正本则自动失效。

In the event of loss or damage which may result in acclaim under this Policy, immediate notice must be given to the Company's Agent as mentioned here under. Claims, if any, one of the Original Policy which has been issued in original (s) together with the relevant documents shall be surrendered to the Company. If one of the Original Policy has been accomplished, the others to be void.

赔款偿付地点 Claim payable at	

日期 Date		在 at	

地址: Address:	

表 5－5　　　　　　　　　　　　中国平安保险保险单范例

<table>
<tr><td colspan="4" align="center">中国平安保险股份有限公司
PINGAN INSURANCE COMPANY OF CHINA，LTD.
货物运输保险单
CARGO TRANPORTATION INSURANCE POLICY</td></tr>
</table>

NO. 1000005959

被保险人：
Insured
　　中国平安保险股份有限公司根据被保险人的要求及其所交付约定的保险费，按照本保险单背面所载条款与下列特款，承保下述货物运输保险，特立本保险单。
This Policy of Insurance witnesses that PINGAN INSURANCE COMPANY OF CHINA，LTD.，at the request of the Insured and in consideration of the agreed premium paid by the Insured，undertakes to insure the undermentioned goods in transportation subject to the conditions of Policy as per the clauses printed overleaf and other special clauses attached hereon.

保单号 Policy No.		Claim Payable at	
发票或提单号			
运输工具 per conveyance S. S.		查勘代理人 Survey By：	
起运日期 Slg. on or abt.	自 From	至 To	
保险金额 Amount Insured	承保条件 Conditions：		
保险货物项目 Description of Goods	标记 Marks	数量 Quantity	包装 Packing
签单日期 Date：			

For and on behalf of
PINGAN INSURANCE COMPANY OF CHINA，LTD.

（六）保险金额及保险费

1. 我国出口业务的保险金额及保险费

按照国际保险市场的习惯做法，出口货物的保险金额一般按 CIF 货价另加 10% 计算，这增加的 10% 称为保险加成，也就是买方进行这笔交易所付的费用和预期利润。保险金额计算的公式是：

保险金额 = CIF 货值 ×（1 + 加成率）

在我国出口业务中，CFR 和 CIF 是两种常用的术语。鉴于保险费是按 CIF 货值为基础的保险额计算的，两种术语价格应按下述方式换算：

由 CIF 换算成 CFR 价：CFR = CIF ×［1 - 保险费率 ×（1 + 加成率）］

由 CFR 换算成 CIF 价：CIF = CFR/ [1 - 保险费率 × （1 + 加成率）]

2. 我国进口业务的保险金额及保险费

在进口业务中，按双方签订的预约保险合同承担，保险金额按进口货物的 CIF 货值计算，不另加减，保费率按"特约费率表"规定的平均费率计算；如果 FOB 进口货物，则按平均运费率换算为 CFR 货值后再计算保险金额，其计算公式如下：

FOB 进口货物：保险金额 = ［FOB 价 x （1 + 平均运费率）］/ （1 - 平均保险费率）

CFR 进口货物：保险金额 = CFR 价/ （1 - 平均保险费率）

五、使用 SimTrade 实习平台软件实验范例

1. 特别说明

（1）SimTrade 软件并没有"保险人"角色的设定，因此软件实验部分，学生将分为出口商、进口商，分别完成相关业务；然后交换角色，换位实验；

（2）进口商、出口商角色并不需要填写（缮制）"保险单"，"保险单"是软件系统自动代表保险公司发出的，不属于软件实习的内容；

（3）实验业务假设：以 CFR 成交，故保险业务应分为两个阶段，一个是出口商及时发送装船通知，另外一个阶段是进口商投保。

2. "办理保险"环节的具体步骤

【操作步骤 1】：出口商取回提单。出口商货物装船出运后，从船公司取回提单。即在出口商业务中心点"船公司"，出现用户对话框后再点"取回提单"，将提单取回；取回提单后，到业务画面点"查看单据列表"，选择"海运提单"查看船公司所出具的提单是否有误。

【操作步骤 2】：出口商填写、发送装船通知给进口商。在出口商业务中心点"进口商"，再在弹出的页面添加"Shipping Advice"；添加完后再在"查看单据列表"中点"SHIPPING ADVICE"对应的单据编号开始填写装船通知；填写完成后保存，回到业务中心点"船公司"，点"发送装船通知"，将装船通知发送给进口商。图 5 - 4 是"装船通知"（Shipping Advice）的书面格式。

SHIPPING ADVICE

Messrs.

Carters Trading Company, LLC
P.O.Box8935,New Terminal, Lata. Vista, Ottawa, Canada

Invoice No. STINV000001

Date: 2004-09-10

Particulars

1.L/C No. STLCN000001

2.Purchase order No. Contract01

3.Vessel: Zaandam

4.Port of Loading: Nanjing

5.Port of Dischagre: Toronto

6.On Board Date: 2004-09-10

7.Estimated Time of Arrival: 2004-09-22

8.Container: 20' X 1

9.Freight: [USD] [3582]

10.Description of Goods:
CANNED SWEET CORN
3060Gx6TINS/CTN

11.Quantity:[800] [CARTON]

12.Invoice Total Amount: [USD] [11200]

Documents enclosed

1.Commercial Invoice: 1

2.Packing List: 1

3.Bill of Lading: 1(Duplicate)

4.Insurance Policy: 1(Duplicate) 2 Copies

Very truly yours, GRAND WESTERN FOODS CORP.

Minghua liu

Manager of Foreign Trade Dept.

图 5-4　装船通知的书面格式

　　【操作步骤 3】：进口商添加、填写投保单。进口商收到"装船通知"后，添加"货物运输保险投保单"并进行填写，填写完成后进行复查，以防出错。"投保单"格式附后。

　　【操作步骤 4】：进口商正式投保。检查并确认"投保单"填写正确后，出口商回到业务中心，点"保险公司"，再点"办理保险"向保险公司申请投保；在弹出的窗口中选择单据"货物运输保险投保单"，再点"办理保险"，即告投保完毕。保险业务办理完成后，系统会代表保险公司自动签发"货物运输保险单"，在"查看单据列表"中可以查看到"保险单"（图 5-5）。

货 物 运 输 保 险 投 保 单

投保人： 宏昌国际股份有限公司 　　　　　　　　　　　　　投保日期： 2004-08-25

发票号码	STINV000001	投保条款和险别	
被保险人	客户抬头 宏昌国际股份有限公司 过户 Carters Trading Company, LLC	( ) PICC CLAUSE (√) ICC CLAUSE ( ) ALL RISKS ( ) W.P.A./W.A. ( ) F.P.A (√) WAR RISKS ( ) S.R.C.C	
保险金额	[USD　　　　][12320　　　　　　　]	( ) STRIKE (√) ICC CLAUSE A	
启运港	Nanjing	( ) ICC CLAUSE B ( ) ICC CLAUSE C	
目的港	Toronto	( ) AIR TPT ALL RISKS	
转内陆		( ) AIR TPT RISKS ( ) O/L TPT ALL RISKS	
开航日期	2004-09-10	( ) O/L TPT RISKS ( ) TRANSHIMENT RISKS	
船名航次	Zaandam, DY105-09	( ) W TO W ( ) T.P.N.D.	
赔款地点	Canada	( ) F.R.E.C. ( ) R.F.W.D.	
赔付币别	USD	( ) RISKS OF BREAKAGE ( ) I.O.P.	
保单份数			
其他特别条款			
以 下 由 保 险 公 司 填 写			
保单号码		签单日期	

图 5-5　货物运输保险投保单

第六章　进出口商品检验与报关

第一节　进出口商品检验

一、实验任务

通过在实验室采用模拟操作软件，另外辅助与纸面单据，学习了解进出口商品的检验程序、报检分类和范围。

通过模拟操作练习，要求学习者了解报验的规定和要求，掌握商检证书的作用、种类及进出口商品检验申请单的填制方法及要求，并学会缮制商检申请单，将课堂理论课学习的知识进行验证性实验，使同学们更加感性地认识进出口贸易中检验的流程。

二、实验原理

进出口商品的检验规定：凡属国家规定，或协议规定必须经中国进出口商品检验局检验出证的商品，在货物备齐后，必须向商检局申请检验，取得商检局颁发的合格的检验证书后，海关才准予放行。凡经检验不合格的货物，一律不得出口。有些合同中已明确规定呈交检验证明，即使没有规定，在海运出口托运环节中，未经海关检验合格是不能装船出运的。因而在托运的同时，应办理报验。图6-1为出口报验程序图。

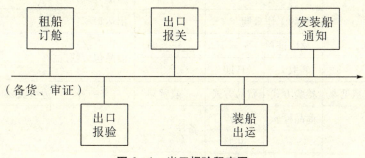

图6-1　出口报验程序图

通过图6-1我们可以看出，通常在租船订舱的同时，卖方就需要安排出口报验。

（一）出口商品检验工作程序

出口商品检验总的来说分为法定检验和非法定检验两大部分，其中法定检验的范围包括《种类表》及其他法律、法规规定必须经过商检机构和国家商检部门、商检机构指定的检验机检验的进出口商品。

1. 法定检验出口的检验工作程序

（1）报验人填写"出口检验申请单"（表6-1）。

表6-1　　　　　　　　中华人民共和国出口检验申请单

出口检验申请单

中华人民共和国北京进出口商品检验局：　　　　　　　　　　　　报验号：

兹有下列商品申请报验，请照章办理。　　　　　　　　　　　　　存货地点：

报验单位：

日期：　年　月　日　　联系人：　　　电话：　　　地址：

发货人			生产部门	
收货人			输往国别	
品名			H. S. 编码（8 位）	
报验数量			总净重	
			总毛重	
成交单价（美元）	成交总值（美元）	收购单价（人民币）	收购总值	
标记及号码	申请证书份数		运输方式	
	品质　文　　份 分析　文　　份 重量　文　　份 数量　文　　份 兽医　文　　份 卫生　文　　份 健康　文　　份 换证凭证　　份 其他	放行 更改证书	随附证件号： 合同号： 信用证号： 厂验单： 预验单： 换证凭单 包装性能检验结果单：其他：	
			结汇方式：	
	预约工作日期		出运口岸：	
	领取证单	＿正＿副	商品包装情况：	
	领取人	日期		
检验处评定意见	检验方式	贸易方式	一般贸易	三来一补	边境贸易	其他
	商品检验	自检	备注			
		共验				
		抽检				
	组织检验	认可				
		其他				
		免验				
流程	月	日	经办人	流程	月	日	经办人	计收费栏

表6-1(续)

受理			检务复审			预收:
送检			翻译			
抽样			制证			补收:
检验			校对			
化验			总校			共计实收:
拟证			发证			
审核			检验处			
签发						
返回			检验科			

（2）提供合同、信用证及有关单证资料。

（3）商检机构对已报验的出口商品实施检验，并出具检验结果。

①直接出口的出口商品，经检验合格后出具放行单或商检证书；

②运往口岸或已出口的出口商品，经检验合格后出具"出口商品检验报验凭单"；

③经检验不合格的，出具"出口商品检验不合格通知单"。

（4）报验人领取商检单证。

法定检验的程序如图6-2所示：

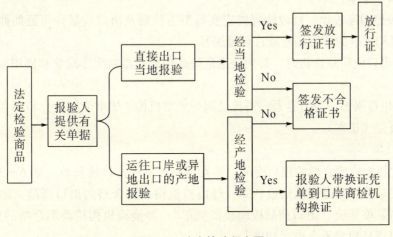

图6-2 法定检验程序图

2. 非法定检验出口的检验工作程序

（1）据合同、信用证的规定或申请人的要求，需商检机构检验出具商检证书的，可向商检机构报验。

（2）填写"出口检验申请单"，并提供有关单据及资料。

（3）商检机构根据申请人的申请，对出口商品实施检验。对合格的出具商检证书，对不合格的则出具"出口商品不合格通知单"。

（4）领取商检单证。非法定检验的程序如图 6-3 所示：

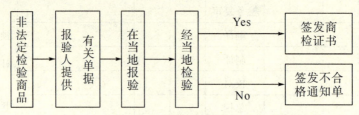

图 6-3　非法定检验程序图

3. 出口商品检验时应提供的单证和资料

（1）外贸合同或销售确认书或订单。

（2）信用证及有关函电。

（3）生产经营部门出具的厂检结存件。

（4）法定检验出口商品报验时，还应提供商检机构签发的"出口商品运输包装容器性能检验结果单"正本。

（5）发货人委托其他单位代理报验时，应加附委托书（原件）。

（6）凭样成交的应提供成交样品。

（7）经预验的商品，在向商检机构办理放行手续时，应加附该商检机构签发的"出口商品预验结果单"正本。

（8）经其他商检机构检验的商品，应加附发运地向商检机构签发的"出口商品查验报验凭单"正本。

（9）按照国家法律、行政法规规定实行卫生注册及出口质量许可证的商品，必须提供商检机构批准的注册编号或许可证编号。

（10）出口危险品货物时，必须提供危险品包装容器的性能检验和使用鉴定合格证（单）。

（11）出口锅炉、压力容器，需提供锅炉监察机构（如市劳动局）审核盖章的安全性能检验报告（正本）。

4. 放行单

经商检机构检验合格的出口商品，签发商检证书、出口放行单（表 6-2）或在出口货物报关单上加盖商检机构放行章；经商检机构预验合格的出口商品，出具"出口商品预验结果单"或"出口商品检验换证凭单"；经商检机构检验不合格的出口商品，签发"出口商品检验不合格通知单"。

表 6－2　　　　　　　　　　　　　出口商品放行单

中华人民共和国北京进出口商品检验局

出口商品放行单

（供通关用）　　　　　　　　　　　　　　　　　　　　　　编号：

1. 发货人		4. 运输标记/批号：
2. 输往国家或地区：		
3. 合同号/信用证号		
5. 商品名称及规格	6. H. S. 编码：	7. 包装种类、数量/重量（大写有效）：
8. 证明： 上述商品经检验合格，请海关予以放行。 本放行单有效期至　　年　月　日 签发人：　　　　　　　　　　　　　　　　签发日期：		
9. 备注：		

5. 出境报检单填单制单说明

（1）发货人/收货人：是指该批货物的贸易关系人，发货人按合同/信用证的卖方填写，收货人按合同/信用证的买方填写。对于无合同/信用证的，可按发票的买/卖方填写。若检验检疫证书对发货人/收货人有特殊要求的，应在备注栏声明。

（2）货物名称：按所申报的货物填写，货物名称的填写必须完整、规范，并与随附单据一致，对工业制成品如机械、电子、轻工、食品罐头等还应填写货物的型号、规格。

（3）H. S. 编码：根据所申报的货物，按照《商品分类及编码协调制度》的分类填写。H. S. 编码涉及报检、计收费、检验检疫、报关等环节，因此必须准确无误。

（4）产地：按货物的原产地填写。

（5）数/重量：按所申报货物的数/重量填写，填写时应注意计量单位。

（6）货物总值：按所申报货物的货值填写，货值必须与合同或发票一致，填写时应注意币种。

（7）包装种类及数量：填写货物外包装的种类和数量。

（8）运输工具名称及号码：填写运输工具的类型、名称及号码，如船舶填写船名、航次，飞机填写航班号等。

（9）贸易方式：按具体的贸易方式填写。

（10）货物存放地点：填写货物存放地点，如××仓库、××码头等。

（11）合同号：填写外贸合同（订单）编号。

（12）信用证号：填写信用证号。

（13）用途：填写货物的用途，如食用、种用、饲用等。

（14）发货日期：填写货物的出运日期。

（15）输往国家（地区）：填写货物的最终销售国家（地区）。

（16）许可证/审批号：申报涉及需许可/审批的货物应填写相应的许可证/审批号。如："出口产品质量许可证""出口生产企业卫生登记、注册证""出口食品标签审核证书""出口化妆品标签审核证书""出口电池产品备案书""出口商品型式试验确认书"及其他证书的编号。

（17）启运地：填写货物的报关出运口岸，对本地货物需运往其他口岸报关出境的，应注意申请签发《出境货物换证凭单》。出境活动物的启运地应填写起始运输地点。

（18）到达口岸：填写货物运抵的境外口岸。

（19）生产单位注册号：所申报的货物涉及许可/审批食品卫生注册登记的，应填写该批货物的生产单位检验检疫登记备案号。

（20）集装箱规格、数量号码：按实际情况填写。

（21）合同、信用证订立的检验检疫条款或特殊要求：合同/信用证对检验检疫有相关要求的或输入国家（地区）对检验检疫有特殊要求的，以及其他报检时需特别说明的，应在此栏注明。此栏兼做备注栏使用。

（22）标记及号码：即货物的唛头，按合同、发票、装箱单所列的货物唛头填写，对散装、裸装货物或无唛头货物应填写"N/M"。

（23）随附单据：按随附单据类型填写。

（24）需要证单名称：按所需的检验检疫证单名称填写。检验检疫证书一般为一正二副，若对证书的正、副本数或证书的语种有特殊要求的，请在备注栏声明。

（二）进口商品检验程序

进口商品分法定检验商品和非法定检验商品，法定检验进口商品是列入《种类表》及其他法律、法规规定必须经过商检机构或者国家商检局、商检机构指定的检验机构检验的进口商品。除此以外的进口商品为非法定检验商品。

这两类商品在办理报验手续上有所不同，前看到货后，收货人或其代理人必须向口岸或到达站商检机构办理进口商品登记手续，然后按商检机构规定的地点和期限向到货地商俭机构办理进口商品报验。

非法定检验进口商品到货后，由收、用货部门直接办理进口通关手续。提货后，可按合同的约定自行检验，若发现问题需凭商检证书索赔的，应向所在地商检机构办理进口商品报验。

1. 一般情况下的排列顺序

（1）入境货物报检单、入境货物调离通知单（第二联）。

（2）入境货物检验检疫证明、我局签发的相关证书。

（3）输出国家或地区出具的有关检验检疫证书。

（4）有关许可证/审批证明/资格证书/批准证等。

（5）产地证、有关包装情况的证书和声明；

（6）最终收货人的验货单；

（7）外贸合同、发票、装箱单、海运提单或空运单；

（8）代理报检委托书（正本）。

2. 更改情况（补发、重发、添加证单等）下的排列顺序

（1）更改申请单；

（2）新签发的证单；

（3）更改依据（新的信用证、合同、发票、装箱单、提单、遗失登报声明等）。

（4）交还的原签发检验检疫证单。

整理排好后，将上述单据重新装订在原报检单上面。

3. 入境报检单填制说明

报检人要认真填写"入境货物报检单"，内容应按合同、国外发票、提单、运单上的内容填写，报检单应填写完整、无漏项，字迹清楚，不得涂改，且中英文内容一致，并加盖申请单位公章。

（1）编号：企业发送电子报检信息后，收到尾号为"E"预报检号，正式编号由检验检疫机构报检受理人员填写，前6位为申报地检验检疫局机关代码，第7位为报检类代码（入境01，出境02），第8、9位为年代码，第10至15位为流水号。

（2）报检单位登记号：报检单位在检验检疫机构登记的号码。

（3）联系人：报检人员姓名。

（4）电话：报检人员的联系电话。

（5）货物总值：入境货物的总值及币种，应与合同、发票或报关单上所列的货物总值一致。

（6）包装种类及数量：货物实际运输包装的种类及数量（有木质包装的，此处的种类填写"其他"）。

（7）运输工具名称号码：运输工具的名称和号码。

（8）合同号：对外贸易合同、订单或形式发票的号码。

（9）贸易方式：该批货物进口的贸易方式。

（10）贸易国别（地区）：进口货物的贸易国别，指合同的卖方。

（11）到货日期：进口货物到达口岸的日期

（12）启运国家（地区）：货物的启运国家或地区，以提单为准。

（13）许可证/审批号：需办理进境许可证或审批的货物应填写有关许可证号或审批号。

（14）卸毕日期：货物在口岸的卸毕日期。

（15）启运口岸：货物的启运口岸，以提单为准。

（16）入境口岸：货物的入境口岸。

（17）索赔有效期至：对外贸易合同中约定的索赔期限。

（18）经停口岸：货物在运输中曾经停靠的外国口岸。

（19）目的地：货物的境内目的地。

（20）集装箱规格、数量及号码：货物若以集装箱运输应填写集装箱的规格，数量及号码。

（21）合同订立的特殊条款以及其他要求：在合同中订立的有关检验检疫的特殊条款及其他要求应填入此栏。

（22）货物存放地点：货物存放的地点。

（23）用途：本批货物的用途。自以下9个选项中选择：①种用或繁殖、②食用、③奶用、④观赏或演艺、⑤伴侣动物、⑥试验、⑦药用、⑧饲用、⑨其他。

（24）随附单据：在随附单据的种类前划"√"或补填。

（25）标记及号码：货物的标记号码，应与合同、发票等有关外贸单据保持一致。若没有标记号码则填"N/M"。

（26）外商投资财产：由检验检疫机构报检受理人员填写。

（27）签名：由持有报检员证的报检人员手签。

（28）检验检疫费：由检验检疫机构计费人员核定费用后填写。

（29）领取证单：报检人在领取检验检疫机构出具的有关检验检疫证单时填写领证日期及领证人姓名。

三、纸面单据实验范例

（一）实验一：填制出境报检单

案例一：2011年3月12日，广东国际进出口贸易公司填写出境货物报检单，随附合同、信用证、发票、箱单等申请报检，要求签发出境货物换证凭单、品质证书与数量证书。出口商品为 AIR CONDITIONER（HUALING BRAND）（华灵牌空调），产地为广东，存放于工厂仓库。商品海关编码为84151021，用三个40尺集装箱装运，经香港转船运至阿联酋的迪拜港口。

要求：根据合同、信用证及下述提供资料，制作出境货物报检单，要求格式清楚、内容完整。资料如下：

表 6 - 3   售货确认书
                                  SALES CONFIRMATION

卖方（Sellers）：			Contract No. ：	AB44001
GUANGDONG FOREIGN TRADE IMP. AND EXP. CORPORATION			Date：	FEB. 12, 2011
267 TIANHE ROAD GUANGZHOU, CHINA			Signed at：	GUANGZHOU

买方（Buyers）：
A. B. C. TRADING CO. LTD. , HONGKONG
312 SOUTH BRIDGE STREET, HONGKONG

兹经买卖双方同意按下列条款成交：
　　The undersigned sellers and buyers have agreed to close the following transactions according to the terms and conditions stipulated below：

货号 Art No.	品名及规格 Description	数量 Quantity	单价 Unit Price	金额 AMOUNT
ART NO. P97811 ART NO. P97801	AIR CONDITIONER （HUA-LING BRAND) KF - 23GW KF - 25GW	500PCS 500PCS	@ HKD 1000. 00 @ HKD 1000. 00	FOBC2 GUANGZHOU HKD 500000. 00 HKD 500000. 00
		1000PCS		HKD 1000000. 00

数量及总值均得有　%的增减，由卖方决定。 With 5 % more or less both in amount an quantity allowed at the seller's option.
总值 Total Value：HKD 1000000. 00（H. K. Dollars ONE MILLION ONLY)
包装 Packing：1 PC PER CARTON
装运期 Time of Shipment：APR. 30，2011
装运口岸和目的地 Loading port & Destination：FROM GUANGZHOU TO DUBAI VIA HONGKONG
保险由卖方按发票全部金额110%投保至　　为止的　　险。 Insurance：To be effected by sellers for 110% of full invoice value covering　　up to　　only.
付款条件：买方须于2011年3月10日前将不可撤销的，即期信用证开到卖方，议付有效期延至上列装运期后15天在中国到期，该信用证中必须注明允许分运及装运。 Terms of payment： By Irrevocable, and Divisible Letter of Credit to be available by sight draft to reach the sellers before MAR. 10，2011 and to remain valid for negotiation in China until the 15th day after the foresaid Time of Shipment. The L/C must specify that transshipment and partial shipments are allowed.
装船标记 Shipment Mark：A. B. C. /DUBAI/NOS. 1 - 1000/MADE IN CHINA
开立信用证时请注明我成交确认书号码。 When opening L/C, please mention our S/C number.
备注 Remarks：THE CREDIT IS SUBJECT TO 《UCP500》 （1993 REVISION)

THE SELLER：	THE BUYER：

表6-4   ISSUE OF DOCUMENTARY CREDIT

TO: BANK OF CHINA GUANGZHOU BRANCH

IRREVOCABLE DOCUMENTARY CREDIT NO. 11-34985

FOR THE ACCOUNT OF A. B. C. TRADING CO., LTD., HONGKONG. 312 SOUTH BRIDGE STREET, HONGKONG.

DEAR SIRS,

WE OPEN AN IRREVOCABLE DOCUMENTARY CREDIT IN FAVOUR OF GUANGDONG FOREIGN TRADE IMP. AND EXP. CORPORATION,

267 TIANHE ROADGUANGZHOU, CHINA

FOR A SUM NOT EXCEEDING HKD 1000000.00 (SAY HONGKONG DOLLARS ONE MILLION ONLY.) AVAILABLE BY THE BENEFICIARY'S DRAFT (S) AT SIGHT DRAWN ON APPLICANT BEARING THE CLAUSE "DRAWN UNDER NANYANG COMMERCIAL BANK LTD., HONGKONG. DOCUMENTARY CREDIT NO. 11-34985 DTAED 1ST MARCH, 2011." ACCOMPANIED BY THE FOLLOWING DOCUMETNS:

(1) MANUAL SIGNED COMMERCIAL INVOICE IN TRIPLICATE. ALL INVOICES MUST SHOW FOB SEPARATELY.

(2) 3/3 ORIGNAL + 3 COPIES CLEAN ON BOARD BILL OF LADING MADE OUT TO ORDER MARKED FREIGHT COLLECT.

(3) CERTIFICATE OF ORIGIN ISSUED BY GUANGZHOU IMPORT AND EXPORT COMMODITY INSPECTION BUREAU OF THE PEOPLE'S REPUBLIC OF CHINA IN TRIPLICATE. EVIDENCING SHIPMENT OF THE FOLLOWING MERCHANDISE:

AIR CONDITIONER (HUALING BRAND), 500PCS KF-23GW AND 500 PCS KF-25GW, PACKING: IN CARTON BOX, 50 KILOS NET EACH CARTON, 1PC/CARTON, @ HKD1000.00, FOBC2% DUBAI VIA HONGKONG, PARTIAL SHIPMENT PERMITED. TRANSSHIPMENT PERMITED. LATEST DATE FOR SHIPMENT: 30TH APRIL, 2011. EXPIRY DATE: 15TH MAY, 2011. IN PLACE OF OPENER FOR NEGOTIATION.

OTHER TERMS AND CONDITIONS:

BENEFICIARY'S DECLARATION ON THE INVOICE THAT THE PRODUCTION COMPANY IS A STATE-OWNED ENTERPRISE AND AS NO RELATION WITH ISRAEL WHATEVER.

SHIPPER MUST SEND ONE COPIE OF SHIPPING DOCUMENTS DIRECTLY TO BUYER AND CERTIFICATE TO THIS EFFECT IS REQUIRED.

DOCUMENTS MUST BE PRESENTED WITHIN 21 DAYS AFTER SHIPPING DATE SHOW ON B/L, BUT WITHIN THE VALIDITY OF THE L/C.

DISVREPANCY FEE OF USD50.00 WILL BE DEDUCTED FROM THE PROCEEDS OF ANY DRAWING IF DISCREPANT DOCUMENTS ARE PRESENTED.

SHIPPING MARKS: A. B. C. /DUABI/NOS. 1-1000/MADE IN CHINA

WE HEREBY ENGAGE WITH THE DRAWERS, ENDORSERS AND BONARIDE HOLDERS OF DRAFT (S) DRAWN UNDER AND COMPLIANCE WITH THE TERMS OF THIS CREDIT THAT SUCH DRAFT (S) SHALL BE DULLY HONOURED ON DUE PRESENTATION.

                                                    YOURS FAITHFULLY

                                    NANYANG COMMERCIAL BANK LTD., HONGKONG

【单据填制】

表 6-5

中华人民共和国出入境检验检疫

出境货物报检单

报检单位（加盖公章）：　　　　　　　　　　　　　　　　* 编号

报检单位登记号：　　联系人：　　电话：　　报检日期：2011 年 3 月 12 日

发货人	（中文）	广东国际进出口贸易公司					
	（外文）	GUANGDONG FOREIGN TRADE IMP. AND EXP. CORPORATION					
收货人	（中文）						
	（外文）	A. B. C. TRADING CO. LTD.					

货物名称（中/外文）	H. S. 编码	产地	数/重量	货物总值	包装种类及数量
华灵牌空调 AIR CONDITIONER（HUAL-ING BRAND） ART NO. P97811 KF-23GW ART NO. P97801 KF-25GW	84151021	广东	500 台 500 台	HKD 1000000.00	1000 箱

运输工具名称号码	海运	贸易方式	一般贸易	货物存放地点	工厂仓库
合同号	AB44001	信用证号	11-34985	用途	
发货日期	2011-03-12	输往国家（地区）	阿联酋	许可证/审批号	
启运地	广州	到达口岸	迪拜	生产单位注册号	

集装箱规格、数量及号码	40 尺×3

合同、信用证订立的检验检疫条款或特殊要求	标 记 及 号 码	随附单据（划"✓"或补填）	
	A. B. C. DUBAI NOS. 1-1000 MADE IN CHINA	☑合同 ☑信用证 ☑发票 □换证凭单 ☑装箱单 □厂检单	□包装性能结果单 □许可/审批文件 □ □ □ □

需要证单名称（划"✓"或补填）				* 检验检疫费	
☑品质证书 □重量证书 ☑数量证书 □兽医卫生证书 □健康证书 □卫生证书 □动物卫生证书	__正__副 __正__副 __正__副 __正__副 __正__副 __正__副 __正__副	□植物检疫证书 □熏蒸/消毒证书 ☑出境货物换证凭单 □ □ □ □	__正__副 __正__副 __正__副	总金额 （人民币元）	
				计费人	
				收费人	

报检人郑重声明： 　1. 本人被授权报检。 　2. 上列填写内容正确属实，货物无伪造或冒用他人的厂名、标志、认证标志，并承担货物质量责任。 　　　　　　签名：_____	领取证单	
	日期	
	签名	

注：有"*"号栏由出入境检验检疫机关填写　　　　　◆国家出入境检验检疫局制

案例二：2011年8月12日，南京蓝星贸易公司填写出境货物报检单，随附合同、信用证、发票、箱单等申请报检，要求签发出境货物换证凭单与品质证书。出口商品为 GOLF CAPS（高尔夫球帽），1800 打（1 打为 12 顶），20 打装一箱，存放于工厂仓库。商品海关编码为 59019091，用一个 20 尺集装箱装运。

根据合同、信用证及下述提供资料，制作出境货物报检单，要求格式清楚、内容完整。资料如下：

表6-6

售货确认书

SALES CONFIRMATION

卖方（Sellers）：	Contract No.：	11TG28711
NANJING LANXING CO.，LTD	Date：	JULY，22，2011
ROOM 2501，JIAFA MANSTION，BEIJING WEST ROAD，NANJING	Signed at：	NANJING
买方（Buyers）：		
EAST AGENT COMPANY		
3-72，OHTAMACHI，NAKA-KU，YOKOHAMA，JAPAN231		

This Sales Contract is made by and between the Sellers and Buyers，whereby the sellers agree to sell and the buyers agree to buy the under-mentioned goods according to the terms and conditions stipulated below：

品名及规格 NAME OF COMMODITY & SPECIFICATION	单价 UNIT PRICE	数量 QUAN	金额及术语 AMOUNT & PRICE TERMS
H6-59940BS GOLF CAPS	CIF AKITA USD 8.10	1800DOZS	CIF AKITA USD 14580.00
10% more or less both in amount and quantity allowed		TOTAL	USD 14580.00
Packing：	CARTON		
Delivery：	From NANJING to AKITA		
Shipping Marks：	V.H LAS PLAMS C/NO.		
Time of Shipment：	Within 30 days after receipt of L/C. allowing transshipment and partial shipment.		

Terms of Payment:	By 100% Irrevocable Letter of Credit on favor of the Sellers to be available. By sight draft to be opened and to reach China before JULY 30, 2011 and to remain valid for negotiation in China until the 15th days after the foresaid Time of Shipment. L/C must mention this contract number L/C advised by BANK OF CHINA NAN-JING BRANCH. TLX: 44U4K NJBC, CN. All banking Charges outside China (the mainland of China) are for account of the Drawee.
Insurance:	To be effected by Sellers for 110% of full invoice value covering F. P. A up to AKITA To be effected by the Buyers.
Arbitration	All disputes arising from the execution of or in connection with this contract shall be settled amicable by negotiation. In case of settlement can be reached through negotiation the case shall then be submitted to China International Economic & Trade Arbitration Commission. In Nanjing for arbitration in act with its sure of procedures. The arbitral award is final and binding upon both parties for setting the Dispute. The fee, for arbitration shall be borne by the losing party unless otherwise awarded.
THE SELLER:	THE BUYER:

153

表 6 - 7   ISSUE OF DOCUMENTARY CREDIT

ISSUING BANK	METITA BANK LTD. , JAPAN
DOC. CREDIT NUMBER	LTR0505457
DATE OF ISSUE	110727
EXPIRY	DATE 110908 PLACE NANJING, CHINA
APPLICANT	EAST AGENT COMPANY 3 - 72, OHTAMACHI, NAKA - KU, YOKOHAMA, JAPAN231
BENEFICIARY	NANJING LANXING CO. , LTD ROOM 2501, JIAFA MANSTION, BEIJING WEST ROAD, NANJING
AMOUNT	CURRENCY USD AMOUNT 14580. 00
POS. /NEG. TOL. （%）	5/5
AVAILABLE WITH/BY	ANY BANK IN ADVISING COUNTRY BU NEGOTIATION
DRAFT AT…	DRAFTS AT SIGHT FOR FULL INVOICE VALUE
PARTIAL SHIPMENTS	ALLOWED
TRANSSHIPMENT	ALLOWED
LOADING IN CHARGE	NANJING
FOR TRANSPORT TO	AKITA
SHIPMENT PERIOD	AT THE LATEST AUG 30, 2011
DESCRIPT. OF GOODS	1800 DOZS OF H6 - 59940BS GOLF CAPS, USD 8. 10 PER DOZ AS PER SALES CONTRACT 11TG28711 JUL. 22, 2011 CIF AKITA
DOCUMENTS REQUIRED	* COMMERCIAL INVOICE 1 SIGNED ORIGINAL AND 5 COPIES * PACKING LIST IN 2 COPIES * FULL SET OF CLEAN ON BOARD, MARKED "FREIGHT PRE-PAID" AND NOTIFY APPLICANT (AS INDICATE ABOVE) * GSP CERTIFICATE OF ORIGIN FORM A, CERTIFYING GOODS OF ORIGIN IN CHINA, ISSUED BY COMPETENT AUTHORITIES * INSURANCE POLICY/CERTIFICATE COVERING F. P. A. OF PICC. INCLUDING WARWHOUSE TO WAREHOUSE CLAUSE UP TO FINAL DESTINATION AT AKITA, FOR AT LEAST 110 PCT OF CIF - VALUE. * SHIPPING ADVICES MUST BE SENT TO APPLICANT WITH 2 DAYS AFTER SHIPMENT ADVISING NUMBERE OF PACKAGES, GROSS & NET WEIGHT, VESSEL NAME, BILL OF LADING NO. AND DATE, CONTRACT NO. , VALUE.
PRESENTATION PERIOD	21 DAYS AFTER ISSUANCE DATE OF SHIPPING DOCUMENT
CONFIRMATION	WITHOUT
INSTRUCTIONS	THE NEGOTIATION BANK MUST FORWARD THE DRAFTS AND ALL DOCUMENTS BY REGISTERED AIRMAIL. DIRECT TO US IN TWO CONSECUTIVE LOTS, UPON RECEIPT OF THE DRAFTS AND DOCUMENTS IN ORDER, WE WILL REMIT THE PROCEEDS AS IN-STRUCTED BY THE NEGOTIATING BANK.

【单据填制】

表6-8

中华人民共和国出入境检验检疫
出境货物报检单

报检单位（加盖公章）：　　　　　　　　　　　　　　　　　　*编号

报检单位登记号：　　联系人：　　电话：　　报检日期：2011 年 8 月 12 日

发货人	（中文）	南京蓝星贸易公司				
	（外文）	NANJING LANXING CO. , LTD.				
收货人	（中文）					
	（外文）	EAST AGENT COMPANY				
货物名称（中/外文）		H. S. 编码	产地	数/重量	货物总值	包装种类及数量
高尔夫球帽 H6-59940BS GOLF CAPS		59019091	南京	1800 打	USD14580.00	90 箱
运输工具 名称号码		海运	贸易方式	一般贸易	货物存放地点	工厂仓库
合同号		11TG28711	信用证号	LTR0505457	用途	
发货 日期	2011-08-12	输往国家 （地区）	日本	许可证/审批号		
启运地	南京	到达口岸	秋田	生产单位注册号		
集装箱规格、 数量及号码		20 尺×1				

合同、信用证订立的检 验检疫条款或特殊要求	标 记 及 号 码	随附单据（划"√"或补填）	
	V. H LAS PLAMS C/NO.	☑合同 ☑信用证 ☑发票 □换证凭单 ☑装箱单 □厂检单	□包装性能结果单 □许可/审批文件 □ □ □ □

需要证单名称（划"√"或补填）			*检验检疫费	
☑品质证书 □重量证书 □数量证书 □兽医卫生证书 □健康证书 □卫生证书 □动物卫生证书	__正__副 __正__副 __正__副 __正__副 __正__副 __正__副 __正__副	□植物检疫证书 □熏蒸/消毒证书 ☑出境货物换证凭单 □ □ □ □	总金额 （人民币元）	
		__正__副 __正__副 __正__副	计费人	
			收费人	

报检人郑重声明： 　1. 本人被授权报检。 　2. 上列填写内容正确属实，货物无伪造或冒用他人的厂名、标志、认证标志，并承担货物质量责任。 　　　　　　签名：_____	领取证单	
	日期	
	签名	

注：有"*"号栏由出入境检验检疫机关填写　　　　　◆国家出入境检验检疫局制

[1-2（2000.1.1）]

（二）实验二　填制入境报检单

案例背景：

广西国际商务集团公司向越南星河进出口公司进口一批货品，将于 2008 年 5 月 10 到港，藤条原料，20 公吨，货物价格为 CIF Ho Chi，USD 1200.00/M/T，散装。自理报检。

报检单位登记号：GMX63021；

进口商品：藤条原料，长：最小 2 米 ，水分：最多 10%，直径：最多 0.5～1.0 厘米

各类手工编织品，如藤编、草编、竹编、芒编、绳编、塑编、棕编、柳编等手工产品为广西传统出口产品，特别规定藤条原料为本次进口检验检疫实训的指定交易产品；

H.S 编码：46021011

运输工具名称号码：BY VESSEL/CHANGHAI

提单号：MV/2008/102233

合同、信用证订立的检验检疫条款或特殊要求：出口国或地区官方出具的植物检疫证、原产地证；

许可证/审批号：GXIBVC‑2008‑220（1）

生产单位注册号：BGB‑2008/1/2 11

集装箱规格、数量及号码：COSO123777 2×20 12

设定海上航程为 10 天时间；

请根据提供的案例实际情况填写进口货物报检单。

【单据填制】

表 6－9
出境货物报检单填制范例
中华人民共和国出入境检验检疫
入境货物报检单

报检单位（加盖公章）：　　　　　　　　　　　　　　　　　*编号

报检单位登记号：GMX63021　联系人：　　电话：　　报检日期：2008 年 5 月 3 日

发货人	（中文）	越南星河进出口公司					
	（外文）	Vietnam Star River Import & Export Corp.					
收货人	（中文）	广西国际商务集团公司					
	（外文）	Guangxi International Business Group.					

货物名称（中/外文）	H. S. 编码	产地	数/重量	货物总值	包装种类及数量
天然藤条： 长：最小 2 米　水分：最多 10% 直径：最多 0.5～1.00 厘米 Natural Rattan Length：2M Min Diameter：0.5～1.00cm Mins	46021011	越南 Vietnam	以毛作净 20 公吨 20M/T G. F. N	CIF Ho chi， USD24000.00 （USD12000.00M/T）	散装 IN Bulk

运输工具名称号码	海运/CHANGHAI	贸易方式	一般贸易	货物存放地点	中国北海港
合同号	GXIBVC－1－2008－2－10	目的地	广西南宁市七星路 26 号	提单/运单号	MV/2008/102233
到货日期	2008－5－10	启运国家（地区）	越南	许可证/审批号	GXIBVC－2008－220（1）
索赔有效期至	2008－5－20	启运口岸	胡志明市港	入境地	广西北海港

集装箱规格、数量及号码	COSO123777 2＊2012

合同、信用证订立的检验检疫条款或特殊要求	标记及号码	随附单据（划"✓"或补填）
☑包装性能结果单 ☑许可/审批文件 ☑原产地证 ☑装船通知 ☑质量证书 ☑理货清单 ☑磅码单 □兽医卫生证书	越南官方植物检验检疫证书 原产地证书 N/M	☑合同 ☑植物检验检疫证书 ☑发票 ☑熏蒸证书 ☑装箱单 □动物检疫证书 ☑数量证 ☑保险单
外商投资财产（划"✓"或补填）		*检验检疫费

表6-9（续）

		总金额 （人民币元）	
		计费人	
		收费人	
报检人郑重声明： 　1. 本人被授权报检。 　2. 上列填写内容正确属实，货物无伪造或冒用他人的厂名、标志、认证标志，并承担货物质量责任。 　　　　　签名：＿＿＿＿＿＿		领取证单	
		日期	
		签名	

注：有"＊"号栏由出入境检验检疫机关填写　　　　　◆国家出入境检验检疫局制

〔1-2（2000.1.1）〕

四、使用 SimTrade 实习平台软件实验范例

（一）出口报检

在 SimTrade 中，交易商品是否需要出口检验，可在淘金网的"税率查询"页，输入商品的海关编码进行查询，查到相对应的监管条件后，点击代码符号，各代码的意义均列明于其中。若适用规定为必须取得出境货物通关单者，则应依规定办理出口检验。

申请出口检验操作步骤：

（1）进入"单证中心"，选择合同号，点画面下方的"添加单据"按钮，选择"报检单、商业发票、装箱单"后点"确定"（图6-2）。

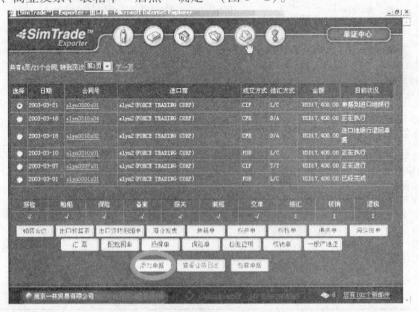

图6-2

（2）分别点击报检单、商业发票、装箱单，填写内容后点下方的"保存"按钮。其中红色的部分必须要填写，不会填写的部分可点击加下划线的项目查看有关解释。

（3）点击"检查单据"按钮（图6-3），查看单据填写是否有误。若检查结果显示有错误，请重复步骤2。

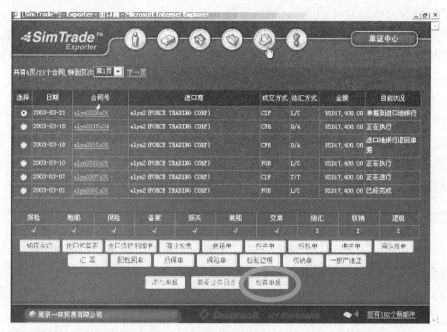

图6-3

（4）进入"业务中心"，点标志"出入境检验检疫局"的建筑物。

（5）点画面下方的"报检"项，选择合同号，点"下一步"，等待报检通过。

（6）进入"单证中心"，查看"报检"项下是否打钩，如果已打钩，表示报检已通过。

（7）报检通过后，检验检疫局签发"通关单"和"检验证明"，到"单证中心"可查到这两张单据，出口商不能对其做修改。其中，通关单在报关时使用，检验证明在交单时使用。

单据填写重点说明：出境货物报检单里的"报检单位登记号"请到公司基本资料中查找；"运输工具名称号码"即船名，请到订舱后给出的"配舱通知"中查找；装箱单中各项重量体积的计算请参考在线帮助中的"了解产品的基本特点"。

（二）进口报检

在SimTrade中，交易商品是否需要进口检验，需在淘金网的"税率查询"页，输入商品的海关编码进行查询，查到相对应的监管条件后，点击代码符号，各代码的意义均列明于其中。若适用规定为必须取得入境货物通关单者，则应依规定办理进口检验。

1. 换提货单

点击"业务中心"里的"船公司",再点"换提货单"。

2. 准备相应单据

(1)添加"入境货物报检单"进行填写;

(2)填写完成后点"检查",确认通过。

单据填写重点说明:单据中的"报检单位登记号"请到公司基本资料中查找;"运输工具名称号码"即船名,请到出口商发来的"Shipping Advice"中查找;提单号请到提货单里查找。

3. 报检

(1)回到"业务中心",点"检验机构",选择"申请报检"业务;

(2)选择单据"销货合同""商业发票""装箱单""提货单""入境货物报检单",点击"报检";

(3)报检完成后,检验机构签发"入境货物通关单",凭此报关。

五、实验技巧

(1)报检单必须使用国家局统一制订并统一印刷的报检单,目前使用的出境货物报检单格式编号为 [1-2 (2000.1.1)]。

(2)出境报检以书面报检单和电子报检信息并存的形式进行,必须确保书面报检单和电子报检信息完全一致。

(3)报检单必须按照所申报的货物内容填写,填写内容必须与随附单据相符,填写必须完整、准确、真实,不得涂改,对无法填写的栏目或无此内容的栏目,统一填写"×××"。

(4)填制完毕的报检单必须加盖报检单位公章或已经向检验检疫机关备案的"报检专用章",报检人应在签名栏手签,注意必须是本人手签,不得代签。

(5)填制完毕的报检单在办理报检手续前必须认真审核,检查是否有错填、漏填的栏目,所填写的内容是否与随附单据一致,防止因填单差错而延误办理报检手续。

(6)原则上一批货物填写一份报检单。"一批货物"是指:同一合同、同一类货物、同一运输工具、运往同一地点。特殊情况除外。同一合同、同一发票、同一提单限填一份申请单,同一合同、不同发票或提单的,应分别填写申请单。

(7)对装船前已经过预检验、监造监制的进口法检商品到达口岸时,仍应按规定进行报验。以货到后商检机构的检验结果为最终结果,并对检验不合格的进口商品签发检验证书,按合同规定对外索赔。

(8)列入《实施安全质量许可制度的进口商品目录》内的进口商品按法定检验商品办理报验,并加附进口质量许可证复件或提供许可证编号。

第二节 进出口商品报关

一、实验任务

通过在实验室采用模拟操作软件，另外辅助与纸质单据，学习了解进出口商品的报关流程。

通过模拟操作练习，能熟悉报关单位、报关员的注册登记流程，了解每个步骤的注意事项，能独立完成其业务，能独立完成大纲规定的各种情形货物报关程序的案例分析，并具有分析问题的能力，能根据已给的其他单证，独立填写进出口报关单。能正确计算各种报关过程的相关费用。通过验证性实验，使同学们更加感性地认识进出口贸易中的检验流程。

二、实验原理

（一）报关的基本程序

进出境阶段是指根据海关对进出境货物的监管制度，进出口货物收发货人或其代理人在一般进出口货物、保税加工货物、保税物流货物、特定减免税货物、暂准进出境货物、其他进出境货物进出境时向海关办理进出口申报、配合查验、缴纳税费、提取或装运货物手续的过程。

在进出境阶段中，进出口货物收发货人或其代理人应当按照步骤完成以下四个环节的工作：

1. 进出口申报

进出口申报是指进出口货物的收发货人或其代理人在海关规定的期限内，按照海关规定的形式，向海关报告进出口货物的情况，提请海关按其申报的内容放行进出口货物的工作环节。

2. 配合查验

配合查验是指申报进出口的货物经海关决定查验时，进出口货物的收发货人，或者办理进出口申报具体手续的报关员到达查验现场，配合海关查验货物，按照海关要求搬移货物，开拆包装以及重新封装货物的工作环节。

3. 缴纳税费

缴纳税费是指进出口货物的收发货人或其代理人接到海关发出的税费缴纳通知书后，向海关指定的银行办理税费款项的缴纳手续，通过银行将有关税费款项缴入海关专门账户的工作环节。

4. 提取或装运货物

提取货物是指提取进口货物，装运货物是指装运出口货物。

提取货物是指进口货物的收货人或其代理人，在办理了进口申报、配合查验、缴纳税费等手续，海关决定放行后，凭海关加盖放行章的进口提货凭证或海关通过计算机发送的放行通知书，提取进口货物的工作环节。

装运货物是指出口货物的发货人或其代理人，在办理了出口申报、配合查验、缴纳税费等手续，海关决定放行后，凭海关加盖放行章的出口装货凭证或凭海关通过计算机发送的放行通知书，通知港区、机场、车站及其他有关单位装运出口货物的工作环节。

（二）各部门区域功能介绍

进出口货物进行报关时需涉及报关行、海关和商务机关各部门的协调配合，以下为各部门区域功能职责描述。

表 6 - 10   各部门区域功能职责表

报关行	委托报关	业务员在此委托报关
	接受报关委托	报关员在此接受业务员的报关委托
	内勤制单	学生在此进行报关单填制实训
	外勤操作	学生在此进行流程实训
	综合实训	学生在此进行综合实训
口岸直属海关	申报	报关员在此进行退运、预归类、暂准进出境等申报
	征免税备案	业务员在此进行征免税备案
	各类申报和备案审核	关员审核各类申报和备案
口岸隶属海关	填制报关单	报关员在此进行填制报关单
	审核报关单	关员审核报关单
商务机关	领取许可证	报关员领取许可证
	发放许可证	商务主管发放许可证

（三）报关单的填制

进出口货物报关单是报关单位按照《中华人民共和国海关进出口货物报关单填制规范》的要求，对所申报货物的实际状况做出书面声明，凭此要求海关对其申报货物办理通关手续的法律文书。

进出口货物报关单是报关单位向海关申报时必须递交的单据。报关单位必须按照《海关法》《货物申报管理规定》《报关单填制规范》的规定和要求，按照"单单相符、单证相符"的原则，依法如实填写并对填报内容承担相应的法律责任。

进出口货物报关单可以按照进出口状态、表现形式、海关监管方式、用途等分为：进口货物报关单、出口货物报关单；纸质报关单、电子数据报关单；进料加工进（出）口货物报关单、来料加工及补偿贸易进（出）口货物报关单、一般贸易及其他贸易进（出）口货物报关单；报关单录入凭单、预录入报关单、报关单证明联等。

纸质出口报关单一式六联：海关作业联、海关留存联、企业留存联、海关核销联、出口收汇证明联、出口退税证明联（对不属于退税范围的货物，海关部签发此联）；纸质进口报关单一式五联：海关作业联、海关留存联、企业留存联、海关核销联、进口付汇证明联。

海关作业联和留存联是报关单位接受海关查验、缴纳税费、提取或装运货物的单据，同时也是海关查验货物、征收税费、编制海关统计及办理其他海关事务的凭证。

收、付汇证明联是银行和国家外汇管理部门对企业使用外汇进行管理的重要依据。加工贸易核销联是加工贸易企业向主管海关办理加工贸易合同核销的重要凭证之一。

出口退税证明联是出口企业向国家税务部门办理出口退税的重要凭证。

纸质报关单共有 47 个栏目，其中"税费征收情况""海关审单、批注及放行日期签字"栏目由海关负责外，其他均由报关单位填写。

一份报关单中只能填报一个批文号或合同号、一种贸易方式、一种征免性质、一个备案号、一个提运单号、一种运输方式等，否则将填制另外一份报关单。

出口货物报关单的填制，有特别的要求，它必须要符合海关的规定，并全部用中文填制而成，其中预录入编号、海关编号由出口地海关编制，其余各项的填制要求如下：

（1）出口口岸：填货物出境时我国港口和国境口岸的名称。

（2）备案号：一般贸易项下，本栏不填，加工贸易项下填《登记手册》编号。

（3）出口日期、申报日期：用 6 位阿拉伯数字表示，出口日期应比申报日晚。

（4）经营单位：指对外签订并执行合同的中国境内企业或单位及其 10 位数编码。

（5）运输方式：分江海、铁路、汽车、航空、邮政、其他（包括人扛、畜驮、管道、输电网）等。

（6）运输工具名称：江海运输——船名/航次；汽车、铁路——车牌号（车次）/进出境日期（8 位阿拉伯数字）；航空——航班号、8 位进出境日期/总运单号；邮政——包裹单号/8 位进出境日期；其他——填具体的运输方式名称。

（7）提运单号（只能有一个）：江海、铁路运输，填提、运单号，航空运输填分运单号，无分运单的填总运单号，其他运输方式下不填。

（8）发货单位：是指出口货物在境内的生产或销售单位，可以与经营单位不同。

（9）贸易方式：一般贸易、来料加工（B）、进料对口或非对口（C），不作价、加工贸易设备（D）、合资、合作、外资设备（Z），补偿贸易、无偿援助、捐赠物资。

（10）征免性质：指海关对进出口货物实施征、减、免税管理的性质类别。根据海关核发的《征免税证明》中批注的征免性质填报。

（11）结汇方式：M/T、T/T、D/D、D/P、D/A、L/C 等。

（12）许可证号：只有在申领进出口许可证的货物才填报。

（13）运抵国：出口货物直接运抵的国家。在发生中转运输的情况下，若中转地发生了商业性交易，则为中转地，若未发生商业交易，则以运抵地为准，无实际进出境的，填中国。

（14）指运港：运往境外的最终目的港。

（15）境内货源地：出口货物在国内的产地或原始发货地，要填报具体的最小行政区域即区（县）。

（16）批准文号：指出口收汇核销单编号。

（17）成交方式：即具体的贸易术语。

（18）运费、保费、杂费：货币代码/费用数字/费用代号。其中1表示费率，2表示单价，3表示总价；常见货币代码——美元（502），港币（110），欧元（300）。例：24美元运费单价：502/24/2。

（19）合同协议号：进出口合同号码。

（20）件数：有外包装的货物的实际件数，只能是数字。

（21）包装种类：货物的实际外包装种类，如木箱（WOODEN CASE）、纸箱（CTN）、铁桶（IRON DRUM）、裸装（IN NUDE）、散装（IN BULK）等。

（22）毛、净重（公斤）：不足1公斤，填1。

（23）集装箱号：集装箱号码＊集装箱个数（折合为20英尺的标准箱个数）。本栏只填一个集装箱号，其余号码写在备注栏。一般20英尺的集装箱称为一个标准箱，一个40英尺的箱子可折合为2个标准箱。

（24）随附单据：指随报关单一起向海关递交的单据，但本栏只填海关监管的证件或批文的代码，不能填合同、发票、箱单、许可证等必备单证。

（25）生产厂家：即货物的境内生产企业。

（26）标记唛码及备注：

首行填写：①唛头；②受三资企业委托为其进口物品的外贸企业名称，如：委托××公司进口；③加工贸易结转货物及凭《征免税证明》转内销货物，其对应备案号应填报在本栏目。

次行填写：①24栏的随附单据编号，如5：GF1002；②23栏其余的集装箱号码。

（27）项号：分两行，第一行，商品的顺序号，如01、02等；第二行，该项货物在海关《登记手册》中的项号。

（28）商品编码：即商品的8位HS编码；

（29）商品名规格型号：分两行，第一行，品名的中文名称，第二行，规格型号，过长可换行；

（30）数量及单位：分三行，海关法定第一、第二计量单位及合同成交单位分别在第一、二、三行填写，若无，则该行空白；

（31）最终目的国：已知的出口货物最后交付的国家，也即最终实际消费、使用或做进一步加工制造的国家；

（32）征免：分照章（一般贸易）、全免（备案号首位为B、C、D、Z的）、特案、随征免性质、折半。

（三）商品编码归类

对某一种商品进行归类时，必须按照归类总规则的规定，将其"变"成为与税则品目、子目条文相适应的"语言"，我们将这种语言称为"商品归类语言"。根据《协调制度》中所包含的《归类总规则》的规定，各类的注释及各章的章注释内容和部分章中的子目注释内容，以及其特定意义，本节将提供一种新的归类方法，供大家参考。

这种归类方式，为"简易归类方法"。为便于大家记忆，现将该方式总结为以下口诀：

有列名归列名；没有列名归用途；没有用途归成分；没有成分归类别；不同成分比多少；相同成分要从后。

1. 列名优先原则

有列名归列名。"有列名"是指《海关进出口税则》（简称《税则》）中税（品）目条文或者子目条文中列名具体或比较具体的商品名称，即商品表现出的特征与商品归类的语言基本吻合。首先要根据所归类商品的特征，如：商品的主要成分、加工方式、规格、用途、等级、包装方式、功能作用等进行综合分析，再根据分析结果找出其相适合的品目，最后以"列名优先"的原则进行归类。

2. 没有列名归用途

所谓没有列名，是指所需归类商品的语言不能与《税则》中品目、子目条文所列名的内容相吻合。在这种情况下，我们应将归类方法顺序转为第二种方——按用途归类的方法，即按照该商品的主要用途进行归类。该归类方法应从对商品的用途分析入手，使之产生《税则》所认可的语言。这种方法特别适用所归类商品已构成商品的基本特征的各类商品，如动植物类、机器、电气、仪器仪表类。

3. 没有用途归成分

成分一般是指化合物或组合物中所含有物质（元素或化合物）的种类。"没有用途归成分"的归类方法，是指当某种商品的归类语言无法与《税则》相吻合，既没有具体列名，并且用途特征也不明显时，应顺序按其主要"成分"归类。也就是要按照《归类总规则》二（二）、三（二）所示规则进行归类，并且应当按照"列名""用途""成分"归类方法的先后次序归类。

商品归类比较复杂，但是纵观《协调制度》，还是有章可循的。第一章至第八十三章（第六十四章至第六十六章除外）基本上是按商品的自然属性来分章，而每章的前后顺序是按照动物、植物、矿物质和先天然后人造的顺序排列的，如第一章至第五章是活动物和动物产品；第六章至第十四章是活植物和植物产品；第二十五章至第二十七章是矿产品。又如第十一类包括了动、植物和化学纤维的纺织原料及其产品，其中，第五十章和五十一章是蚕丝、羊毛及其他动物毛；第五十二章和第五十三章是棉花、其他植物纺织纤维、纸纱线；第五十四章和第五十五章为化学纤维。第六十四章至第六十六章和第八十四章至第九十七章是按货物的用途或功能来分章的，其中，第六十四章是鞋、第六十五章是帽，第八十四章是机械设备、第八十五章是电气设备、第八十七章是车辆、第八十九章是船舶等。

（四）进出口报关过程相关费用的计算

1. 滞报金

进境货物滞报金的起收日期为运输工具申报进境之日起的15日；邮运进境货物的滞报金起收日期为收件人接到邮局通知之日起的第15日。

转关运输进境货物滞报金起收日期有两个：

运输工具申报进境之日起第15日；

货物运抵指运地之日起第 15 日。两个条件只要达到一个，即征收滞报金（前一个由进境地海关征收，后一个由指运地海关征收）。如果两个条件均达到，则要连续计算滞报日期予以征收滞报金。

滞报金的起征日期海运、空运、陆运进口货物自运输工具申报进境之日起第 15 日开始；邮运进口货物自收件人收到邮局通知之日起第 15 日开始；转关运输货物自运输工具申报进境之日起第 15 日开始以及货物运抵指运地之日起第 15 日开始。如第 15 日为星期六、日或法定节假日，则顺延计算。

计算滞报金按日征收，收货人或其代理人向海关申报之日亦计算在内。滞报金的日征收额为进口货物到岸价格的 0.05%，滞报金的起征点为 10 元。滞报金以元计收，不足人民币 1 元的部分免收。

2. 滞纳金

滞纳金额 = 欠缴税款（或欠的手续费） × 1‰ × 滞纳天数欠缴的税费

（五）一般进口货物完税价格的审定

完税价格是指货物抵达中华人民共和国境内输入地点起卸前的运保费，因此成交价格包括成交价格和运保费两部分组成。

成交价格包括实付、应付两类。

FOB 离岸价是除关税以外的货物价格，应当包括卖方送至出境地的运保费。

CIF 是到岸价，应该包括卖方送至入境地之前的运保费。

1. 进口货物成交价格法

（1）计入项目：除购货佣金以外的佣金和经纪费；出口货物作为一个整体的容器费；装费，包括材料费和劳务费；协助的价值；特许使用费，包括商标—专利—专有技术—版权。特许使用费应当计入货物完税价格必须符合以下几方面的要求：必须与进口货物有关；作为进口货物销售的一项条件；尚未包括在实付或应付价格当中。

（2）扣减的项目（发生在货物进口以后的费用、有些可以扣除的）如：进口货物的基建、安装、维修、技术服务的费用；运抵境内输入地点之后的运保费；进口关税和国内税。

2. 类似货物成交价格法

是指不能够采取成交价格法，按照顺序考虑采用相同或类似进口货物的成交价格法、类似货物是指与进口货物在同一国家或地区生产的，虽然不是在所有方面都相同，但是却具有相似的特征，相似的组成材料相同的功能，并且在商业中可以互换的货物。

3. 倒扣价格法倒扣价格法必须扣除的一些项目

（1）买方销售佣金和销售利润

（2）运抵境内输入地点之后的运保费。

（3）进口关税以及在境内销售有关的国内税。

（4）加工增值税。

4. 计算价格法计算法

（1）生产该货物所须的原材料价值和进行加工装配或其他加工的费用。

（2）与我国境内出口向销售同级产品相符的利润和一般费用。向境内销售同等级或者同种类货物通常的利润和一般费用。

（3）货物在运抵输入地点之前的运保费。

三、纸面单据实验范例

（一）报关单填制实验

实验一　根据以下所列资料填制出口货物报关单一份。

深圳市电子进出口有限公司与 SUNLIT TRADE GMBH PEUTESTRASSE 6A - 75589, HAMBURG, GERMANY 所签第 SSAB01 - 0032 合同项下商品情况如下：

| CAR SPEAKER | PY - 1009A | 6720 PAIRS | 560CTNS | USD3. 30/PAIR |
| | PY - 6960A | 1705 PAIRS | 341CTNS | USD17. 10/PAIR |

TOTAL　USD51331.50

2004 年 11 月 28 日，深圳市电子进出口有限公司收到了一份 STATE BANK OF GERMANY, HAMBURG, GERMANY 于 2004 年 11 月 26 日开来的信用证，购买汽车喇叭，信用证号码为 GSN118488LY，金额为 USD51331.50，CIF BREMEN 条件，该公司立即与深圳市翔达电声器材厂联系，并签了合同 EL2001 - 321，商品的有关情况如下：

| 汽车喇叭 | PY - 1009A | 6720 对 | RMB25.00/对 | RMB168 000.00 |
| | PY - 6960A | 1705 对 | RMB136.00/对 | RMB231 880.00 |

TOTAL　　RMB 399 880.00

货备好后，深圳市电子进出口有限公司于 2004 年 12 月 9 日向深圳蛇口海关申报出口，将货装上了船名为"深圳海"，航次 661 的海轮运送出海，B/L NO.：SSAB01 - 001，NW：5.065MT，GW：5.966MT，唛头 N/M，2 × 20'FCL：SZWY7891012/7891013，核销单编号：448899662，海关计量单位：对/个，运费为 USD3000.00，保费率为 0.69%。商品编码为 8518.2100。

【单据填制】

表 6 - 11　　　　　　　　中华人民共和国海关出口货物报关单

预录入编号　　　　　　　　　　　　　　　　　　　　　　　　海关编号

出口口岸 深圳蛇口海关	备案号		出口日期 04. 12. 09	申报日期 04. 12. 09
经营单位 深圳市电子进出口有限公司	运输方式 江海	运输工具名称 深圳海/661	提运单号 SSAB01 - 001	

表6-11（续）

发货单位 深圳市电子进出口有限公司	贸易方式 一般贸易		征免性质 一般征免		结汇方式 L/C	
许可证号	运抵（国地区） 德国		指运港 不来梅		境内货源地 深圳	
批准文号 448899662	成交方式 CIF	运费 502/3000/3		保费 0.69/1	杂费	
合同协议号 SSAB01－0032	件数 901	包装种类 纸箱		毛重（公斤） 5966	净重（公斤） 5065	
集装箱号 SZWY7891012＊2（2）	随附单据				生产厂家 深圳市翔达电声器材厂	

标记唛码及备注 　　N/M

项号	商品编号	商品名称 规格型号	数量及单位	最终目的 地国/地区	单价	总价	币制	征免
01	85182100	汽车喇叭 PY－1009A	6720 对	德国	3.30 每对	22176.00	美元	照章
		PY－6960A	1705 对	德国	17.10 每对	29155.50	美元	照章

税费征收情况

录入员　　　录入单位	兹声明以上申报 无讹并承担法律责任	海关单批注及放行日期 （签章） 审单审价
报关员		
申报单位（签章） 单位地址 邮编　　　　电话　　　　填制日期		征税　　　统计
		查验放行

实验二：根据以下所列资料填制出口货物报关单一份。

下列是昆山华成织染有限公司对外出口的有关资料，请据此填制出口货物报关单一份。

（1）SOME MESSAGE FROM S/O AND PACKING LIST：

ALL THE GOODS ARE PACKAGED IN 2 × 20' CONTAINERS, AND CONTAINER NO.：HSTU157504, TSTU156417, B/L NO.：SHANK00710, VESSEL NAME：DANUB-HUM/S009. GW：14077.00KGS, NW：12584.00KGS, MEAS：35CBM, NO.S AND PACKAGES：3298 ROLLS.

SHIPPMENT NOT LATE THAN APRIL 15，2004

（2）该批出口货物为进料加工贸易，加工手册编号：D2357402136，外汇核销单号：29/1955238，商品编码为5407.1010，船公司核定的运费率为5%，保险公司收取保费100美元，并由上海亚东国际货运有限公司于2004年3月25日向上海宝山海关申报出口。

（3）昆山公司的发票如下：

昆山华成织染有限公司（企业编号：3223940019）

KUNSHAN HUACHENG WEAVING AND DYEING CO.，LTD.

8 HUACHEN RD.，LUJIA ZHEN，JIANGSU，CHINA

INVOICE	NO.：KHW - 218
	DATE：04.03.20

TO：YOU DA TRADE CO.，LTD.，
　　101 QUEENS ROAD CENTRAL, HONGKONG
TEL：852 - 28566666

FROM　SHANGHAI　TO　HONGKONG

MARKS	DESCRIPTION	QUANTITY	UNIT PRICE	AMOUNT
				CIF HONGKONG

| YOU DA HONGKONG | 100% NYLON FABRICS R/NO.：1 - 3298 | 100，000YARDS | USD0.3368/YD | USD33，680.00 |

AS PER CONTRACT NO. 99WS061

【单据填制】

表 6 – 12　　　　　　　　　　　　出口货物报关单填制范例二

中华人民共和国海关出口货物报关单

预录入编号　　　　　　　　　　　　　　　　　　　　　　海关编号

出口口岸 上海宝山海关	备案号 D2357402136		出口日期		申报日期 04. 03. 25
经营单位 昆山华成织染有限公司 3223940019	运输方式 江海	运输工具名称 DANUBHUM/S009		提运单号 SHANK00710	
发货单位 昆山华成织染有限公司	贸易方式 进料加工	征免性质 进料加工		结汇方式	
许可证号	运抵（国/地区） 香港	指运港 香港		境内货源地 江苏昆山	
批准文号 29/1955238	成交方式 CIF	运费 5/1	保费 502/100/3		杂费
合同协议号 99WS061	件数 3298	包装种类 卷	毛重（公斤） 14077. 00		净重（公斤） 12584. 00
集装箱号 HSTU157504 * 2（2）	随附单据				生产厂家

标记唛码及备注
YOU DA
HONGKONG
FABRICS
R/NO.：1 – 3298
TSTU156417

项号	商品编号	商品名称 规格型号	数量及单位	最终目的 地国/地区	单价	总价	币制	征免
01	54071010	100% 尼龙布	100,000 码	香港	0.3368/码	33,680.00	美元	

税费征收情况

	海关单批注及放行日期 （签章） 审单审价
录入员　　录入单位　　　　　兹声明以上申报 　　　　　　　　　　　无讹并承担法律责任	
报关员	征税　　　统计
申报单位（签章） 单位地址 邮编　　　电话　　　　填制日期	查验放行

实验三：根据下列资料，填制出口货物报关单一份。

（1）THE SELLER：DALIAN HAITIAN GARMENT CO.，LTD. 中韩合资大连海天服装有限公司（2115930064）

（2）THE BUYER：WAN DO APPAREL CO. LTD, 550－17，YANGCHUN－GU, SE-OUL, KOREA

（3）PORT OF LOADING：DALIAN CHINA, FINAL DESTINATION：INCHON KORE-A, CARRIER：DAIN/431E

（4）TERMS OF PAYMENT：DOCUMENTS AGAINST ACCEPTANCE

（5）

NO. S OF PACKAGES	DESCRIPTION	QTY/UNIT	UNIT PRICE	AMOUNT	FOB DALIAN CHINA
260CTNS	LADY'S JUMPER	1,300PCS	@ $ 11.00	USD14,300.00	
	MAN'S JUMPER	1,300PCS	@ $ 11.00	USD14,300.00	

TOTAL：USD28,600.00

（6）B/L NO.：DAINE 431227, INVOICE NO.：HT01A08

（7）NW：2600KGS, GW：3380KGS, 1×40' CONTAINER NO.：EASU9608490.

（8）该公司在来料加工合同 9911113 项下出口男、女羽绒短上衣，分列手册（编号 B09009301018）第 2、3 项，外汇核销单编号：215157263，计量单位：件/千克。

（9）大连亚东国际货运有限公司于 2004 年 3 月 25 日向大连海关申报出口，提单日期为 2004 年 3 月 26 日。

（10）该男、女羽绒短上衣的商品编码分别为 6201.9310、6202.1310。

【单据填制】

表6-13　　　　　　　　　　　出口货物报关单填制范例三

中华人民共和国海关出口货物报关单

预录入编号　　　　　　　　　　　　　　　　　　　　　　　　　海关编号

出口口岸 大连海关	备案号 B09009301018		出口日期 04.03.26		申报日期 04.03.25
经营单位 115930064 中韩合资大连海天服装 有限公司	运输方式 江海	运输工具名称 DAIN/431E		提运单号 DAINE 431227	
发货单位中韩合资大连 海天服装有限公司	贸易方式 来料加工	征免性质 来料加工		结汇方式 D/A	
许可证号	运抵（国地区） 韩国	指运港 仁川		境内货源地 大连	
批准文号 215157263	成交方式 FOB	运费	保费	杂费	
合同协议号 9911113	件数 260	包装种类 纸箱	毛重（公斤） 3380	净重（公斤） 2600	
集装箱号 EASU9608490＊1（2）	随附单据			生产厂家 大连海天	
标记唛码及备注 卖方自编					

项号	商品编号	商品名称 规格型号	数量及单位	最终目的 地国/地区	单价	总价	币制	征免
01	62019310	男羽绒短上衣	1300 件	韩国	11.00/件	14300.00	美元	
2			1300 千克					
02	62021310	女羽绒短上衣	1300 件	韩国	11.00/件	14300.00	美元	
2			1300 千克					

税费征收情况		
录入员　　　录入单位 报关员 申报单位（签章） 单位地址 邮编　　　电话	兹声明以上申报 无讹并承担法律责任 大连亚东国际货运有限公司 填制日期 04.03.25	海关单批注及放行日期 （签章） 审单审价 征税　　　统计 查验放行

（二）商品编码归类实训

商品编码归类训练，分为五部分进行：

第一部分：有列名归列名

1. 车辆后视镜：70091000（玻璃制品）有列名 不归 汽车零配件（87 章）

2. 车辆风挡刮水器 85124000（电气类）有列名 不归 汽车零配件（87 章）

3. 钢铁制车辆专用螺旋弹簧 73202090（钢铁制品）有列名 不归 汽车零配件（87 章）

4. 火花塞 85111000（电气类）有列名 不归 汽车零配件（87 章）

5. 未装配的汽车刹车片 68139000 不归 汽车零配件（87 章）

6. 塑料制象棋 95049030 有列名 不归 成分（39 章）

7. 冷冻浓缩橙浆 20091100 不归 2202（饮料）

8. 聚碳酸酯板 39206100

9. 宽度大于等于 600 毫米的镀铝锌钢板 72106100

10. 火灾自动报警器 85311090

11. 220V 电缆（有接头）85445110 不归 85445900

12. 电力电容 85321000

13. 药用胶囊 96020010

14. 激光测距仪 90151000

15. 圣诞树用成套灯具 94053000 不归 95051000 圣诞节用品

16. 表面镀钛家用地球仪 49051000

17. 电工用绝缘胶带 59061010 不归（40 章）橡胶

18. 硝酸纤维（火棉）39122000

19. 蚊香 38081011

20. 动物血型试剂 30062000

21. 祛风壮骨酒 30049051

22. 天然牛黄 05100010

23. 火漆封戳 96110000

第二部分：归用途

24. 自行车打气筒 84142000（手动或脚踏式气泵）

25. 外科专用手锯 90189090 不归 82022000

26. 贺卡用电子音乐组件 85439090 独立功能 不归（95 章）

27. 牲畜用真空吸尘器 84368000 饲养机器 不归 85091000 家用真空吸尘器

28. 涤纶面料印制的挂历 49100000 HS 不归（63 章）

29. 一次性纸制偏光镜 90049090

30. 眼科用验光镜 90185000 不归 9004

31. 未装配钻石制唱针 85229010 不归 7102

32. 家用照相机遮光罩 90069900

33. 玻璃制念珠 70189000 HS 不归 7117（仿首饰）

34. 玻璃制可闭合的玩偶假眼 95029900 不归 7018（不可闭合的）

35. 玻璃制假人眼 90213900 不归 7018

36. 冷冻橙渣 20089990

37. 塑料制 220KV 断路器外壳 85389000 不归 39269010

38. 液晶电梯楼层显示板 85312000 不归电梯零件

39. 百音盒动力装置 84128000 不归（92 章）

40. 儿童玩具计算器 95036000 不归 8470

41. 墨斗（鱼）90172000

42. 人工肾一次性过滤器 84212990（液体过滤装置其他）不归 90189040

43. 流动献血车 87059090 不归 87059040（医疗车）

44. 高压输电用陶瓷制绝缘子 85462090 不归 69 章

45. 深水摄像机 85253010

46. 汽车内胎气门 84813000（单向阀）

47. 自动擦皮鞋机 84798900（独立功能）

48. 手机充电器 85044019

49. 铝制家用饼干桶 76151900 不归 7612

50. 纸制钟面（刻度盘）91143000 不归（48 章）

51. 面粉、糖、灭鼠药混合的灭鼠毒饵 38089010

52. 固体酒精 36069090 不归 甲醇 乙醇

53. 神香 33074100

54. 口腔香水（零售）33069000

55. 汽车齿轮油 27101992

56. 冰箱用活性炭除臭剂 33079000

57. 脱毛剂 33079000

58. 隐形眼镜药水 33079000

59. 含涤 50%、棉 50% 面料制的宠物狗用帽 42010000 不归（95 章）

60. 钢盔 65069990

61. 袋泡茶袋 65039000 HS

62. 化纤制体育用爬梯 95069190

63. 化纤制船用舷梯 56090000

64. 钢铁制雨伞用弹簧 66039000（与汽车弹簧相反）

65. 由一把梳子、剪子、镊子、指甲钳、指甲锉、镜子、剃须刀剃须膏组成的成套出售的个人梳妆用品 96050000（个人梳妆成套旅行用具）

第三部分：归成分

66. 橡胶制医疗用导管 40149000 不归 90183900 章注二（五）

67. 纯度小于 95% 的二甲苯（粗二甲苯）27073000 精归（29 章）

68. 纸基塑料壁纸 48143000 不归 3918

69. 玻璃制公路隔离线反光块 70140090 不归 9405（有光源）

70. 金属陶瓷制轴承 81130000

71. 含碳 0.6% 锰 1.5% 硅 2.0% 的合金钢条 72282000

72. 泡沫塑料制服装垫肩 39262000 不归 6217（服装附件）

73. 含毛 50%、涤 50% 的男式西服上衣 62033300（从后归类）

74. 按重量计算含 40% 的合成纤维、35% 的精梳羊毛、25% 的精梳动物毛的机织物 51123000 不归 5515（化纤织物）

75. 一次性纸制工作服 48185000 不归 一般服装

76. 60% 的苯乙烯、30% 的丙烯腈和 10% 的甲苯乙烯的单体组成的共聚物 39039000 不归 39032000（因为苯乙烯、丙烯腈仅占 90%）

77. 塑钢门窗 39252000

78. 含 50% 鸡粪、40% 草木灰、10% 尿素的 5KG 袋装混合肥料 31059000 不归 31021000

79. 按重量比例含 50% 烤火鸡腿、30% 面包、15% 蔬菜、5% 鱼子酱的套餐 16023100（依火鸡归）

80. 纸制肠衣 48239090

81. 铅封钳子 82032000

82. 自行车链条 73151110

第四部分：归类别

83. 科研用蝴蝶标本 97050000 不归动物

84. 清代镶玛瑙石地球仪 97060000

85. 清代红木冰箱 97060000

86. 手动轮椅 87131000

87. 铝制镀钛人造水晶丝巾扣 71171900（仿首饰）

88. 陶瓷制项链 71171900

89. 边长 28 厘米 ×58 厘米的棉制蜡染方巾 6213、2090（手帕类）

90. 石膏雕塑品 97030000 不归 6809 石膏制品

91. 含毛 50%、涤 50% 的玩具娃娃服装 95029100

92. 香水纸 33074900 不归 4810

93. 碳 13（碳的同位素）28459000

94. 开采后仅用锯加工呈方形的大理石板 25151200

95. 林区运输木材的手拉雪橇 87168000（非机动车）不归 9506

96. 丁香树叶 12119099 HS 不归 0907

97. 丝瓜络 14049000 HS

98. 含 80% 棉、20% 氨纶面料制的婴儿轻便摇篮 63079000 依成品归 HS

99. 尼龙雨伞套 63079000 HS

100. 涤纶丝手编"中华结" 63049131

101. 棉制军用帆布桶 63069100 HS（依野营用品归类）

102. 破碎陶瓷 25309090 不归 69 章，有注释
103. 表面涂有微型玻璃珠的电影幕布 59070090 不归 70 章

第五部分：归其他

104. 已脱粒玉米芯 23080000
105. 甜菜叶 23080000
106. 配制鸟食 23099090
107. 尼古丁 29399910
108. 可可碱 29399990
109. 冰淇淋粉 19019000
110. 茯苓饼（不归姜饼）19059000
111. 液氮 28043000
112. 供零售包装的改正液 38249020
113. 供零售包装的改正液稀释剂 38140000
114. 腌制蔬菜罐头用盐（亚硝化盐）38249090
115. 按重量计含 70% 以上的沥青提取物的传送带防滑剂 38249090
116. 君子兰栽培土 38249090
117. 底宽小于 40 厘米的家用真空吸尘器用纸袋 48194000
118. 野营厨房车 87059090
119. 芦苇编制的草鞋 64059000
120. 玉米芯叶编制的手提包 46021040
121. 一次性塑料鞋套 39269090（不归鞋 归材料）
122. 哈哈镜 95059000
123. 夹有玻璃纤维的隔温玻璃 70080000
124. 实验室用玻璃滴定管 70200090
125. 支票填写机 84729090
126. 电话通话计时器 91069000
127. 涤纶制中国灯笼 95059000
128. 带有铃铛的贱金属制狗颈圈 42011000（不归 83061000）
129. 心型漆器盒 44209090
130. 木制船桨 44219090
131. 木制牙签 44219090
132. 木制斗 44219090
133. 已切制火柴梗 44219090
134. 未切制火柴梗（杨木）44042000
135. 纸基铝箔 76072000
136. 纸制阳伞 66019900（不归 4823）
137. 针织发带 61178000（不归 6307）
138. 棉制婴儿手套 61112000

139. 化纤制击剑服 61143000

140. 船用信号旗 63079000

141. 幻灯片观片器 90138090

142. 玩具眼镜 95039000（不归 9004）

143. 脚踏船 89039900

144. 浮石 68043090（25 章）

145. 水磨石 68101900

146. 化妆用油彩 33049900（3212）

147. 染发剂 33059000

148. 剃须皂 34011100

149. 剃须膏 33071000

150. 狗用洗毛剂 33079000

151. 橡皮泥 34070090

152. 胃蛋白酶 35079090

153. 抗冰雹火箭 36049000

154. 血碳黑 38029000

155. 室内除臭消毒剂（零售）33079000

156. 脱叶剂（零售）38083019

157. 安装在洗手间内的塑料制卫生纸架 39259000（3924）

158. 铜制标志牌 83100000

159. 铺路用鹅卵石 25171000

160. 鞋用白粉片 32100000

161. 汽车点烟器 96138000

162. 牛角鞋拔 96019000

163. 立体地球仪 90230000

164. 一次性成型瓷制人造花 69131000

165. 咖啡伴侣 21069090

166. 陶瓷纤维 68061000

（三）滞报金、滞纳金的计算训练

（1）某公司进口电信设备零件一批，成交价格为："CIF 上海 55 000 美元"，装载货物的船舶于 2004 年 7 月 2 日（星期五）申报入境，7 月 19 日该公司向海关申报货物进口。请问这种情况下，海关应征收多少滞报金？（根据中国人民银行公布基准汇率：1 美元 = 8.27 人民币）。

解：

第一步，先确定滞报天数：3 天（根据申报期限是运输工具申报进境之日起 14 日内，所以该公司最后报关期限是 2004 年 7 月 16 日（星期五），而实际申报时间为 7 月 19 日，所以滞报天数为 3 天。）

第二步：再确定进口货物完税价格，并折算为人民币：

进口完税价格 = 55 000 美元 × 8.27 人民币元/美元 = 454 850 元

第三步：最后计算滞报金：

应征滞报金金额 = 进口货物完税价格（CIF 价格）×0.05% ×滞报天数

= 454 850 × 0.05% × 3 = 682.28（元）

（2）某公司进口货物应交纳关税人民币 8709.63 元，增值税人民币 16287.00 元，海关于 2004 年 9 月 2 日 9（星期四）填发"税款缴纳通知书"。该公司在 2004 年 10 月 11 日（星期一）缴纳税款。计算海关应征的滞纳金。

解答：确定欠缴的税款总额 = 关税 + 增值税

= 8709.63 + 16 287.00

= 24 996.63（元）

确定滞纳天数 = 24 天（海关填发"税款缴纳通知书"之日为 9 月 2 日（星期四），缴纳人应单最迟于 9 月 17 日（星期五）缴纳税款，9 月 18 日之后为滞纳天数，至 10 月 11 日共滞纳 24 天。）

计算滞纳金金额 = 滞纳税款 × 滞纳天数 × 0.05%

= 24 996.63 × 24 天 × 0.05%

= 299.96（元）

（四）相关税费的计算

（1）某贸易公司从日本进口了 1000 箱啤酒，规格为 24 支 × 330 毫升/箱，申报价格为 FOB 神户 USD10/箱，发票列明：运费为 USD5000，保险费率为 0.3%，经海关审查属实。该啤酒的最惠国税率为 3.5 元/升，消费税税额为 220 元/吨（1 吨 = 988 升），增值税税率为 17%，外汇牌价为 100 美元 = 827 元人民币。求该批啤酒的应纳关税．消费税和增值税额。

解：

关税税额 = 货物数量 × 单位税额

= ［（1000 × 24 × 330）/1000)］ × 3.5 = 27720 元

应征消费税税额 = 进口货物数量 × 消费税从量税率

= ［（（1000 × 24 × 330）/1000)）/988］ × 220 = 1763.56 元

完税价格 = FOB + F/1 − 保险费率

=（10 000 + 5000）× 8.27/（1 − 0.3%）= 124 423.27 元

增值税组成计税价格 = 完税价格 + 关税税额 + 消费税税额

= 124 423.27 + 27 720 + 1763.56

= 153 906.83 元

增值税税额 = 增值税组成计税价格 × 增值税税率

= 153 906.83 × 17% = 26 164.16 元

（2）某公司从德国进口奔驰豪华小轿车 1 辆（排气量超过 3000 毫升），其成交价为每辆 CIF 天津新港 25000 美元，①求应征关税税款是多少？②海关应征消费税是多少？③应纳增值税税额是多少？（已知海关填发税款缴款书之日的外汇牌价：买入价 100 美元＝868.82 人民币，卖出价 100 美元＝873.18 人民币；根据德国与我国的优惠关税协议，适用的优惠税率为 120%；消费税税率为 8%；增值税率为 17%）。

解：

①应征关税＝完税价格×120%

$\qquad\qquad$＝25 000/100 ×873.18 ×120%

$\qquad\qquad$＝218 295 ×120%

$\qquad\qquad$＝261 954

组成计税价格＝（关税完税价格＋关税）/（1－消费税税率）

$\qquad\qquad$＝（218 295 ＋218 295 ×120%）/（1－8%）

$\qquad\qquad$＝（218 295 ＋ 261 954）/0.92

$\qquad\qquad$＝480 249/0.92

$\qquad\qquad$＝522 009.78

②应征消费税＝组成计税价格×8%

$\qquad\qquad$＝522009.78 ×8%

$\qquad\qquad$＝41760.78

③应纳增值税税额＝组成计税价格×17%

$\qquad\qquad$＝522009.78 ×17%

$\qquad\qquad$＝8875.66

四、使用 SimTrade 实习平台软件、东洋报关软件实验范例

（一）出口报关

出口商在报关前，必须先到外汇管理局进行核销单使用的报关前备案。一张核销单只能对应用于一张出口报关单。未进行报关前备案的核销单不能用于出口报关。

1. 核销单备案

操作步骤：

（1）进入"单证中心"，选择合同号，点画面下方的"添加单据"按钮，选择"核销单"后点"确定"（图 6-4）。

（2）点击"核销单"，填写内容后点下方的"保存"按钮。其中红色的部分必须要填写，不会填写的部分可点击加下划线的项目查看有关解释。

（3）点"检查单据"按钮，查看单据填写是否有误。若检查结果显示有错误，请重复步骤 2。

（4）进入"业务中心"，点标志"外汇管理局"的建筑物。

（5）点画面下方的"核销单的口岸备案"项，选择合同号，点"确定"按钮，完成核销单备案。到"单证中心"，可看到"备案"项下已打钩（图 6-5）。

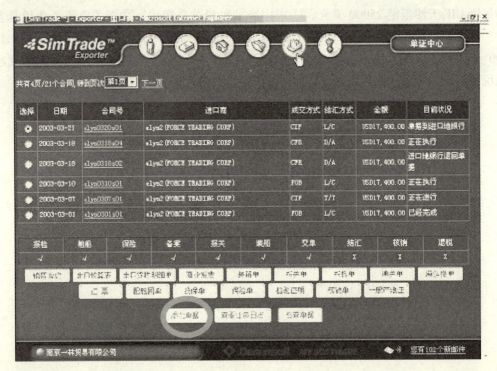

图 6 - 4

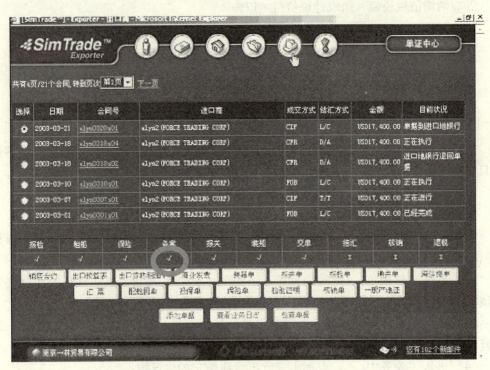

图 6 - 5

2. 出口报关

操作步骤：

（1）进入"单证中心"，选择合同号，点画面下方的"添加单据"按钮，选择"报关单"后点"确定"。

（2）点击"报关单"，填写内容后点下方的"保存"按钮。其中红色的部分必须要填写，不会填写的部分可点击加下划线的项目查看有关解释。

（3）点"检查单据"按钮，查看单据填写是否有误。若检查结果显示有错误，请重复步骤2。

（4）进入"业务中心"，点标志"海关"的建筑物。

（5）点画面下方的"报关"项，选择合同号，点"确定"按钮，完成出口报关。到"单证中心"，可看到"报关"项下已打钩。

注意：报关完成，海关退回报关单（出口退税联）和加盖海关验讫章的核销单，这两张单据将在收汇、核销、退税时使用。

（二）进口报关

（1）准备相应单据。

①添加"进口货物报关单"进行填写。

②填写完成后点"检查"，确认通过。

（2）报关。

①点"业务中心"里的"海关"，选择"报关"业务；

②选择"销货合同""商业发票""装箱单""提货单""入境货物通关单"（不需进口检验的商品可免附）、"进口货物报关单"前的复选框，点"报关"；

③完成报关后，海关加盖放行章后返还提货单与进口报关单。

（3）点"报关"旁边的"缴税"，缴纳税款。

（4）再点"缴税"旁的"提货"，领取货物。

（三）综合实训

（1）学生登录后，在角色选择页面选择"学生"角色进入。

（2）然后点击沙盘"报关行"（图6-6）。

（3）再点击"业务经理（综合实训）"，选择"进出口"业务类型，然后进入如下实训业务列表（图6-7）。

（4）进入业务列表后，学生可以知道自己在每个业务所扮演的角色。学生点击激活业务，然后点击沙盘左边菜单栏的"切换角色"，进入角色切换页面后，根据各自所扮演的不同的角色，点击进入各角色的沙盘。然后在沙盘里点击部门进行实训操作。

①学生点进"报关员"，页面会跳转到信息提示页面。需要根据提示，先浏览业务信息（右上角"业务"），然后根据业务信息上的内容。学生可进行相关单据申办，报关业务办理等操作，并且相关申办业务需"关员"或者"商务主管"进行审批，业务申办状态及审批结果可查看业务信息里面的业务状态。

图 6-6

综合实训列表		
实训名称	角色	激活业务
一般出口货物报关综合实训（案例二）	报关员/业务员	激活
退运货物（退运出境）报关流程综合实训	报关员/业务员	激活
一般出口货物综合实训（案例一）	无	激活

图 6-7

②学生点击进入"关员"，每当报关员有申办的业务，都会自动显示。关员进行相应的审批。

③"报关员"和"关员"共同配合做完一票业务后，必须填写实训报告。

（5）报关模拟实训流程如下：

案例背景：

某批货物受沈阳沈港电器产业有限公司（2101930111）委托进口，用于生产空调设备供应国内市场。船舶进口次日委托大连连孚物流有限公司（2102980222）向大连海关申报。请模拟该业务流程。

商品描述：

COLD ROLLED STEEL SHEETS（法定计量单位：千克）

SPECIFICATION AND CONDITIONS AS BELOW

APPEARANCE ACCORDINGS TO USIS

MANUFACTURER：

UNITED METALS INDUSTRIES, LTD., UNITED STATES

PACKING：STEEL PACKING

SIZE：0.5×1000×200CM

CONTRACT NO. LNLF011201HK

SAY TOTAL：3 CONTAINERS OF：

YMLU4456789（20×8×8）/YMLU4287396（20×8×8）/TOLU3578658（40×8×8）

P'KG NO.　　　NO. OF P'KGS　　CONTENTS　　N/WEIGHT　　G/WEIGHT

1－60　　60P'KGS　　12,000SHEETS　　105.1234M/T　　110.438M/T

具体的报关流程如图6-8：

图6-8

第一步：报关申请，具体步骤如下：

登录"国际货代企业—报关部"，选择任务"进口报关"，选择单据，"确定"。

选择"实训中心"，点击任务"1报关"进入，再选择"2进口报关单申请"，会弹出"新增"选项，点击进入即出现图6-9。

图6-9

（1）根据任务背景填写好相关数据信息后，按"存盘"，弹出信息，点击"确定"（图6-10）。

图6-10

（2）单击本办公室"文件"，弹出图6-11消息：

图6-11

（3）到海关部把文件交给海关关员（单击人物），弹出图6-12的消息：

图6-12

第二步：报关审核，具体操作步骤如下：

（1）"海关—通关科"——"通关科科长"——"登录"，选择任务"进口报关"，选择单据，"确定"。

（2）选择"实训中心"，点击"1 核销单报关单"进入，再选择任务"3 进口报关单审核"，电脑会自动审校，此角色现阶段任务完成。

第三步：报关单领取

操作步骤：

（1）"国际货代企业—报关部"——"报关员"登录，选择任务"进口报关"，选择单据，"确定"。

（2）单击转换地点图标，即弹出选项框，点击选项框中的"海关"即可。

（3）前台办事人员领取文件。

此角色现阶段任务结束。

五、实验技巧

(一)填制进出口报关单的技巧

(1)填制报关单时,首先注意报关单指标项目之间的扣合,尤其是备案号、合同号、许可证号、批文、进/出口日期、征免性质、毛重、成交总价等。其次,要注意报关单指标项目的填制,可能会出现经营单位及其代码和企业类型填制错误,贸易方式填制错误,征免性质填制错误,运费、保险费填制错误等问题。还有就是要注重进出口报关单填制时的规范问题。合同号、备案号、批文、许可证号、征免性质等内容不按规定填在相应的报关单栏目内,而填在"备注"栏内。应填在备案号栏内的加工贸易《登记手册》编号、《征免税证明》编号填在合同号、批文栏内;批文号填在合同号栏内等。

(2)每份报关单须遵守唯一性,即不同合同的货物,同一批货但不能填在同一份关单中。

(3)每份报关单填报的货物编号有限制,及一份报关单最多不能填写超过五项海关统计商品编号的货物,且需分别填报清楚。

(4)以 EDI 报关的,必须加填有关项目的代码。

(5)电脑预录入的报关单,其内容必须与原始报关的内容一致。

(6)报关单填写错误的更正手续。当发现报关单内容与实际进出口货物不一致时,需填写报关单更正单,说明更改哪一项货物;若更改内容涉及件数时,尚需对与件数相关的重量、体积等一并更改。

(7)已申报并放行的出口货物,若因运输工具等原因,造成货物无法装上原申报的运输工具,应向海关递交"出口货物报关单更改申请"。

(二)使用模拟操作软件实验时的技巧

(1)认真操作,仔细检查。在使用模拟软件的过程中,由于某项数据的错误,就可能导致实验无法进行下去。这时,请仔细检查核对单据数据等,改正核对才可能进行下一步的操作。

(2)熟悉软件,及时寻求帮助。在进行模拟操作时,由于对软件的不熟悉,很可能会操作错误,无法进行下一步操作,这时,请及时寻求帮助。点击"帮助"选项,就会发现具体的操作失误的步骤,改正即可。

第七章 业务单据的缮制、结汇与经营业绩

第一节 业务单据的制作

一、实验任务

本节主要是通过有关实习使同学们掌握有关业务单据的制作。以 SimTrade 为例，实习有五个角色，分别为出口商、进口商、供应商、出口地银行和进口地银行，以其中任一个用户名登录成功后，点主页左上方的"进入业务中心"按钮，可打开相应的操作主画面。点主画面上方的按钮，可分别进行具体角色操作。

（一）主要任务

通过本节学习，使同学们掌握有关进出口业务单据的制作。国际贸易双方交易中各个环节所涉及的相关单证主要如表 7-1 所示：

表 7-1　　　　国际贸易双方交易中各个环节所涉及的相关单证

序号	贸易环节	工作内容	所需要的单证
1	交易前期准备工作	市场调查、广告宣传、建立业务关系、调查客户资信	无
2	交易磋商、贸易谈判	询盘、发盘、还盘、受盘	报价单
3	签订贸易合同	起草贸易合同或销售确认书	销售合同或销售确认书、形式发票
4	催证、审证、改证	催开、审核并修改好信用证	信用证通知书、信用证、信用证修改书
5	备货、包装、刷唛、货物检验	完成货物运输包装、唛头制作、货物提交官方检验	报验单、放行单、品质合格证书、检验检疫合格可证等
6	制单、租船订舱、出口海关申报	制作单据、联系货物运输、办理货物报关并取得相关许可证	运输单据：出口运输委托书、商业发票、装箱单、报验委托书等 通关单据：商检放行单、贸易合同、商业发票、出口关单、代理报关委托书、装箱单或其他政府批文

表7-1(续)

序号	贸易环节	工作内容	所需要的单证
7	办理货物保险、支付保费	办理货物保险	商业发票、保险单
8	货物装运、支付运费取得提单、发出装船通知	办理货物装运并通知买方	海运提单、装船通知书
9	制单、审单、交单	准备全套单证，提交银行议付	一般单据：商业发票、汇票、装箱单、海运提单、保险单、原产地证明书等特殊单据：受益人证明、船公司证明、海关或领事发票、邮政收据等
10	持全套单据向银行议付结汇、获取水单	办理银行议付	银行结汇水单
11	催收、收回关单、核销单并核销	催收、收回关单、核销单并核销	商业发票、出口关单、银行结汇水单、出口收汇核销单
12	申报出口退税	申报出口退税	商业发票、出口关单、银行结汇水单、出口收汇核销单、增值税专用发票
13	通过审查、获得出口退税	办理退税	出口退税通知书，转账支票

（1）在实习中学生要填写的主要单据如表7-2所示：

表7-2　　　　　　　　　　　主要业务单据清单

外销合同	出口预算表	进口预算表	开证申请书
信用证	购销合同	出口货物明细单	商业发票
装箱单	报检单	报关单	核销单
投保单	汇票	一般产地证	普惠制产地证
输欧盟纺织品产地证			

主要单据的通用格式及样本见附录。

（2）系统产生的单据主要有：配舱回单、保险单、检验证明、海运提单。

（二）单证中心

1. 出口商的有关单据业务

点击出口商主画面上方的第五个按钮，可打开单证中心的操作画面，这里相当于外贸公司的单证部，随着出口业务的进行，来单证中心制作、查询相关的单证。除制单外，更对出口业务中的相关流程加以标识，让使用者及时了解业务的进行状况。

选择：每次只能选中一笔外销合同做添加单据、查看业务日志、检查单据等项工作。

日期：指外销合同的日期。本画面以外销合同日期做倒序排列显示，因此在签订外销合同时，建议使用者输入固定的日期格式（例如：YYYY - MM - DD）。

合同号：为外销合同的合同号。点击加下划线的合同号，可打开该笔外销合同查看。

进口商：显示外销合同的买方（BUYER）用户编号和公司英文名称。

成交方式、结汇方式、金额：显示外销合同的成交方式（如：FOB）、结汇方式（如：L/C）及合同总金额。

目前状况：根据合同的签订、履行的进程，显示当前的执行情况，更详细的状况可以看下方的业务进程标识。

预算表：出口商是否要填出口预算表，这项使用权限完全根据老师的设置要求来开放。如果使用权限是开放的，则出口商必须在向进口商发送合同前，到这里填写出口预算表中的各项金额。随着业务的执行，系统会将实际发生的各项金额及误差率自动写在预算表内，使用者可随时打开预算表查看、验证自己做的预算是否正确。

添加单据：随着业务进程，选择合同号，点"添加单据"，可制作该合同项下需要的相关单据。出口商在租船订舱前，需添加并填写出口货物明细单、商业发票、装箱单；在报检前，需添加并填写报检单；在报关前，需先添加并填写核销单，做核销单备案后，再添加并填写报关单；在保险前，需添加并填写保险单；在交单议付前，需根据进口商要求先添加并填写产地证等。在实际业务中，报关时要用到的通关单，议付交单时要用到的检验证明、保险单、海运提单等单据，均是商检、海关、保险公司、外运公司（或船公司）等单位发出的，在 SimTrade 中，这部分单据均是在通过报检、报关、保险、装船出运等过程时由系统自动生成，使用者不需要缮制这类单据。

查看业务日志：选择某合同，点"查看业务日志"，可看到此合同项下，从起草合同开始到业务结束的全过程。

检查单据：填写有关单据后，点"检查单据"，系统会将单据有问题的地方列出，使用者将所列问题修改后，可顺利通过报检、报关等过程。（注：这项功能完全根据老师的设置要求来开放。）

报检、租船、保险、备案、报关、装船、交单、结汇、核销、退税：是相关出口业务过程的状态标识。系统在这些项目的下方以"√"表示已完成状态，以"×"表示未完成状态。根据成交方式和结汇方式的不同，有些项目是可以为"×"的。例如：CFR 方式下由进口商投保，则出口商"保险"项的下方可以为"×"，而进口商在投保后，"保险"项下才会改为"√"。如图 7 - 1：

2. 进口商的有关单据业务

点进口商主画面上方的第五个按钮，可打开单证中心的操作画面，这里相当于外贸公司的单证部，随着进口业务的进程，来单证中心制作、查询相关的单证。除制单外，更对进口业务中的相关流程加以标识，让使用者及时了解业务的进行状况。

选择：每次只能选中一笔外销合同做添加单据、查看业务日志、检查单据等项工作。

日期：指外销合同的日期。本画面以外销合同日期做倒序排列显示，因此在签订

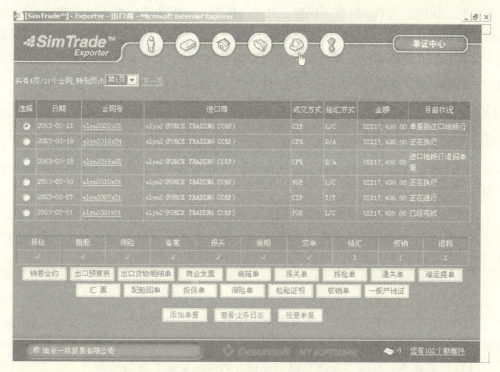

图 7 - 1 单证中心界面

外销合同时，建议使用者输入固定的日期格式（例如：YYYY - MM - DD）。

合同号：为外销合同的合同号。点击加下划线的合同号，可打开该笔外销合同查看。

出口商：显示外销合同的卖方（SELLER）用户编号和公司英文名称。

成交方式、结汇方式、金额：显示外销合同的成交方式（如：FOB）、结汇方式（如：L/C）及合同总金额。

目前状况：根据合同的签订、履行的进程，显示当前的执行情况，更详细的状况可以看下方的业务进程标识。

预算表：进口商是否要填进口预算表，这项使用权限完全根据老师的设置要求来开放。如果使用权限是开放的，则进口商必须在外销合同签字确认前，填写进口预算表中的各项金额。随着业务的执行，系统会将实际发生的各项金额及误差率自动写在预算表内，使用者可随时打开预算表查看、验证自己做的预算是否正确。

添加单据：随着业务进程，选择合同号，点"添加单据"，可制作该合同项下需要的相关单据。进口商在保险前，需添加并填写投保单。

查看业务日志：选择某合同，点"查看业务日志"，可看到此合同项下，从同意执行合同开始到业务结束的全过程。

检查单据：填写有关单据后，点"检查单据"，系统会将单据有问题的地方列出，使用者将所列问题修改后，可顺利通过报检、报关等过程。（注：这项功能完全根据老师的设置要求来开放。）

租船、保险、赎单、付款、报检、报关、提货：是相关进口业务过程的状态标识。系统在这些项目的下方以"√"表示已完成状态，以"×"表示未完成状态。根据成交方式和结汇方式的不同，有些项目是可以为"×"的。例如：CIF 方式下由出口商投保，则进口商"保险"项的下方可以为"×"，而出口商在做了投保后，"保险"项下才会改为"√"。

3. 供应商

以供应商的用户名登录成功后，点主页左上方的"进入业务中心"按钮，可打开供应商的操作主画面。点主画面上方的按钮，可分别进入供应商的公司概况、财务状况等操作画面。

根据核算结果，通过 SimTrade 的邮件系统给出口商写报价函电，收件人写出口商的编号。收到出口商的询价或还价邮件后，参考上述报价核算出对公司最有利的价格。双方接受报价或还价后，供应商要做的就是等待出口商寄购销合同了。

4. 出口地银行

以出口地银行的用户名登录成功后，点主页左上方的"进入业务中心"按钮，可打开出口地银行的操作主画面。点主画面上方的按钮，可分别进入出口地银行的银行概况、财务状况等操作画面。

（1）贷款业务。点击"贷款总额"按钮，可进入贷款总额的画面。

时间：按贷款申请的具体时间，以"年－月－日，时－分－秒"倒序排列。

申请单位：点击加下划线的申请单位编号，可查看申请单位的基本资料，包括公司名称、注册资金、当前余额、已贷款额等内容，为银行处理此项贷款业务提供资信基础。

贷款额：显示本次贷款的金额。

贷款状态："申请中"表示银行尚未批准此项贷款，"已放贷"表示银行同意贷款，并将贷款金额划入申请贷款者的账户中。

贷款描述：显示申请贷款的银行编号、贷款金额、贷款说明，是出口商、供应商在向银行申请贷款时填写的内容。

选择、同意、拒绝：点击"选择"项，再点"同意"，将从银行的当前余额中支出贷款金额给申请单位；点"拒绝"，银行将删除该项贷款业务，同时，申请单位将收到银行不放贷的邮件通知。

（2）信用证业务。点击出口地银行主画面上方的第三个按钮，可打开信用证的操作画面。本画面主要起着收到进口地银行发来的信用证并通知出口商的作用。如果该信用证有问题，出口地银行可通过画面下方的邮件系统向出口商说明。

开证人：为合同的买方（BUYER），显示开证人的用户编号。点击加下划线的开证人，可查看该单位的基本资料，包括注册资金、当前余额等内容，出口地银行在审核信用证时，可据此做部分资信评估。

受益人：为合同的卖方（SELLER），显示受益人的用户编号和公司中文名称。

信用证号、合同号：点击加下划线的信用证号和外销合同号，可打开信用证和外销合同，对比查看进口商开来的信用证内容是否与合同要求相符。

状态、通知：以"未发送"和"已发送"状态表示是否通知出口商。如果是"未发送"状态，可点右边的"通知"项，系统将自动通知出口商信用证已到，并将通知项下的状态改为"已通知"，将发送项下的状态改为"已发送"。

（3）议付单据。点击出口地银行主画面上方的第四个按钮，可打开议付单据的操作画面。

选择：每次只能选择一项。选中后，即可审核该合同项下的所有议付单据。

日期：为外销合同的日期。

合同号：点加下划线的外销合同号，可打开外销合同。在 D/P、D/A 方式下，对照合同要求来审核该合同项下的议付单据显得尤为重要。

金额：这是该合同项下的成交总金额。

出口商、进口商：就是合同的买卖双方，分别以用户编号＋公司名称显示。

成交方式、结汇方式：根据合同签订内容显示成交方式和结汇方式。

目前状况：标志议付单据的当前状况，便于使用者追踪单据已到何处。

议付单据：这是出口商向银行提交的议付单据。如果银行审单通过，则经出口地银行→进口地银行→进口商。

审单：这项功能和老师设置的是否允许银行检查单据功能相关。如果老师设置允许银行检查单据，则可看到"审单"项，银行点"审单"，可由系统自动检查并列出单据错误之处；如果老师设置不允许银行检查单据，则担任银行角色的使用者必须自行审核议付单据。

发送进口地银行：出口地银行审单无误，点此项，系统将自动把议付单据发送到进口地银行。

退回：点"退回"，议付单据将退回给出口商。在 SimTrade 中，当银行审单发现有重大问题时，银行可通过此项功能退回议付单据。

5. 进口地银行

以进口地银行的用户名登录成功后，点主页左上方的"进入业务中心"按钮，可打开进口地银行的操作主画面。点主画面上方的按钮，可分别进入进口地银行的银行概况、财务状况等操作画面。

（1）进口地银行主画面上方的第三个按钮，可打开信用证的操作画面。本画面主要起着审核开证申请书、开具信用证并通知出口地银行的作用。如果该信用证开证申请书有问题，进口地银行可通过画面下方的邮件系统向进口商说明问题所在，并可要求进口商重发开证申请。

选择：每次只能选择一项，在这里所做的"查看申请书""开证""通知"的操作也是针对所选的这项而言的。

开证单位：点击加下划线的开证单位资料，可查看该单位的注册资金、当前余额、贷款额等基本资料。

信用证号：点击加下划线的信用证号，可打开此信用证查看内容。若无信用证号，说明这是进口商新递交的开证申请，进口商正在等待进口地银行开具信用证。

合同号：点击加下划线的合同号，可打开此外销合同查看内容。银行在开证前，可同时打开外销合同和开证申请书，对比查看申请书是否符合外销合同的要求。

状态："信用证已发送"状态表示该合同项下的信用证已开出，并已通知出口地银行；"未发送"状态表示该合同项下的信用证尚未开出或开出后尚未通知出口地银行；"信用证已送到出口商"表示出口地银行已将信用证送至出口商处。

查看申请书：点击"查看申请书"，可打开进口商交来的信用证开证申请书。银行可同时点击加下划线的合同号对比查看。如果发现开证申请书有问题，银行可通过画面下方的邮件系统，向进口商说明问题所在，并要求进口商修改后重新发送开证申请。

开证：点"开证"项，进口地银行在电开信用证的画面输入信用证号，然后点画面下方的"保存"按钮，即完成信用证的开具。这时，"信用证号"项会显示银行刚才输入的号码。

通知：点"通知"项，系统自动处理进口地银行通知出口地银行信用证已到事项，同时，状态项自动改为"信用证已发送"。

（2）议付单据。点击进口地银行主画面上方的第四个按钮，可打开议付单据的操作画面。

选择：每次只能选择一项。选中后，即可审核该合同项下的所有议付单据。

日期：为外销合同的日期。

合同号：点加下划线的外销合同号，可打开外销合同。在 D/P、D/A 方式下，对照合同要求来审核该合同项下的议付单据显得尤为重要。

金额：这是该合同项下的成交总金额。

出口商、进口商：就是合同的买卖双方，分别以用户编号＋公司名称显示。

成交方式、结汇方式：根据合同签订内容显示成交方式和结汇方式。

目前状况：标志议付单据的当前状况，便于使用者追踪单据已到何处。

议付单据：这是出口地银行寄来的由出口商缮制的议付单据。如果进口地银行审单通过，则可通知进口商赎单。

审单：这项功能和老师设置的是否允许银行检查单据功能相关。如果老师设置允许银行检查单据，则可看到"审单"项，银行点"审单"，可由系统自动检查并列出单据错误之处；如果老师设置不允许银行检查单据，则担任银行角色的使用者必须自行审核议付单据。

通知进口商赎单：进口地银行审单无误，点此项，系统将自动通知进口商前来赎单。

退回：点"退回"，议付单据将退回给出口地银行。在 SimTrade 中，当银行审单发现有重大问题时，银行可通过此项功能退回议付单据。

二、实验原理

出口货物装运之后，出口商应按照外销合同或信用证的规定，正确制作、备齐各种单据。由于在报检、保险、报关、出运阶段，出口商已完成部分单据的缮制和准备（例如：商业发票、装箱单、检验证明、保险单、海运提单），剩下要准备的议付单据主要就是汇票和产地证了。此外，付款（结汇）方式不同，交单的对象也不同，所需单据也不同。L/C、D/P、D/A 方式下，出口商向银行交单，T/T 方式下，出口商直接将单据寄给进口商。

三、实验范例

（一）出口商

L/C、D/P、D/A 方式下，出口商向银行交单，T/T 方式下，出口商直接将单据寄给进口商。以下分述之。

1. 制单

操作步骤：

①进入"单证中心"，选择合同号，点画面下方的"添加单据"按钮，选择"汇票""一般产地证"或"输欧盟纺织品产地证"后再点"确定"按钮。其中，产地证请根据外销合同或信用证要求来选。

②点击"汇票""产地证"，填写内容后点下方的"保存"按钮。其中红色的部分必须要填写，不会填写的部分可点击加下划线的项目查看有关解释。

③点"检查单据"按钮，查看单据填写是否有误。若检查结果显示有错误，请重复步骤②。

2. L/C、D/P、D/A 方式的交单

操作步骤

①进入"业务中心"，点标志"银行"的建筑物。

②点画面下方的"交单"项，选择合同号。

③输入银行编号、标题。

④点"选择单据"，勾选应交的议付单据后点"确定"按钮。（注：议付单据包括商业发票、装箱单、检验证书、保险单、海运提单、汇票、产地证。FOB 或 CFR 方式下，不含保险单。）

⑤输入说明内容，点"下一步"，完成向出口地银行的交单。（注：完成交单后，系统将根据不同的付款方式，扣除相应的银行费用。）

⑥到"单证中心"，可看到该合同项下的"交单"项已打钩。

3. T/T 方式的交单

操作步骤：

①进入"业务中心"，点标志"进口商"的建筑物。

②点画面下方的"T/T 方式交单"项，选择合同号。

③输入标题，点"选择单据"，勾选应交的议付单据后点"确定"按钮。（注：议付单据包括商业发票、装箱单、检验证书、保险单、海运提单、产地证。FOB 或 CFR 方式下，不含保险单。）

④输入说明内容，点"下一步"，完成向进口商的交单。（注：由于 T/T 方式的交单是出口商直接寄给进口商，因而出口商除了要支出银行费用，还要支出快递费用。）

⑤到"单证中心",可看到该合同项下的"交单"项已打钩。

(二)进口商有关单据业务

进口商在履行合同阶段主要有以下与单据有关的业务:

1. 开信用证

L/C方式下,进口商必须在合同规定期限内开出信用证,其他的付款方式可省略此步骤。

操作步骤:

①在"业务中心",点击建筑物"银行"。

②点击画面下方的"开证申请"项,输入银行编号,选择合同号。其中,银行编号可在主页"银行"中查询。

③填写不可撤销信用证开证申请书,可点击下划线查看项目说明。填写完毕,点击画面右下方的"保存"按钮,回到业务中心画面。

④点画面下方的"发送开证申请"项,选择合同号后点"下一步",向进口地银行送出申请书。

注意:如果收到银行要求修改申请书的邮件,请重复此操作步骤。

2. 租船订舱

在FOB方式下,进口商需租船订舱。CIF、CFR方式下,可省略此步骤。

操作步骤:

①进入"业务中心",点击建筑物"外运公司"。

②点击画面下方的"租船订舱"项,选择合同号和集装箱规格,点击"下一步",完成租船订舱。如果要看所选集装箱规格的海运费,可点"计算费用"查看。有关海运费的计算,请参考交易磋商阶段的进口价格核算。

③到"单证中心",确认"租船"项下是否打钩。如果已打钩,表示租船成功。

3. 进口保险

在FOB、CFR方式下,进口商需做进口保险。CIF方式可省略此步骤。

操作步骤:

①进入"单证中心",选择合同号,点画面下方的"添加单据"按钮,选择"投保单"后点"确定"。

②点击"投保单",填写内容后点下方的"保存"按钮。其中红色的部分必须要填写,不会填写的部分可点击加下划线的项目查看有关解释。

③点"检查单据"按钮,查看单据填写是否有误。若检查结果显示有错误,请重复步骤②。

④进入"业务中心",点击建筑物"保险公司"。

⑤点画面下方的"保险"项,选择合同号,点"投保"按钮,完成进口投保。如果需要看一下保险费用,可点"计算费用"按钮查看。有关保险费用的计算,请参考交易磋商阶段的"保险费核算"部分。

4. 赎单、审单、付款

T/T 方式下，出口商直接寄单给进口商；其他方式下，须在进口地银行付款赎单。故不同的方式操作也有差别。

第一种情况：T/T 方式下的审单、付款。操作步骤如下：

①进入"单证中心"，选择对应的合同号。

②一一点击打开该合同项下的议付单证，审核是否有误。

③单据审核无误，进入"业务中心"，点击建筑物"银行"。

④点击画面下方的"T/T，D/A 方式付款"，选择合同号，输入银行编号、标题、说明内容后，点击"下一步"，合同款汇出。

⑤到"财务状况"中查看合同款支出状况。

第二种情况：L/C、D/P、D/A 方式下的赎单、付款。操作步骤如下：

①收入银行发来的赎单通知邮件后，进入"业务中心"，点击建筑物"银行"。

②点击画面下方的"赎单"项，选择合同号，输入进口地银行编号后，点击"下一步"按钮。

③进入"单证中心"，选择对应的合同号，可查看该合同项下的议付单据。

④L/C 方式下，进口地银行在通知进口商赎单时，银行自动扣除进口商账户上的货款；D/P 方式下，在进口商赎单时付款；D/A 方式下，赎单时办理承兑手续，汇票到期时，要到银行办理付款手续。D/A 付款的具体操作是：进入"业务中心"，点标志"银行"的建筑物，再点画面下方的"T/T，D/A 方式付款"，选择合同号，输入银行编号、标题、说明内容后，点"下一步"，合同款汇出。

⑤到"财务状况"中查看合同款支出状况。

5. 进口报检

SimTrade 所列的交易商品均属法定检验的范围，因此进口商必须做报检。在实际业务中，非法检或合同未订需检验的商品不需报检。

操作步骤：

①进入"业务中心"，点击建筑物"出入境检验检疫局"。

②点击画面下方的"报检"项，选择合同号，点"下一步"，等待报检通过。

③进入"单证中心"，查看"报检"项下是否打钩，如果已打钩，表示报检已通过。

6. 进口报关

操作步骤：

①进入"业务中心"，点击建筑物"海关"。

②点击画面下方的"报关"项，选择合同号，点"确定"按钮，完成进口报关。到"单证中心"，可看到"报关"项下已打钩。

7. 进口提货

操作步骤：

①进入"业务中心"，点击建筑物"海关"。

②点击画面下方的"提货"项，选择合同号，点"确定"按钮，完成进口提货。

到"单证中心",可看到"提货"项下已打钩。

8. 销货

操作步骤:

①进入"业务中心",点击建筑物"消费市场"。

②点击画面下方的"销货"项,输入商品编号和销售数量,点击"售出"按钮,即完成销货。

③进入"库存状况",查看库存量减少情况。

④进入"财务状况",查看销售收入情况。

(三) 供货商的有关单据业务

1. 报价、还价、接受

根据核算结果,通过 SimTrade 的邮件系统给出口商写报价函电,收件人写出口商的编号。收到出口商的询价或还价邮件后,参考上述报价核算出对公司最有利的价格。双方接受报价或还价后,供应商要做的就是等待出口商寄购销合同了。

2. 签订合同阶段

(1) 签字确认合同。操作步骤如下:

①进入"业务中心",点击建筑物"出口商"。

②点击画面下方的"确认购销合同"项,点"下一步",检查合同内容是否和接受函电一致。

③如果同意,点击画面左下方的"卖方签字"按钮,签上供应商的法定代表人姓名,再点"保存"按钮,系统将自动回复同意执行合同的邮件给出口商。此时点"查看合同列表"看对应该合同的"目前状况",已由原来的"待确认"改为"双方确认"。

(2) 修改或取消合同。如果发现合同内容和接受函电不一致,或由于某种原因要取消合同,可按如下步骤操作。

①在"业务中心",点击建筑物"出口商"。

②点击画面下方的"取消合同"项,选择合同号,输入标题和要求修改的内容,点"下一步"按钮,系统将自动退回该合同。此时点"查看合同列表",该合同已不在此列。

注意:已确认签字的合同,不能再做修改或取消。

3. 履行合同阶段

(1) 组织生产。操作步骤如下:

①组织生产前,先到"库存状况"画面,检查库存量状况。

②进入"日常业务"画面,点击建筑物"工厂"。

③点击画面下方的"组织生产"项,输入商品编号(例如 03001)和生产数量(例如 9120)后,点击"生产",完成。

④进入"库存状况"画面,确认库存量增加;进入"财务状况"画面,检查费用支出。

注意：若库存量足够，此步骤可省略。

（2）发货。操作步骤如下：

①发货前，先到"库存状况"画面，检查库存量是否足够，如果库存量不足，必须组织生产。

②进入"日常业务"画面，点击建筑物"出口商"。

③点画面下方的"放货"项，选择合同号，点"下一步"按钮，货物送到该合同项下的出口商处。

④进入"库存状况"画面，检查库存量减少状况；进入"财务状况"画面，检查收入及支出费用状况是否与该合同相符。

（四）出口地银行的有关单据业务

出口地银行的工作相对比较简单，主要向各经营者提供贷款、审单、信用证等业务。银行需及时检查邮件，满足客户的需求。出口地银行的实习内容主要有：

1. 信用证业务

出口地银行收到进口地银行传来的信用证后，必须先审证。

审证的工作在实际业务中是由银行和出口商共同承担的。银行主要审核开证行的业务往来情况、政治背景、资信能力、付款责任和索汇路线等方面的问题以及鉴别信用证的真伪，经审查无误后交出口商审核。操作步骤如下：

（1）收到进口地银行发来的信用证通知后，进入"信用证"画面。

（2）点击加下划线的"开证人"，查看该公司的资信状况（例如：贷款额等）。

（3）点击加下划线的"信用证号"和"合同号"，打开信用证和合同，审核信用证内容是否与合同要求一致。

（4）审查后，点"通知"，系统自动向出口商发出信用证通知邮件。

注意：如果发现该信用证有些问题需要提醒出口商，银行可用邮件系统向出口商发送新邮件。

2. 单证业务

操作步骤：

（1）收到出口商发来的交单通知邮件后，进入"议付单据"画面，选择"外销合同号"。

（2）点画面下方的"审单"按钮，系统将自动审核单据并列出错误之处。或者一一点击该合同项下的议付单据，人工审核单据。

（3）如果单据审核通过，点画面下方的"发送进口地银行"按钮，选择合同号，输入标题和说明内容后，点"发送"按钮，单据将送至进口地银行处。如果单据审核时发现有不符点，点画面下方的"退回"按钮，退给出口商并在邮件中说明退单原因。

3. 贷款业务

操作步骤：

（1）收到客户发来的贷款申请邮件后，进入"财务状况"画面，点"贷款总额"按钮。

（2）点击加下划线的"申请单位"和"贷款描述"，查看申请单位资料和贷款事由。

（3）在"选择"项下点击，选中该单位的申请贷款项。

（4）如果同意放贷，则点画面下方的"同意"项；如果不同意，则点画面下方的"拒绝"项，并在给客户的邮件中说明不放贷的原因。

4. 进口地银行

进口地银行的工作相对比较简单，主要向各经营者提供贷款、审单、信用证等业务。银行需及时检查邮件，满足客户的需求。

（四）进口地银行的有关单据业务

1. 信用证业务

进口地银行收到进口商发来的开证申请书后，必须审核开证申请书内容是否与外销合同要求一致，如果审核通过，则开出信用证，反之则须向进口商说明未通过审核的原因，并要求进口商做相应修改。

操作步骤：

（1）到邮件系统中打开进口商的"申请开证"邮件，查看对应的合同号。

（2）进入"信用证"画面，在"选择"项下点选对应的合同号。此时的"状态"项为"申请开信用证"。

（3）点击该合同号，打开外销合同。

（4）点击画面下方的"查看"按钮，打开对应该合同的信用证开证申请书。

（5）如果开证申请书与外销合同的内容要求一致，则点"开证"按钮，在"DOC. CREDIT NUMBER"项输入信用证号（注：信用证号由银行自行定义），点击画面下方的"保存"按钮，完成开证。此时，对应该合同项的"状态"项显示为"信用证开出"，银行可点击加下划线的信用证号打开信用证查看确认。如果开证申请书与外销合同的内容要求不一致，则通过邮件系统，向进口商说明未通过的原因，并请进口商修改后重新发送。

（6）成功开证后，点"通知"按钮，系统自动向出口地银行发送信用证通知邮件。此时，应该合同项的"状态"项显示为"信用证已发送"。

2. 单证业务

操作步骤：

（1）收到出口地银行的发送议付单据通知邮件后，进入"议付单据"画面，选择"外销合同号"。

（2）点画面下方的"审单"按钮，系统将自动审核单据并列出错误之处。或者一一点击该合同项下的议付单据，人工审核单据。

（3）如果单据审核通过，点画面下方的"通知进口商赎单"按钮，选择合同号，输入标题和说明内容后，点"发送"按钮，系统将发送通知进口商赎单的邮件。如果单据审核时发现有不符点，点画面下方的"退回"按钮，退给出口地银行并在邮件中说明退单原因。

（4）进口商付款赎单后，进口地银行自动将款项汇入出口地银行。

3. 贷款业务

操作步骤：

（1）收到客户发来的贷款申请邮件后，进入"财务状况"画面，点"贷款总额"按钮。

（2）点击加下划线的"申请单位"和"贷款描述"，查看申请单位资料和贷款事由。

（3）在"选择"项下点击，选中该单位的申请贷款项。

（4）如果同意放贷，则点画面下方的"同意"项；如果不同意，则点画面下方的"拒绝"项，并在给客户的邮件中说明不放贷的原因。

四、实验技巧

各种单据的填写要做到：正确、完整、及时和整洁。参照标准格式填写。点击相应的单据，填写内容后点下方的"保存"按钮。其中红色的部分必须要填写，不会填写的部分可点击加下划线的项目查看有关解释。

第二节　出口结汇

一、实验任务

通过本节学习，使同学们掌握出口结汇的业务过程。

二、实验原理

在收到出口地银行发来的邮件通知后，出口商要带核销单到银行办理结汇手续。

三、实验范例

操作步骤：

（1）进入"业务中心"，点击建筑物"银行"。

（2）点画面下方的"结汇"项，选择合同号，点"下一步"，银行在核销单上加盖"收汇结汇专用章"后退回给出口商，完成结汇。

（3）到"财务状况"中可查看合同款是否收到；到"单证中心"可看到该合同项下的"结汇"项已打钩。

四、实验技巧

理解和掌握核销单的内容和作用。需要银行在核销单上加盖"收汇结汇专用章"。

第三节　出口退税

一、实验任务

通过本节学习，使同学们掌握出口退税有有关业务。

二、实验原理

通过实习，使同学们掌握退税收入的计算和退税的业务过程。

退税收入＝采购成本÷（1＋增值税率）×出口退税率

三、实验范例

例如：在产品展示中查到商品 03001 的海关编码是 95034100。在税则查询中，输入"95034100"，点"搜索"按钮，可查出增值税率为 17%、出口退税率为 15%。已从供应商处得知供货价为每只 6 元（含增值税 17%），试算 9120 只三色戴帽熊的出口退税收入？

解：退税收入＝采购成本÷（1＋增值税率）×出口退税率

$$=6×9120÷（1＋17\%）×15\%$$

$$=7015.38 \ 元$$

四、实验技巧

记下产品展示中的"海关编码"，在主页的"税则查询"中，输入"海关编码"，点"搜索"按钮，查询增值税率和出口退税率。

安全收汇后，出口商要先到外汇管理局办理核销手续，继而到国税局办理退税手续。

核销环节操作步骤：

（1）进入"业务中心"，点击建筑物"外汇管理局"。

（2）点画面下方的"核销"项，选择合同号，点"下一步"，出口商支出核销费用，外汇管理局留存核销单的第一、二联，将第三联退回给出口商，完成核销手续的办理。

（3）到"财务状况"中可看到支出的核销费用。

（4）到"单证中心"，可看到该合同项下的"核销"项已打钩，并可看到第三联核销单。

退税环节操作步骤：

（1）进入"业务中心"，点击建筑物"国税局"。

（2）点画面下方的"退税"项，选择合同号，点"下一步"，国税局收回第三联核销单，退税手续办理完成。

（3）到"财务状况"中查看退税收入情况。

（4）到"单证中心"，可看到该合同项下的"退税"项已打钩，且"目前状况"变为"已经完成"。

第四节　经营业绩的考核

一、实验任务

通过本节学习，使同学们掌握出口业务利润的核算。

二、实验原理

出口商利润＝报价金额－采购成本－各项费用＋退税收入

进口商利润＝销售价格－采购成本－进口关税－各项费用

三、实验范例

鉴于价格对利润的重要影响，无论是出口商还是进口商，交易都要从报价和还价开始。必须合理报价和还盘，以确保目标利润的顺利实现。

（一）出口报价核算

1. 报价数量核算

在国际货物运输中，经常使用的是 20 英尺（1 英尺 ＝0.3048 米）和 40 英尺集装箱，20 英尺集装箱的有效容积为 25 立方米，40 英尺集装箱的有效容积为 55 立方米。出口商在做报价核算时，建议按照集装箱可容纳的最大包装数量来计算报价数量，以节省海运费。

在主页的"产品展示"中查看产品详细情况，根据产品的体积、包装单位、销售单位、规格描述来计算报价数量。

例 7-1：商品 03001（三色戴帽玩具熊）的包装单位是 CARTON（箱），销售单位是 PC（只），规格描述是每箱装 60 只，每箱体积为 0.164 立方米，试分别计算该商品用 20 英尺、40 英尺集装箱运输出口时的最大包装数量和报价数量。

解：每 20 英尺集装箱：

包装数量 ＝25÷0.164＝152.439，取整 152 箱

报价数量 ＝152×60＝9120 只

每 40 英尺集装箱：

包装数量 ＝55÷0.164＝335.365，取整 335 箱

报价数量 ＝335×60＝20 100 只

例 7-2：商品 01006（蓝莓罐头）的包装单位是 CARTON（箱），销售单位是 CARTON（箱），每箱体积为 0.0095 立方米，试分别计算该商品用 20 英尺、40 英尺集

装箱运输出口时的最大包装数量和报价数量。

解：每 20 英尺集装箱：

包装数量 = 25 ÷ 0.0095 = 2631.578，取整 2631 箱

报价数量 = 2631 箱

每 40 英尺集装箱：

包装数量 = 55 ÷ 0.0095 = 5789.473，取整 5789 箱

报价数量 = 5789 箱

注意：由于该商品的包装单位和销售单位相同，故此例的报价数量 = 包装数量。

2. 采购成本核算

通过邮件和供应商联络，询问采购价格，用以成本核算。

例 7 - 3：商品 03001 （三色戴帽玩具熊），供应商报价为每只 6 元，求采购 9120 只的成本？

解：采购成本 = 6 × 9120 = 54 720 元

3. 出口退税收入核算

记下产品展示中的"海关编码"，在主页的"税则查询"中，输入"海关编码"，点"搜索"按钮，查询增值税率和出口退税率。

例 7 - 4：在产品展示中查到商品 03001 的海关编码是 95034100。在税则查询中，输入"95034100"，点"搜索"按钮，可查出增值税率为 17%、出口退税率为 15%。已从供应商处得知供货价为每只 6 元（含增值税 17%），试算 9120 只三色戴帽熊的出口退税收入？

解：退税收入 = 采购成本 ÷ （1 + 增值税率） × 出口退税率

= 6 × 9120 ÷ （1 + 17%） × 15%

= 7015.38 元

4. 国内费用核算

国内费用包括：内陆运费、报检费、报关费、核销费、公司综合业务费、快递费。在主页的"费用查询"中，查到内陆运费为每立方米 100 元，报检费 120 元，报关费 150 元，核销费 100 元，公司综合业务费 3000 元，DHL 费 100 元。

其中：内陆运费 = 出口货物的总体积 × 100

总体积 = 报价数量 ÷ 每箱包装数量 × 每箱体积

例 7 - 5：商品 03001 的描述为"每箱 5 打，每打 12 个"，表示每箱可装 60 个，每箱体积 0.164 立方米，求报价数量为 9120 只的内陆运费是多少？

解：总体积 = 9120 ÷ 60 × 0.164 = 24.928 立方米

内陆运费 = 24.928 × 100 = 2492.8 元

5. 海运费核算

出口交易中，采用 CFR、CIF 贸易术语成交的条件下，出口商需核算海运费。

在出口交易中，集装箱类型的选用，货物的装箱方法对于出口商减少运费开支起着很大的作用。货物外包装箱的尺码、重量，货物在集装箱内的配装、排放以及堆叠

都有一定的讲究，需要在实践中摸索。

SimTrade 根据货物的体积来计算运费。我们以一个理论算法来规定 20 英尺和 40 英尺集装箱装箱数量的计算：20 英尺集装箱的有效容积为 25 立方米，40 英尺集装箱的有效容积为 55 立方米。

在核算海运费时，出口商首先要根据报价数量算出产品体积，再到"运费查询"页，找到对应该批货物目的港的运价。如果报价数量正好够装整箱（20 英尺或 40 英尺），则直接取其运价为海运费；如果不够装整箱，则用产品总体积 × 拼箱的价格来算出海运费。由于运价都以美元显示，在核算完海运费后，应根据当天汇率换算成本位币。

例 7 - 6：商品 03001（三色戴帽玩具熊）要出口到加拿大，目的港是蒙特利尔港口。试分别计算报价数量为 5000 件和 9120 件的海运费。

解：第一步：计算产品体积。在主页"产品展示"中，查到商品 03001 的体积是每箱 0.164 立方米，每箱装 60 只。根据查到的产品资料，先计算产品体积。

报价数量为 5000 件，总体积 = 5000 ÷ 60 × 0.164 = 13.66 立方米

报价数量为 9120 件，总体积 = 9120 ÷ 60 × 0.164 = 24.928 立方米

第二步：查运价。在主页"运费查询"中，查到运至加拿大蒙特利尔港的海运费分别是：每 20 英尺集装箱 USD1350，每 40 英尺集装箱 USD2430，拼箱每立方米 USD65。

根据第一步计算出的体积结果来看，5000 件的运费宜采用拼箱，9120 件的海运费宜采用 20 尺集装箱。

报价数量为 5000 件，海运费 = 13.66 × 65 = 887.9 美元

报价数量为 9120 件，海运费 = 1350 美元

第三步：换算成本位币（人民币）。在主页"今日汇率"中，查到美元的汇率为 8.25 元人民币兑换 1 美元。

报价数量为 5000 件，海运费（人民币）= 887.9 × 8.25 = 7325.175 元

报价数量为 9120 件，海运费（人民币）= 1350 × 8.25 = 11137.5 元

6. 保险费核算

出口交易中，在以 CIF 术语成交的情况下，出口商需要到主页"保险费"中查询保险费率，用以核算保险费。公式如下：

保险费 = 保险金额 × 保险费率

保险金额 = CIF 货价 ×（1 + 保险加成率）

在进出口贸易中，根据有关的国际惯例，保险加成率通常为 10%。出口商也可根据进口商的要求与保险公司约定不同的保险加成率。

例 7 - 7：商品 03001 的 CIF 价格为 USD8937.6，进口商要求按成交价格的 110% 投保一切险（保险费率 0.8%）和战争险（保险费率 0.08%），试计算出口商应付给保险公司的保险费用？

解：保险金额 = 8937.6 × 110% = 9831.36 美元

保险费 = 9831.36 × （0.8% + 0.08%） = 86.52 美元

查人民币对美元汇率为 8.25 比 1，换算人民币 = 86.52 × 8.25 = 713.79 元

提示：在我国出口业务中，CFR 和 CIF 是两种常用的术语。鉴于保险费是按 CIF 货价为基础的保险额计算的，两种术语价格应按下述方式换算。

由 CIF 换算成 CFR 价：CFR = CIF × [1 - （1 + 保险加成率）× 保险费率]

由 CFR 换算成 CIF 价：CIF = CFR ÷ [1 - （1 + 保险加成率）× 保险费率]

7. 银行费用核算

银行费用 = 报价总金额 × 银行费率

不同的结汇方式，银行收取的费用也不同。银行费率在主页的"费用查询"中可以查到。

例 7 - 8：报价总金额为 USD8846.4 时，分别计算 L/C、D/P、D/A、T/T 的银行费用？

解：第一步：查询费率。在主页"费用查询"中查得 L/C 费率 1%、D/A 费率 0.15%、D/P 费率 0.17%、T/T 费率 0.1%。

第二步：查询汇率。在主页"今日汇率"中，查到美元的汇率为 8.25 元人民币兑换 1 美元。

第三步：计算银行费用。

L/C 银行费用 = 8846.4 × 1% × 8.25 = 729.83 元

D/P 银行费用 = 8846.4 × 0.17% × 8.25 = 124.07 元

D/A 银行费用 = 8846.4 × 0.15% × 8.25 = 109.47 元

T/T 银行费用 = 8846.4 × 0.1% × 8.25 = 72.98 元

8. FOB、CFR、CIF 的外币报价核算

报价资料：

商品名称：03001（三色戴帽玩具熊）

商品资料：每箱装 60 只，每箱体积 0.164 立方米。

供货价格：每只 6 元。

税　　率：供货单价中均包括 17% 的增值税，出口毛绒玩具的退税率为 15%。

国内费用：内陆运费（每立方米）100 元；报检费 120 元；报关费 150 元；核销费 100 元；公司综合费用 3000 元。

银行费用：报价的 1%（L/C 银行手续费 1%）。

海 运 费：从上海至加拿大蒙特利尔港口一个 20 英尺集装箱的费用为 1350 美元。

货运保险：CIF 成交金额的基础上加 10% 投保中国人民保险公司海运货物保险条款中的一切险（费率 0.8%）和战争险（费率 0.08%）。

报价利润：报价的 10%。

报价汇率：8.25 元人民币兑换 1 美元。

含税成本 = 6（元/只）

退税收入 = 6 ÷ （1 + 17%）× 15% = 0.7692（元/只）

实际成本 = 6 - 0.7692 = 5.2308（元/只）

20 英尺集装箱包装件数 = 25 ÷ 0.164 = 152（箱）

报价数量 = 152 × 60 = 9120（只）

国内费用 =（9120 ÷ 60 × 0.164 × 100 + 120 + 150 + 100 + 3000）÷ 9120

　　　　　= 0.6429 元/只

银行费用 = 报价 × 1%

海运费 = 1350 × 8.25 ÷ 9120 = 1.2212 元/只

保险费 = CIF 报价 × 110% × 0.88%

利润 = 报价 × 10%

FOB 报价 = 实际成本 + 国内费用 + 银行手续费 + 利润

　　　　　= 5.2308 + 0.6429 + 报价 × 1% + 报价 × 10%

　　　　　=（5.2308 + 0.6429）÷（1 - 1% - 10%）

　　　　　= 5.8737 ÷ 0.89 ÷ 8.25

　　　　　= 0.7999（美元/只）

CFR 报价 = 实际成本 + 国内费用 + 海运费 + 银行手续费 + 利润

　　　　　= 5.2308 + 0.6429 + 1.2212 + 报价 × 1% + 报价 × 10%

　　　　　=（5.2308 + 0.6429 + 1.2212）÷（1 - 1% - 10%）

　　　　　= 7.0949 ÷ 0.89 ÷ 8.25

　　　　　= 0.9663（美元/只）

CIF 报价 = 实际成本 + 国内费用 + 海运费 + 保险费 + 银行手续费 + 利润

　　　　　= 5.2308 + 0.6429 + 1.2212 + 报价 × 110% × 0.88% + 报价 × 1% + 报价 × 10%

　　　　　=（5.2308 + 0.6429 + 1.2212）÷（1 - 110% × 0.88% - 1% - 10%）

　　　　　= 7.0949 ÷ 0.88032 ÷ 8.25

　　　　　= 0.9769（美元/只）

出口 9120 只三色戴帽玩具熊的报价如下（注：计算时保留 4 位小数，最后报价取小数点后 2 位）：

USD0.8 PER CARTON FOB SHANGHAI（每只 0.8 美元上海港船上交货）

USD0.97 PER CARTON CFR MONTREAL（每只 0.97 美元成本加运费至蒙特利尔）

USD0.98 PER CARTON CIF MONTREAL（每只 0.98 美元成本加运保费至蒙特利尔）

　　提示：由以上报价不难看出，出口报价核算并不深奥，其中的关键是掌握各项内容的计算基础并细心地加以汇总。上述的报价核算可以说是一个比较精确的出口报价核算范例。在实际交易中，出口商往往会采用一些简单粗略或简化的计算方法以使报价更为快捷。出口报价中的费用部分在价格中所占比例虽然不会很大，但由于内容较多且计费方法又不尽相同，所以在计算时应特别注意。而按照最后报价的一定百分比计费的内容注意采用一次求出的方法，否则将造成报价低估。

（二）出口商利润核算

利润＝报价金额－采购成本－各项费用＋退税收入

例7－9：商品03001，增值税率17%，退税率15%，体积每箱0.164立方米。报价数量为9120只；FOB报价金额为每只0.8美元；采购成本为每只6元；报检费120元；报关费150元；内陆运费2492.8元；核销费100元；银行费用601.92元；公司综合业务费3000元，外币汇率为8.25元人民币兑1美元。试计算该笔FOB报价的利润额？

解：报价金额＝0.8×9120×8.25＝60192元

采购成本＝6×9120＝54 720元

各项费用＝120＋150＋2492.8＋100＋601.92＋3000＝6464.72元

退税收入＝54720÷（1＋17%）×15%＝7015.38元

利润＝60192－54720－6464.72＋7015.38＝6022.66元

（三）进口商报价核算

1. 进口价格核算

（1）进口数量核算。在主页的"产品展示"中查看产品详细情况，根据产品的体积、包装单位、销售单位、规格描述来计算进口数量。

例7－10：商品03001（三色戴帽玩具熊）的包装单位是CARTON（箱），销售单位是PC（只），规格描述是每箱装60只，每箱体积为0.164立方米，试分别计算该商品用20英尺、40英尺集装箱运输进口时的最大包装数量和进口数量。

解：每20英尺集装箱：

包装数量＝25÷0.164＝152.439，取整得152箱

进口数量＝152×60＝9120（只）

每40英尺集装箱：

包装数量＝55÷0.164＝335.365，取整得335箱

进口数量＝335×60＝20 100（只）

例7－11：商品01006（蓝莓罐头）的包装单位是CARTON（箱），销售单位是CARTON（箱），每箱体积为0.0095立方米，试分别计算该商品用20英尺、40英尺集装箱运输进口时的最大包装数量和进口数量。

解：每20英尺集装箱：

包装数量＝25÷0.0095＝2631.578，取整得2631箱

进口数量＝2631（箱）

每40英尺集装箱：

包装数量＝55÷0.0095＝5789.473，取整得5789箱

进口数量＝5789（箱）

注意：由于该商品的包装单位和销售单位相同，故此例的进口数量＝包装数量。

（2）进口成本核算。通过邮件和出口商联络，询问采购价格，用以核算进口成本。

例 7 - 12：商品 03001（三色戴帽玩具熊），出口商报 FOB 价每只 0.8 美元，CFR 价每只 0.97 美元，CIF 价每只 0.98 美元，付款方式为 L/C。

（3）进口关税核算。记下产品展示中的"海关编码"，在主页的"税则查询"中，输入"海关编码"，点"搜索"按钮，查询进口关税率。

例 7 - 13：在产品展示中查到商品 03001 的海关编码是 95034100。在税则查询中，输入"95034100"，点"搜索"按钮，可查到进口关税率为 7%。已从出口商处得知 CIF 报价为每只 0.98 美元，数量为 9120 只，试算要缴的进口关税？

解：进口关税 = 商品价格 × 进口关税率

$$= 0.98 \times 9120 \times 7\%$$

$$= 625.632（美元）$$

（4）业务费用核算。包括报检、报关费、公司业务费，在主页的"费用查询"中查询有关费用，分别核算要支出的费用。

例 7 - 14：在主页"费用查询"中查到每笔业务的报检费 200 美元，报关费 200 美元，公司综合费用为 500 美元。

（5）海运费核算。进口交易中，采用 FOB 贸易术语成交的条件下，进口商需核算海运费。

集装箱类型的选用，货物的装箱方法对于进口商减少运费开支起着很大的作用。货物外包装箱的尺码、重量，货物在集装箱内的配装、排放以及堆叠都有一定的讲究，需要在实践中摸索。

SimTrade 根据货物的体积来计算运费。我们以一个理论算法来规定 20 英尺和 40 英尺集装箱装箱数量的计算：20 英尺集装箱的有效容积为 25 立方米，40 英尺集装箱的有效容积为 55 立方米。

在核算海运费时，进口商首先要根据进口数量算出产品体积，再到"运费查询"页，找到对应该批货物目的港的运价。如果进口数量正好够装整箱（20 英尺或 40 英尺），则直接取其运价为海运费；如果不够装整箱，则用产品总体积 × 拼箱的价格来算出海运费。

例 7 - 15：商品 03001（三色戴帽玩具熊），进口到加拿大，卸货港是蒙特利尔港口。试分别计算进口数量为 5000 只和 9120 只的海运费。

解：第一步：计算产品体积。在主页"产品展示"中，查到商品 03001 的体积是每箱 0.164 立方米，每箱装 60 只。根据查到的产品资料，先计算产品体积。

进口数量为 5000 件，总体积 $= 5000 \div 60 \times 0.164 = 13.66$（立方米）

进口数量为 9120 件，总体积 $= 9120 \div 60 \times 0.164 = 24.928$（立方米）

第二步：查运价。在主页"运费查询"中，查到运至加拿大蒙特利尔港的海运费分别是：每 20 英尺集装箱 USD1350，每 40 英尺集装箱 USD2430，拼箱每立方米 USD65。

根据第一步计算出的体积结果来看，5000 件的运费宜采用拼箱，9120 件的海运费宜采用 20 尺集装箱。

进口数量为 5000 件，海运费 = 13.66 × 65 = 887.9 美元

进口数量为 9120 件，海运费 = 1350 美元

（6）保险费核算。进口交易中，在以 FOB、CFR 术语成交的情况下，进口商需要到主页"保险费"中查询保险费率，用以核算保险费。公式如下：

保险费 = 保险金额 × 保险费率

保险金额以进口货物的 CIF 价格为准，若要加成投保，可以加成 10% 为宜。若按 CFR 或 FOB 条件进口，保险金额则按保险费率和平均运费率直接计算，公式如下：

按 CFR 进口时：保险金额 = CFR 价格 × （1 + 保险费率）

按 FOB 进口时：保险金额 = FOB 价格 × （1 + 平均运费率 + 保险费率）

例 7 - 16：商品 03001 的 CFR 价格为 8846.4 美元，要投保一切险（保险费率 0.8%）和战争险（保险费率 0.08%），试计算进口商应付给保险公司的保险费用？

解：保险金额 = 8846.4 × （1 + 0.8% + 0.08%）= 8924.25（美元）

保险费 = 8924.25 × （0.8% + 0.08%）= 78.53（美元）

例 7 - 17：商品 03001 的 FOB 价格为 7296 美元，海运费 1350 美元，要投保一切险（保险费率 0.8%）和战争险（保险费率 0.08%），试计算进口商应付给保险公司的保险费用？

解：保险金额 = 7296 × （1 + 1350 ÷ 9120 × 100% + 0.8% + 0.08%）

= 8440.2048 美元

保险费 = 8440.2048 × （0.8% + 0.08%）= 74.27（美元）

提示：在进口业务中，进口商一般会按照和保险公司签订的预约保险合同承担保险费用。其中，保险金额按进口货物的 CIF 货值计算，不另加减，保费率按特约费率表规定的平均费率计算；如果 FOB 进口货物，则按平均运费率换算为 CFR 货值后再计算保险金额。

（7）银行费用核算。银行费用包括开证申请费用和赎单费用。在主页的"费用查询"中，可查到进口开证费每次 100 美元，进口赎单费每次 100 美元，银行汇款手续费率 0.5%。

以 L/C 方式成交，银行费用 = 开证费 + 赎单费

以 D/P、D/A 方式成交，银行费用 = 赎单费

以 T/T 方式成交，银行费用 = 汇款手续费

其中，汇款手续费 = 汇款金额 × 汇款费率

（8）FOB、CFR、CIF 的进口价格核算。我国进口业务大多数是按 FOB 价格条件成交，准确核算 FOB、CFR、CIF 价格，将更有利于询盘和还盘。因此，在计算价格时，首先需要明确价格的构成，即价格中将有哪些组成部分，然后需清楚地了解各组成部分的计算方法，也就是成本、各项费用以及利润的计算依据，最后将各部分加以合理的汇总即可。

进口资料：

商品名称：03001（三色戴帽玩具熊）

商品资料：每箱装 60 只，每箱体积 0.164 立方米。

市场零售价：每只 1.5 美元

供货价格：出口商报 FOB 价每只 0.8 美元，CFR 价每只 0.97 美元，CIF 价每只 0.98 美元。

税率：出口毛绒玩具的进口关税率为 7%。

业务费用：报检费 200 美元；报关费 200 元；公司综合费用 500 美元。

银行费用：开证费 100 美元，赎单费 100 美元。

海运费：从上海至加拿大蒙特利尔港口一个 20 英尺集装箱的费用为 1350 美元。

货运保险：投保中国人民保险公司海运货物保险条款中的一切险（费率 0.8%）和战争险（费率 0.08%）。

预期利润：进口成本的 20%。

进口核算操作：

购货价格：

20 英尺集装箱包装件数 = 25÷0.164 = 152（箱）

进口数量 = 152×60 = 9120（只）

FOB 价 = 0.8×9120 = 7296（美元）

CFR 价 = 0.97×9120 = 8846.4（美元）

CIF 价 = 0.98×9120 = 8937.6（美元）

支出费用：

进口关税：

FOB 进口关税 = 7296×7% = 510.72（美元）

CFR 进口关税 = 8846.4×7% = 619.248（美元）

CIF 进口关税 = 8937.6×7% = 625.632（美元）

业务费用 = 200+200+500 = 900（美元）

银行费用 = 100+100 = 200（美元）

海运费 = 1350（美元）

保险费：

FOB 保险费 = 7296×（1+1350÷9120×100%+0.88%）×0.88%

$\qquad$ = 74.27（美元）

CFR 保险费 = 8846.4×（1+0.88%）×0.88% = 78.53（美元）

预计进口总成本：

FOB 进口 = FOB 价+进口关税+业务费用+银行费用+海运费+保险费

$\qquad$ = 7296+510.72+900+200+1350+74.27

$\qquad$ = 10330.99（美元）

CFR 进口 = CFR 价+进口关税+业务费用+银行费用+保险费

$\qquad$ = 8846.4+619.248+900+200+78.53

$$=10644.178（美元）$$

CIF 进口 = CIF 价 + 进口关税 + 业务费用 + 银行费用

$$=8937.6+625.632+900+200$$

$$=10663.232（美元）$$

平均每只玩具的进口成本为：

FOB 进口 = 10330.99÷9120 = 1.1328（美元/只）

CFR 进口 = 10644.178÷9120 = 1.1671（美元/只）

CIF 进口 = 10663.232÷9120 = 1.1692（美元/只）

加上利润，每只玩具的零售价应为：

FOB 进口 = 1.1328×（1+20%）= 1.3593（美元/只）

CFR 进口 = 1.1671×（1+20%）= 1.4005（美元/只）

CIF 进口 = 1.1692×（1+20%）= 1.4030（美元/只）

目前市场零售价格为每只 1.5 美元，根据以上核算结果得出，出口商所报价格在可接受价格范围之内。

注意：计算时保留 4 位小数，最后取小数点后 2 位。

提示：由以上核算不难看出，进口核算并不深奥，其中的关键是掌握各项内容的计算基础并细心地加以汇总。上述的进口核算可以说是一个比较精确的核算范例，在实际交易中，进口商往往会采用一些简单粗略或简化的计算方法以使核算更为快捷。

（四）进口商利润核算

进口商利润 = 销售价格 - 采购成本 - 进口关税 - 各项费用

例 7-18：商品 03001，进口关税率 7%，体积每箱 0.143 立方米。进口数量为 9120 只；FOB 报价金额为每只 0.8 美元；进口报检费 200 美元；报关费 200 美元；开证费 100 美元；赎单费 100 美元；公司综合业务费 500 美元；海运费 1350 美元；保险费 74.27 美元；目前市场销售价格为每只 1.5 美元试计算以该笔 FOB 进口的利润额？

解：采购成本 = 0.8×9120 = 7296（美元）

进口关税 = 7296×7% = 510.72（美元）

各项费用 = 200+200+100+100+500+1350+74.27 = 2524.27（美元）

销售价格 = 1.5×9120 = 13 680（美元）

利润 = 13 680-7296-510.72-2524.27 = 3349.01（美元）

四、实验技巧

掌握进出口报价的正确计算，各种费用和利润的正确计算。

第八章 进出口业务争议及索赔

第一节 争议的处理

一、实验任务

了解国际货物买卖中各种纠纷的表现方式，能正确分析形成或引起纠纷的原因，掌握解决争议的四种方法，熟悉索赔的基本流程。

二、实验原理

因国际货物买卖引起的争议，大多涉及产品跨越国境，故又称为进出口业务争议。争议的解决首先依据合同中的约定来处理（是否选择仲裁，是否选择诉讼），若没有约定或约定不明确，争议发生后又达不成一致解决办法，则只能选择法定解决争议的诉讼途径。

在国际贸易中，由于当事人的利益冲突及所属国法律制度、文化传统等因素的差异，争议的产生是不可避免的，主要有产品质量的纠纷，迟延交付货物或支付货款纠纷，以及因运输过程中造成损失而引起的保险索赔纠纷等，本实验主要探讨的进出口业务争议限定于买卖合同当事人之间的违约争议。长期的国际贸易实践形成了各种解决进出口业务争议的办法，其中主要有协商、调解、仲裁和诉讼。

（一）协商

1. 协商的概念和特点

协商是争议双方当事人在自愿互谅的基础上，按照有关法律、政策及合同条款的规定，直接进行磋商或谈判，互谅互让达成解决争议的协议。

协商相对于其他解决争议的办法来说，其最大特点在于，它不需要第三者介入，完全凭借当事人自觉自愿，双方直接接触，自行解决争议。正因如此，协商达成的协议，也全靠当事人自觉执行，而不必强制执行。

协商是一种很富于灵活性解决争议的方法，它的方式多种多样，当事人双方既可坐到一起，面对面地谈判，也可以通过电函磋商；既可亲自出面，也可委托律师代劳；既可公开，也可秘密；时间随需要可长可短。

2. 协商的原则

协商既然是一种双方法律行为，那么适用于双方法律行为的一般法律原则也适用于协商。但协商并非毫无原则，而必须贯彻一定的原则：

（1）自愿原则。协商完全出于自愿，而且是当事人双方的意愿，只要当事人一方不同意协商即告终止。当事人任何一方都有权要求协商，也有权拒绝协商，而不得被强迫为之。

（2）平等互利、协商一致的原则。协商既是在双方自愿的基础上进行的，又是在双方地位平等的基础上进行的。在协商过程中，双方无论力量大小、强弱，都应平等对待，充分考虑各方利益，而不可恃强凌弱、以大欺小，损害他方利益。任何一方都不可强加于人，或采取胁迫或欺诈手段，迫使对方接受自己的无理要求。

（3）合法原则。协商达成的协议，不得违反国家的法律、政策和社会公共利益，也不得损害第三人利益。

3. 协商的优劣

协商的优点在于：它既富于灵活性，又能体现和解精神；既能使争议得到圆满解决，又不伤双方感情，而且能加深相互了解，增进友谊，有利于维持友好合作关系；简便易行，不必经过严格的法定程序进行，相对于仲裁和诉讼而言，它可简化手续，节省时间和费用，避免讼累。

协商虽被公认为最常用、最理想的解决争议的办法，但也不可避免地具有它的局限性：首先，一般情况下，协商起于争议初期，若双方分歧大，争议涉及的利益较大，则难以通过协商解决；第二，因协商没有第三者参加，不需要强制机构监督，当双方力量差别悬殊时，弱势方的利益难以得到应有的保护；第三，协商达成的协议，因不具有强制性，若一方自愿或不实际履行，则无强制措施予以保障。

（二）调解

1. 调解的概念和特点

调解是双方在第三者直接参与下，争议当事人互谅互让，求同存异，达成协议，从而解决争议的一种方法。

调解与协商的共同之处在于当事人自愿达成协议，不同之处在于有无第三者介入；调解与仲裁和诉讼的共同之处在于都有第三者主持下进行，但区别在于前者以当事人自愿为前提，后者则是以法律直接规定为准则。

2. 调解的种类

调解依其机构的不同，可分为仲裁调解、法院调解。

（1）仲裁机构调解。仲裁机构调解既在仲裁过程中由仲裁庭或仲裁员主持进行的调解。它既可在仲裁程序之外由专门的调解委员会主持进行，也可在仲裁过程中由仲裁庭主持进行；既可在仲裁开始前进行，也可在仲裁过程中任何阶段进行；既可由当事人自动申请进行，也可由仲裁机构或仲裁员主动提起当事人同意进行。若调解成功，仲裁机构应制作调解书，调解书对当事人具有法律拘束力。

（2）法院调解。法院调解又称司法调解，是由法院主持进行的调解。我国《民事诉讼法》对调解作了具体规定。根据该法规定，人民法院在审理案件时，可根据当事人自愿的原则，在查明事实，分清是非的基础上进行调解。调解既可由审判员1人主持，也可由合议庭主持；既可由法院单独进行，也可邀请有关单位和个人协助进行；

既可由当事人亲自参加进行，也可经特别授权，委托代理人进行；既可诉前进行，也可以在判决之前进行；既可在一审中进行，也可在二审中进行。调解达成协议的人民法院应制作调解书，由审判人员、书记员署名，加盖人民法院印章，送达当事人，即具有法律拘束力。

2. 调解的原则

调解与协商一样，在解决国际货物买卖争议中，也应贯彻一定的原则：

（1）自愿原则。无论采取何种方式进行调解，都必须以当事人自愿为前提，既可由当事人自愿提出申请，也可由仲裁机构或法院主动提出调解，但必须征得当事人同意，只要有一方当事人不同意，调解就不能进行。

（2）查明事实、分清是非、明确责任的原则。调解并非毫无原则的"和稀泥"，而是旨在使争议得以公正合理地解决。在调解过程中，调解人应认真查清案件的事实真相，分清是非，明确当事人的责任，只有这样，才能为依法解决争议奠定基础，达成的协议才能真正维护当事人的合法权益。

（3）合法原则。调解达成的协议，其内容不得违反国家的有关法律规定、政策和社会公共利益。否则，将得不到有关法院的承认和执行。

3. 调解的优劣

调解的优点在于：相对于协商而言，虽然二者都是在当事人自愿的基础上进行的，但是，调解有第三人参与，由第三者从中调和当事人的观点，平衡当事人的利益，使争议得以比较公正、客观地解决。相对于仲裁和诉讼来说，虽然它们都是在第三人主持下进行的，但是，调解的程序灵活、手续简便，费用低廉，它既可使争议得到迅速解决，又不伤和气，从而促进友好合作关系的发展。

调解的缺陷在于：调解能否达成协议完全依赖于当事人的意愿和互谅互让，而且调解所解决的争议，属于事实比较清楚、涉及的利益也不大、当事人的法律关系不太明确。

（三）仲裁

1. 仲裁的概念和特点

仲裁是指双方当事人通过协议自愿将其争议提交给与其毫无利害关系的第三者进行裁决的一种方法。仲裁是一种行之有效、简便易行的解决争议的办法。相对于其他方法而言，具有下列特点：

（1）客观中立。在国际经济贸易交往中，不同国家的当事人往往不信任对方国家的法律与法院的公正性，都极力将争议提交本国法院，根据本国的法律解决争议，这是因为任何国家的法院在审理案件时都不能不考虑本国的政治和经济利益。仲裁可以作为双方都不愿让步的替代办法，是中立于两个法院之外的，不受任何一国的司法制度和公共政策的影响。这样，在双方当事人看来，仲裁有利于争议的公正解决。

（2）自主自愿。各国的司法程序是严格规定的，当事人不能任意变动。在仲裁中，双方当事人则可以选择仲裁人员，决定仲裁地点，安排仲裁程序，选择解决争议的法律等，从而使仲裁满足当事人的特别需求。由于当事人可以控制有关因素，因此，也就成为人们对国际商事仲裁感兴趣的重要原因之一。

（3）裁判专业。国际经济贸易争议往往涉及许多专门性或技术性的问题，只有具有专业知识的人才才能解决。对于这些问题，国内法院的法官有时是难以胜任的。但是，在仲裁时，当事人可以聘请有关专业的专家学者或知名人士担任仲裁员。由于他们学有所长，精通业务，因此能够准确指出问题之所在，并且能够提出比较令人满意的解决办法，从而有利于迅速解决争议。

（4）过程保密。法院一般公开审理，仲裁一般是秘密进行的。此外，法院判决可以在报纸或官方刊物上公布，仲裁裁决一般不公之于众。这样，采用仲裁办法解决有关争议，更能满足双方当事人不愿意将其商业秘密与分歧公之于众的要求，对双方之间进行的经济贸易合作关系的损害也较小，同时也有助于提高败诉方遵守与执行裁决地自觉性。

（5）一裁终局。仲裁裁决是终局性的，一次裁决即发生法律效力，对双方均具有法律约束力，不得提出上诉，这就高效迅速。

2. 仲裁的种类

依据仲裁适用的领域，可以分为三种不同的类型：

（1）国际仲裁。严格意义上的国际仲裁，是指用于解决国家之间争端的仲裁，又称为国家间仲裁。它是解决国际争端的方法之一，属于国际公法研究的范畴。

（2）国内仲裁。是指一国内部的经济仲裁制度，用于解决一国国内在经济、贸易与劳动等方面所发生的争议。属于国内程序法研究的范畴。

（3）国际商事仲裁。是指对外经济贸易仲裁和海事仲裁。任何提供或交换商品或劳务的贸易所引起的国际性的仲裁均称为国际商事仲裁，属于国际贸易法研究的范畴。

3. 仲裁的优劣

仲裁是解决国际贸易争议的一种独特方法，和其他方法比，具有以下优点：与调解相比，仲裁裁决具有终局性和强制性，对当事人有约束力，因而使争议彻底解决；与诉讼相比，仲裁具有程序简便易行，效率高。但也存在不足：首先，费用较高，当事人不仅要交仲裁费，还要交仲裁员的报酬和差旅费，有时，花费可能比诉讼更大；其次，当事人自由选择仲裁员、仲裁地、仲裁规则以及适用的法律等，因而，同一案件，因不同人员或地点，其结果可能不一致，故仲裁裁决的公正性是相对的。

（四）司法诉讼

1. 司法诉讼的概念

司法诉讼是指通过法院，适用司法程序进行审判，作出判决，从而解决争议的方法。

2. 司法诉讼的特点

与其他方法，尤其是和仲裁相比，司法诉讼的特点在于：首先，它属于强制管辖。法院受理案件，是国家主权的体现，不是基于当事人协议；其次，司法诉讼程序严格按照法律规定进行。审判地点、审判时间、审判员、审判组织等均依法而定，当事人不得另行安排；最后，司法诉讼一般实行二审终审制或多审终审制。对一审判决不服的，当事人均可向上一级法院上诉；第四，诉讼审理一般公开进行。

3. 司法诉讼的优劣

司法诉讼之所以称为当事人用以解决争议的最后有效手段，其原因主要在于：它严格依法进行，具有强制性和稳定性；而且，它实行多级审判制度，当事人对一审判决不服的，可以上诉，从而使当事人的利益得到切实可靠的、有效的保护。

同时，它也有其局限性：主要是其程序严格，手续繁杂，费时费力，费用较高，缺乏必要的专业技术知识和处理国际经济贸易的审判人员，从而影响审判的结果，有可能使当事人利益受到不必要的损害。

三、实验范例

案例1：中国A公司与英国B公司协商解决

2008年5月，中国A外贸进出口公司（卖方）与英国B公司（买方）在深圳签订了一份购销小枣的合同。依照合同规定，卖方在2008年10月至11月期间向买方提供小枣500吨；每吨价格700美元，货款总计35万美元；价格条件定为FOB天津港，目的港香港；买方在收货后10日内向卖方汇付货款，并约定了不可抗力条款。合同签订后，卖方在小枣产区广寻货源，至10月初收购小枣500余吨，并开始装运，但由于10月上旬连降暴雨，酿成水灾，致使货车无法通行。估计交货将被迫推迟，卖方遂于10月15日电告买方，买方未提出异议。此后卖方尽力装运，于12月10日将小枣运到香港。买方进行了验收，当时亦未提出异议，但此后买方一直拒不付款。12月20日，卖方发电再向买方催要货款，买方以卖方迟延交货构成违约为由，要求降低原定价格，而卖方则反复强调因水灾导致迟延交货系不可抗力事件，不构成违约，故拒不同意降价。

双方经过多次交换意见，本着协商解决的原则，就事实和法律达成如下共识：《合同法》第一百一十八条规定："当事人一方因不可抗力不能履行合同的，应当及时通知，以减轻可能给对方造成的损失，并应当在合理期限内提供证明。"据此，卖方延迟交货系因水灾阻断交通，属于不可抗力事件，卖方虽然于10月15日通知了买方，但由于卖方未在合理期限内提供有关不可抗力事件的证明，故对延迟交货也有一定责任，同意给予买方补偿5000美元的损失，买方随后支付34.5万美元货款。至此，双方通过协商解决了争议。

案例2：英国E公司与中国C公司调解结案

英国E公司与中国C公司在2009年中国秋交会上签订一农产品买卖合同。后来，英国E公司因中国C公司交货迟延而向C公司索赔4000德国马克（当时牌价约合人民币3万元），C公司拒绝后，E公司根据合同提交仲裁。北京仲裁庭先试图推动双方和解，C公司做了很大让步，同意赔付对方2万元人民币，但对方得寸进尺，要求比原来更高的赔偿。最后，仲裁庭即将按国际惯例即合同价格于交货时国际市场价格之间差价为损害赔偿额的确定原则，裁决C公司只需向E公司付11530元人民币。对此，E公司反而不再提出异议。双方在仲裁庭的主持下达成调解：C公司赔偿E公司2万元人民币的损失。

案例 3：中国 A 公司与法国 B 公司仲裁解决争议

1988 年 8 月中国 A 公司与法国 B 公司在中国上海市签订了一份买卖合同。该合同中包含一项仲裁条款，其规定：凡与执行本合同有关的一切争议，如果经友好协商不能解决，那么提请中国国际贸易促进委员会对外贸易仲裁委员会根据其同意的规则或者双方同意的第三国仲裁机构予以仲裁，仲裁裁决是终局的。后来，双方产生了严重的合同纠纷。A 公司便于 1989 年 12 月向中国国际经济贸易仲裁委员会提请仲裁，该仲裁委员会也接受了仲裁申请，并及时向 B 公司发出仲裁通知书。B 公司却答复称：基于下列两项理由，中国国际经济贸易仲裁委员会对此案无管辖权：①其名称与约定的名称不一致，因此它不是合同中规定的仲裁机构；②合同中还规定"或双方同意的第三国仲裁机构"，B 公司愿意到英国的仲裁机构去仲裁。

中国国际经济贸易仲裁委员会则指出：仲裁机构的名称是由原名改为现名，属于"原隶属关系不变"，即它仍隶属中国国际贸易促进委员会，仍为同一仲裁机构；被诉方的第②条理由也不成立，因为在原合同中对中国的仲裁机构双方都是一致同意的，而原合同中"第三国仲裁机构"并不确定，现在 A 公司愿意在本仲裁机构提请仲裁这一行为足以说明 A 公司不愿到 B 公司所说的英国仲裁。

面对上述令人信服的理由，B 公司很快参加了中国国际经济贸易仲裁委员会受理的仲裁活动

案例 4：中国 C 公司与葡萄牙 B 公司诉讼解决争议

中国北京 A 贸易公司（卖方）与葡萄牙 B 公司签订一份大米买卖合同。中国 A 公司委托青岛 C 海运公司运输该批大米，2009 年 5 月 14 日，C 海运公司的"长风"轮在青岛港装载了 A 贸易公司的 6000 吨大米，后发现这批大米有 5% 的霉烂变质。2009 年 5 月 25 日，"长风"轮大副在收货单上对此做了批注。6 月 5 日，因信用证即将过期，A 贸易公司为能及时出口货物及结汇货款，就出具保函要求开出清洁提单。保函言明：如果收货人有异议，其一切后果均由发货人承担，船方概不负责。C 海运公司接受了保函，并签发了清洁提单。

"长风"轮于 7 月 2 日到达里斯本。B 公司以大米有霉烂为由，向里斯本当地中级法院申请裁定对"长风"轮进行扣押，致使"长风"轮被扣达 10 天，并起诉 C 海运公司，要求赔偿 20 万美元货物霉烂的损失，C 公司要求追加 A 公司为第三人，该损失全部由第三人承担。

2010 年 5 月 16 日，里斯本中级法院审理查明：承运人的船舶大副为避免承担责任，本已在提单上做了批注，开出不清洁提单，以对抗收货人可能提出的索赔，这是承运人的正当权利。A 贸易公司向 C 海运公司出具保函换取清洁提单，并非为了隐瞒货物本身的缺陷，而是为了结汇顺利进行，C 海运公司接收保函而签发清洁提单，也无欺诈收货人的意图，只是为了解决由于包装产生的争议，对承运人和托运人均出于善意，不具有对第三人欺诈的故意。

根据《1978 年联合国海上货物运输公约》和《汉堡规则》对国际航运中所使用的保函效力的具体规定：保函对受让提单的，包括收货人在内的任何第三人不发生效力，但对托运人是有效的。可以认定 A 贸易公司与 C 海运公司之间的保函具有效力，将保

函视为托运人与承运人之间达成的一项保证赔偿协议，对承托双方具有法律拘束力。故 C 海运公司应赔偿葡萄牙 B 公司货物损失 20 万美元，而该损失可向 A 贸易公司追偿。

四、实验技巧

第一，充分了解争议产生的原因：是自己的原因，还是对方的原因；是当事人主观上原因，还是客观上原因；是对合同理解有误的原因，还是履行合同未达约定的原因。对争议原因分析越准确，提出解决争议的方案就越可行。

第二，寻找合理解决争议的方案。就国际经济纠纷而言，一般遵循的原则，先协商，后诉讼。若是正常的纠纷，就按基本行事，若对方有欺诈情形，或有破产倒闭情形，则应诉前保全先行查封、扣押或冻结对方的资产和账户，再协商解决，协商不能解决，则该进入诉讼就进入诉讼程序，该申请仲裁就进入仲裁程序。

第三，客观全面论证案件胜诉的风险及成本。经济活动是要充分考虑成本和收益，诉讼活动也必然如此，第一，要大量收集证据和与案件相关的法律法规，论证胜诉的可能，至少要在 70% 以上胜率，才有必要进入诉讼程序或仲裁程序；第二，要评估为实现胜率所付出的成本和实际收到利益之间的比例。若比例等于 1 或大于 1 就毫无意义，至少应当 0.8 以下才有诉讼或仲裁的必要。

第二节 索赔的程序

一、实验任务

能针对国际贸易争议的客观事实，发现或寻找解决争议的正确途径、收集证据、撰写法律文书、进入索赔程序。

二、实验原理

选择索赔程序的原理是遵循：有约定按约定办理，没有约定按法定办理。

国际贸易争议的解决方式虽然有协商、调解、仲裁和诉讼四种，但真正提起索赔的程序的只有仲裁和诉讼两种。当事人在合同中若有约定或争议发生后对解决争议的办法有约定，该约定若是合法有效的，就按约定办理。对于仲裁和诉讼只能选择其一，若同时选择则无效；若只约定了仲裁，但没有约定仲裁机构或仲裁地点的，也是无效约定，只能选择法定的诉讼方式。对于诉讼方式，选择管辖权也很重要。根据司法制度，地域管辖允许当事人约定，约定的范围有原告所在地、被告所在地、合同签订地、合同履行地、标的物所在地。约定的地点只能在上述五种中选择其一，否则是无效约定。若没有对地域管辖进行约定或约定是无效的，则根据密切相关原则确定法定地域管辖即被告所在地或合同履行地。

三、实验范例

案例 1：新加坡 A 公司与中国 B 公司仲裁案件

2005 年 2 月 16 日，新加坡 A 公司与中国 B 公司订立了一份 2000 吨的钢材买卖合同。该合同中有一条仲裁条款规定：与本合同有关或执行本合同中的一切争议应通过友好协商解决；若无法达成协议，争议问题应提交美国仲裁协会仲裁；仲裁裁决是终局的，对双方都有约束力。2005 年 3 月 2 日，双方又签订了一份修改上述买卖合同的"更改书"。该"更改书"包括了钢材的价格和交货条件。就该交货条件而言，B 公司同意 A 公司先装运 170 吨，另 1830 吨在稍后几个星期内装运。2005 年 5 月 9 日，由于1830 吨钢材未能装运，双方协商变更为"该 1830 吨钢材的价格不变，交货期为 2006年 2 月"。后来，钢材价格上涨，A 公司不愿意交货，B 公司将上述争议提交美国仲裁协会仲裁。A 公司却认为，2005 年 2 月 16 日的合同已被后来合同取代，后来的合同皆未提及仲裁，故不能进行仲裁。问：A 公司的主张是否合法？

解答：A 公司的主张不合法。因为仲裁必须是基于双方当事人协商同意才能进行，协商可以在签订合同时达成一致，也可以在争议产生后达成一致。本案争议的焦点在于，2005 年 3 月 2 日和 5 月 9 日两次签订的更改书，与 2005 年 2 月 16 日的合同是独立的两次合同还是原合同的延续。从协议的内容来看，价格不变，仅就交付的期限作了变动，属于合同的变更，故原合同中对争议解决的办法，仍然适用，所以，B 公司申请仲裁属于合法的行为。

案例 2：兴盛公司与贸易公司关于货物所有权转移纠纷

2009 年 3 月，某市兴盛公司（卖方）与香港某贸易有限公司（买方）签订了一份长期买卖蘑菇的合同。合同约定：①卖方售给买方蘑菇 4050 吨，价格条件为 CIF 香港，总价款 214 万美元；②货物质量以买方验收书为准，由买方指定验收机构；③使用信用证付款方式，卖方收到信用证后 15 天内交货。在合同部分履行期内，买方于 2009 年12 月 27 日验收了一批蘑菇共 50 吨，验收后也开具"验收人购书"给卖方。其后买方由于发现之前运抵香港的部分货物质量与合同规定不符，通知卖方停止装运该批蘑菇（即 2009 年 12 月 27 日验收的这批蘑菇）。50 吨蘑菇堆积在码头数日后被发现霉坏变质，损失达 7.5 万美元。

卖方于 2010 年 3 月 10 日向某市中级人民法院起诉，要求被告（买方）赔偿原告50 吨蘑菇的损失 7.5 万美元。被告辩称：该批蘑菇的变质损失是由于原告（卖方）保管不善造成的，被告对此不负责任。

某市中级人民法院经审理查明：根据合同价格条款的约定，CIF 香港按照《国际贸易术语解释通则》的规定，卖方应履行下列主要义务：①自费租船和发运货物；②自费向保险公司投保；③承担货物越过装运船舷前的一切风险；④向买方提供装运单据（包括清洁的提单、货运发票及保险单等）。从本案的情况来看，租船和装运是卖方（原告）的义务，原告应当按合同中约定，在被告验收 50 吨蘑菇合格后，立即将其装运。争议的 50 吨蘑菇由于没有及时装运，堆积在码头，产生的霉变损失属于在装运船舷前的风险，按 CIF 价格条件这一贸易惯例的规定，应当由卖方（原告）负担。但被告曾通知原告不要装运该批货物，因此也应承担一部分损失。最后法院判决：卖方承担主要责任，买方承担次要责任。被告支付 2 万美元给原告，驳回原告其他诉讼请求。

四、实验技巧

第一，正确选择索赔程序。先审查合同有无解决争议办法的约定：若选择仲裁，则审查仲裁协议或仲裁条款是否有效，有效，则进入仲裁程序，无效，则进入诉讼程序；若选择诉讼，则审查有无地域管辖的约定。

第二，全面收集索赔证据。成功有效的索赔必定是以客观、翔实的证据为保障的。证据包括双方签订的合同、交货的凭证、货物质量检验证书、付款凭证、各种函件，若对方违约给自己带来损失，则要提供造成损失的各种证据。

第三，准确拟定仲裁申请书或民事起诉书。仲裁申请书和民事起诉书一般包括三部分：首部、正文、尾部。首部包括当事人的姓名、性别、年龄、职业、工作单位和住所、法人或者其他组织的名称、住所和法人或者主要负责人的姓名、职务。正文包括具体的请求和所依据的事实及理由。尾部包括署名及附件，附件为证据和证据来源。

附　录

附录1　外销合同或销售确认书样本

销售确认书

SALES CONTRACT

卖方 SELLER：		编号 NO.：	
		日期 DATE：	
		地点 SIGNED IN：	
买方 BUYER：			

买卖双方同意以下条款达成交易：
This contract is made by and agreed between the BUYER and SELLER ，in accordance with the terms and conditions stipulated below.

1. 商品号 Art No.	2. 品名及规格 Commodity & Specification	3. 数量 Quantity	4. 单价及价格条款 Unit Price & Trade Terms	5. 金额 Amount

允许 With	溢短装，由卖方决定 More or less of shipment allowed at the sellers' option

6. 总值 Total Value	
7. 包装 Packing	
8. 唛头 Shipping Marks	
9. 装运期及运输方式 Time of Shipment & means of Transportation	
10. 装运港及目的地 Port of Loading & Destination	
11. 保险 Insurance	
12. 付款方式 Terms of Payment	
13. 备注 Remarks	

The Buyer	The Seller

附录2 出口预算表样本

出 口 成 本 预 算 表

有关项目	预算费用（RMB）	实际发生金额
汇率	RMB 1 = USD 012839 RMB 1 = JPY ▾ 15.456	
成 本 栏	收购价（含税进货价款）RMB 59040	0.00
	出口退税收入： RMB 7569.23	0.00
	A．实际采购成本： RMB 51470.77	0.00
费 用	商 检 费： RMB 384.10	0.00
	报 关 费： RMB 100	0.00
	出 口 税： RMB 0.00	0.00
	核 销 费： RMB 100	0.00
	银 行 费 用： RMB 200	0.00
	其 他： RMB 64	0.00
	B．国内费用： RMB 848.10	0.00
	出口总成本C（FOB/FCA成本）： RMB 52318.87	0.00
	C=A+B JPY 868040.44	0.00
	出口运费F： USD 0.00	0.00
	RMB 0.00	0.00
	CFR/CPT成本：(=C+F) RMB 52318.87	0.00
	JPY 868040.44	0.00
	出口保费I： RMB 0.00	0.00
	总保费率： 0.00 ‰	0.00
	投保加成： 0.00 %	0.00
	投保金额： JPY 0.00	0.00
	CIF/CIP成本：(=C+F+I) RMB 52318.87	0.00
	JPY 868040.44	0.00
报 价 栏	预期盈亏率： 48.40 %	0.00
	预期盈利额或亏损额P： JPY 391359.56	0.00
	对外报价（FOB/FCA）：(=C+P) JPY 1200000	0.00
	对外报价（CFR/CPT）：(=C+F+P) JPY 0.00	0.00
	对外报价（CIF/CIP）：(=C+F+I+P) JPY 0.00	0.00

附录3　进口预算表样本

进 口 成 本 预 算 表

标号	预算项目(JPY)	实际发生金额
汇率	JPY 1 = USD 0.00830755 JPY 1 = JPY ▾ 1	
1	FOB /FCA成交价　JPY 1200000 JPY 1200000	0.00 0.00
2	国外运费：　USD 263 JPY 31657.95	0.00 0.00
3	CFR/CPT成交价：（=1+2）　JPY 1231657.95 JPY 1231657.95	0.00 0.00
4	国外保费：JPY 10934.84 总保费率：8　‰ 投保加成：110　% 投保金额：JPY 1366855	0.00 0.00 0.00 0.00
5	CIF/CIP成交价：（=3+4）　JPY 1242592.79 JPY 1242592.79	0.00 0.00
6	进口关税：JPY 505564.22	0.00
7	完税成本：（=5+6）JPY 1748157.01	0.00
8	商检费：JPY 3000 报关费：JPY 1550 消费税：JPY 0.00 增值税：JPY 297011.39 核销费：JPY 1550 其他：JPY 0.00 国内费用：JPY 303111.39	0.00 0.00 0.00 0.00 0.00 0.00 0.00
9	银行费用：JPY 7730 信用证费用：JPY 4640 信用证付款手续费：JPY 3090 D/A、D/P付款手续费：JPY 0.00 T/T付款手续费：JPY 3611.17	0.00 0.00 0.00 0.00 0.00
10	总成本：（=7+8+9）　JPY 2058998.4 JPY 2058998.4	0.00 0.00
11	国内市场销货收入：JPY 2009080	0.00
12	（预期）盈亏额：（=11-10）JPY -49918.4 预期盈亏率：-2.42　%	0.00 0.00

附录4 开证申请书样本

IRREVOCABLE DOCUMENTARY CREDIT APPLICATION		
TO：	Date：	
Beneficiary（Full name and address）	L/C No.	
	Ex – Card No.	
	Contract No.	
	Date and place of expiry of the credit	
Partial shipments	Transhipment	☐Issue by airmail ☐With brief advice by teletransmission
☐allowed ☐not allowed	☐allowed ☐not allowed	☐Issue by express delivery
Loading on board/dispatch/taking in charge at/from		☐Issue by teletransmission（which shall be the operative instrument）
		Amount
not later than		
For transportation to：		
		Credit available with
		☐by sight payment by acceptance ☐by negotiation
Description of goods：		☐by deferred payment at
		against the documents detailed herein
		☐and beneficiary's draft（s）for 100% of invoice value at on BANK OF CHINA，FRANKFURT BRANCH
Packing：		☐FOB ☐CFR ☐CIF ☐or other terms
Documents required：（marked with X）		
1.（ ）Signed commercial invoice in _____ copies indicating L/C No. and Contract No.		
2.（ ）Full set of clean on board Bills of Lading made out _____ and [ ] blank endorsed，marked "freight [ ] to collect / [ ] prepaid"		
3.（ ）Airway bills showing "freight [ ] to collect/ [ ] prepaid [ ] indicating freight amount" and consigned to		

表(续)

4. ( ) We normal issued by consigned to
5. ( ) Insurance Policy/Certificate in _____ copies for _____ % of the invoice value showing claims payable in china in currency of the draft, blank endorsed, covering [ ] Ocean Marine Transportation / [ ] Air Transportation / [ ] Over land Transportation [ ] All Risks, War Risks.
6. ( ) Packing List/Weight Memo in _____ copies indicating quantity, gross and net weights of each package and packing conditions as called for by the L/C.
7. ( ) Certificate of Quantity / Weight in _____ copies issued by an independent surveyor at the loading port, indicating the actual surveyed quantity / weight of shipped goods as well as the packing condition.
8. ( ) Certificate of Quality in _____ copies issued by [ ] manufacturer/ [ ] public recognized surveyor/ [ ].
9. ( ) Beneficiary's Certified copy of cable / telex dispatched to the accountees within hours after shipment advising [ ] name of vessel / [ ] fight No. / [ ] wagon No. , date, quantity, weight and value of shipment.
10. ( ) Beneficiary's Certificate Certifying that extra copies of the documents have been dispatched according to the contract terms.
11. ( ) Shipping Co's certificate attesting that the carrying vessel is chartered or booked by accountee or their shipping agents:
12. ( ) Other documents, if any
Additional instructions:
1. ( ) All banking charges outside the opening bank are for beneficiary's account.
2. ( ) Documents must be presented within 21 days after date of issuance of the transport documents but within the validity of this credit.
3. ( ) Third party as shipper is not acceptable, Short Form/Blank back B/L is not acceptable.
4. ( ) Both quantity and credit amount % more or less are allowed.
5. ( ) Prepaid freight drawn in excess of L/C amount is acceptable against presentation of original charges voucher issued by shipping Co / Air Line / or it's agent.
6. ( ) All documents to be forwarded in one cover, unless otherwise stated above
7. ( ) Other terms, if any

Account No.	with (name of bank)
Transacted by:	
Telephone No. :	
	(with seal)

附录5 信用证样本

信用证样本

Issue of a Documentary Credit

BKCHCNBJA08 SESSION：000 ISN：000000

BANK OF CHINA LIAONING NO. 5 ZHONGSHAN SQUARE ZHONGSHAN DISTRICT DALIAN CHINA

Destination Bank

KOEXKRSEXXX MESSAGE TYPE：700

KOREA EXCHANGE BANK SEOUL 178. 2 KA，ULCHI RO，CHUNG－KO

Type of Documentary Credit 40A

IRREVOCABLE

Letter of Credit Number 20

LC84E0081/99

Date of Issue 31G

990916

Date and Place of Expiry 31D

991015 KOREA

Applicant Bank 51D

BANK OF CHINA LIAONING BRANCH

Applicant 50

DALIAN WEIDA TRADING CO. , LTD.

Beneficiary 59

SANGYONG CORPORATION CPO BOX 110 SEOUL KOREA

Currency Code，Amount 32B

USD 1，146，725. 04

Available with... by... 41D

ANY BANK BY NEGOTIATION

Drafts at   42C

45 DAYS AFTER SIGHT

Drawee   42D

BANK OF CHINA LIAONING BRANCH

Partial Shipments   43P

NOT ALLOWED

Transhipment   43T

NOT ALLOWED

Shipping on Board/Dispatch/Packing in Charge at/ from 44A

RUSSIAN SEA

Transportation to 44B

DALIAN PORT, P. R. CHINA

Latest Date of Shipment 44C

990913

Description of Goods or Services45A

FROZEN YELLOWFIN SOLE WHOLE ROUND (WITH WHITE BELLY) USD770/MT CFR DALIAN QUANTITY: 200MT ALASKA PLAICE (WITH YELLOW BELLY) USD600/ MT CFR DALIAN QUANTITY: 300MT

Documents Required 46A

1. SIGNED COMMERCIAL INVOICE IN 5 COPIES.

2. FULL SET OF CLEAN ON BOARD OCEAN BILLS OF LADING MADE OUT TO OR-DER AND BLANK ENDORSED, MARKED "FREIGHT PREPAID" NOTIFYING LIAONING OCEAN FISHING CO., LTD. TEL (86) 411 - 3680288

3. PACKING LIST/WEIGHT MEMO IN 4 COPIES INDICATING QUANTITY/GROSS AND NET WEIGHTS OF EACH PACKAGE AND PACKING CONDITIONSAS CALLED FOR BY THE L/C.

4. CERTIFICATE OF QUALITY IN 3 COPIES ISSUED BY PUBLIC RECOGNIZED SURVEYOR.

5. BENEFICIARY'S CERTIFIED COPY OF FAX DISPATCHED TO THE ACCOUNTEE WITH 3 DAYS AFTER SHIPMENT ADVISING NAME OF VESSEL, DATE, QUANTITY, WEIGHT, VALUE OF SHIPMENT, L/C NUMBER AND CONTRACT NUMBER.

6. CERTIFICATE OF ORIGIN IN 3 COPIES ISSUED BY AUTHORIZED INSTITUTION.

7. CERTIFICATE OF HEALTH IN 3 COPIES ISSUED BY AUTHORIZED INSTITU-TION.

ADDITIONAL INSTRUCTIONS: 47A

1. CHARTER PARTY B/L AND THIRD PARTY DOCUMENTS ARE ACCEPTABLE.

2. SHIPMENT PRIOR TO L/C ISSUING DATE IS ACCEPTABLE.

3. BOTH QUANTITY AND AMOUNT 10 PERCENT MORE OR LESS ARE ALLOWED.

Charges 71B

ALL BANKING CHARGES OUTSIDE THE OPENNING BANK ARE FOR BENEFICIARY'S ACCOUNT.

Period for Presentation 48

DOCUMENTSMUST BE PRESENTED WITHIN 15 DAYS AFTER THE DATE OF ISSUANCE OF THE TRANSPORT DOCUMENTS BUT WITHIN THE VALIDITY OF THE CREDIT.

Confirmation Instructions 49

WITHOUT

Instructions to the Paying/Accepting/Negotiating Bank: 78

1. ALL DOCUMENTS TO BE FORWARDED IN ONE COVER, UNLESS OTHERWISE STATED ABOVE.

2. DISCREPANT DOCUMENT FEE OF USD 50.00 OR EQUAL CURRENCY WILL BE DEDUCTED FROM DRAWING IF DOCUMENTS WITH DISCREPANCIES ARE ACCEPTED.

"Advising Through" Bank 57A

KOEXKRSEXXX MESSAGE TYPE: 700

KOREA EXCHANGE BANK SOUTH KOREA 178. 2 KA, ULCHI RO, CHUNG - KO

附录 6　购销合同样本

工矿产品购销合同

供方：		合同编号：	
		签订时间：	
需方：		签订地点：	

产品名称、品种规格、数量、金额、供货时间：

产品名称	牌号商标	品种规格	生产厂家	计量单位	数量	单价（元）	总金额（元）	交（提）货时间及数量
合计人民币（大写）								
备注：								

供方		需方		鉴（公）证意见	
单位名称：		单位名称：			
单位地址：		单位地址：			
法定代表人：		法定代表人：			
委托代理人：		委托代理人：			
电话：		电话：			
税务登记号：		税务登记号：		经办人：	
开户银行：		开户银行：			
账号：		账号：		鉴（公）证意见（章）	
邮政编码：		邮政编码：		日期：	

附录7　出口货物明细单样本

出口货物明细单		银行编号		外运编号	
		核销单号		许可证号	
经营单位 （装船人）		合同号			
		信用证号			
		开证日期		收到日期	
提单或承运收据	抬头人		金额		收汇方式	
			货物性质		贸易国别	
	通知人		出口口岸		目的港	
			可否转运		可否分批	
	运费		装运期限		有效期限	
标记唛头	货名规格及货号	件数	毛重	净重	价格（成交条件）	
					单价	总价
本公司注意事项				总体积		
			保险单	险别		
				保额		
				赔款地点		
外运外轮注意事项				船名		
				海关编号		
				放行日期		
				制单员		

附录8　商业发票样本

ISSUER	COMMERCIAL INVOICE		
TO	NO.		DATE
TRANSPORT DETAILS	S/C NO.		L/C NO.
	TERMS OF PAYMENT		

Marks and Numbers	Number and kind of package; Description of goods	Quantity	Unit Price	Amount

Total：

SAY TOTAL：	

附录9　装箱单样本

ISSUER			PACKING LIST		
TO					
			INVOICE NO.		
Marks and Numbers	Number and kind of package; Description of goods	Quantity	PACKAGE	G. W	N. WMeas.
Total：					
SAY TOTAL：					

附录 10 报检单样本

中华人民共和国出入境检验检疫
出境货物报检单

报检单位（加盖公章）：　　　　　　　　　　　　　*编号

报检单位登记号：　　联系人：　　电话：　　报检日期：　　年　月　日

发货人	（中文）	
	（外文）	
收货人	（中文）	
	（外文）	

货物名称（中/外文）	H. S. 编码	产地	数/重量	货物总值	包装种类及数量

运输工具名称号码		贸易方式		货物存放地点	
合同号		信用证号		用途	
发货日期		输往国家（地区）		许可证/审批号	
启运地		到达口岸		生产单位注册号	

集装箱规格、数量及号码

合同、信用证订立的检验检疫条款或特殊要求	标　记　及　号　码	随附单据（划"✓"或补填）
□合同 □信用证 □发票 □换证凭单 □装箱单 □厂检单	□包装性能结果单 □许可/审批文件 □ □ □ □	

需要证单名称（划"✓"或补填）				*检验检疫费	
□品质证书 □重量证书 □数量证书 □兽医卫生证书 □健康证书 □卫生证书 □动物卫生证书	__正__副 __正__副 __正__副 __正__副 __正__副 __正__副 __正__副	□植物检疫证书 □熏蒸/消毒证书 □出境货物换证凭单 □ □ □ □	__正__副 __正__副 __正__副	总金额 （人民币元） 计费人 收费人	

报检人郑重声明： 　1. 本人被授权报检。 　2. 上列填写内容正确属实，货物无伪造或冒用他人的厂名、标志、认证标志，并承担货物质量责任。 　　　　　　　　　　　　　　签名：_____	领取证单	
	日期	
	签名	

注：有"*"号栏由出入境检验检疫机关填写　　　　　　　◆国家出入境检验检疫局制

[1-2 (2000.1.1)]

附录11 核销单样本

附录12 报关单样本

中华人民共和国海关出口货物报关单

预录入编号：   海关编号：

出口口岸		备案号	出口日期	申报日期
经营单位		运输方式	运输工具名称	提运单号
发货单位		贸易方式	征免性质	结汇方式
许可证号		运抵国（地区）	指运港	境内货源地
批准文号		成交方式	运费	保费	杂费
合同协议号		件数	包装种类	毛重（公斤）	净重（公斤）
集装箱号		随附单据		生产厂家
标记唛码及备注				

表(续)

项号	商品编号	商品名称、规格型号	数量及单位	最终目的国（地区）	单价	总价	币制	征免

税费征收情况	
录入员　　　录入单位 报关员 _____ 申报单位（签章） 单位地址 邮编　　　　电话　　　　填制日期	兹声明以上申报 无讹并承担法律责任	海关单批注及放行日期（签章） 审单审价 征税　　　统计 查验放行

附录13　汇票样本

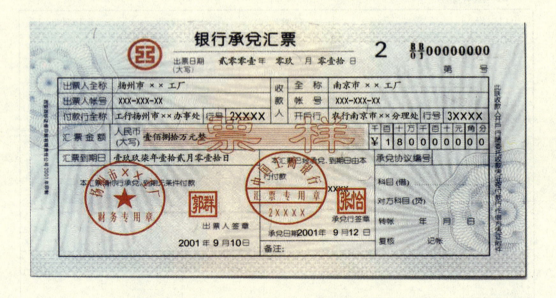

附录 14 一般原产地证样本

ORIGINAL

1. Exporter	Certificate No.
2. Consignee	CERTIFICATE OF ORIGIN OF THE PEOPLE'S REPUBLIC OF CHINA
3. Means of transport and route	5. For certifying authority use only
4. Country / region of destination	

6. Marks and numbers	7. Number and kind of packages; description of goods	8. H. S. Code	9. Quantity	10. Number and date of invoices

11. Declaration by the exporter 　　The undersigned hereby declares that the above details and statements are correct, that all the goods were produced in China and that they comply with the Rules of Origin of the People's Republic of China.	12. Certification 　　It is hereby certified that the declaration by the exporter is correct.
Place and date, signature and stamp of authorized signatory	Place and date, signature and stamp of certifying authority

附录 15 普惠制产地证样本

ORIGINAL

1. Goods consigned from (Exporter's business name, address, country)	Reference No.	
	GENERALIZED SYSTEM OF PREFERENCES	
2. Goods consigned to (Consignee's name, address, country)	FORM A	
	Issued in	
	(country)	
	See Notes overleaf	
3 Means of transport and route (as far as known)	4. For official use	

5. Item number	6. Marks and numbers of packages	7. Number and kind of packages; description of goods	8. Origin criterion (see Notes overleaf)	9. Gross weight or other quantity	10. Number and date of invoices

11. Certification It is hereby certified, on the basis of control carried out, that the declaration by the exporter is correct.	12. Declaration by the exporter The undersigned hereby declares that the above details and statements are correct, that all the goods were
	produced in CHINA (country)
	and that they comply with the origin requirements specified for those goods in the Generalized System of Preferences for goods exported to
Place and date, signature and stamp of certifying authority	Place and date, signature and stamp of authorized signatory

参考文献

1. 孟祥年. 国际贸易实务操作教程 [M]. 北京：对外经济贸易大学出版社，2007.

2. 潘冬青，胡松华. 国际贸易电子化实务 [M]. 杭州：浙江大学出版社，2010.

3. 林康有，宋钢. 国际贸易电子商务 [M]. 北京：中国商务出版社，2005.

4. 秦超，张廷海. 进出口贸易实验教程 [M]. 天津：天津大学出版社，2009.

5. 李晓燕. 国际贸易理论与实务 [M]. 北京：清华大学出版社，2010.

6. 刘丽，张阿娟，杨丽霞. 国际贸易理论与实务 [M]. 上海：上海财经大学出版社，2009.

7. 张婧. 国际贸易理论与实务 [M]. 北京：清华大学出版社、北京交通大学出版社，2009.

8. 邓华丽. 保险实务 [M]. 北京：中国财政经济出版社，2009.

9. 迟美华. 保险实务 [M]. 北京：经济科学出版社，2010.

10. 刘玮. 海上保险 [M]. 天津：南开大学出版社，2006.

11. 冯芳怡. 海上保险实务 [M]. 北京：中国金融出版社，2009.

12. 郭丽君. 海上保险学 [M]. 北京：对外经贸大学出版社，2010.

13. 袁建华. 保险系列教材：海上保险原理与实务 [M]. 成都：西南财经大学出版社，2006.

14. 王传丽. 国际贸易法 [M]. 北京：中国政法大学出版社，1995.

15. 张圣翠. 国际商法 [M]. 上海：上海财经大学出版社，2002.

16. 曹祖平. 图书馆史研究 [M]. 北京：中国人民大学出版社，2002.

17. 陈少云. 全国律师资格考试实务评解 [M]. 北京：中国法制出版社，1997.

18. 胡充寒. 国际经济法 [M]. 长沙：中南大学出版社，1997.

19. 曹守晔，孔祥俊，李明良. 涉外合同理论与实务：涉外商事合同卷 [M]. 北京：人民法院出版社，1997.

20. 陈小君. 合同法学 [M]. 北京：中国政法大学出版社，1999.

21. 胡锡琴，尹梦霞. 国际贸易理论与实务 [M]. 成都：西南财经大学出版社，2010.

22. 胡俊文. 国际贸易实务操作 [M]. 北京：机械工业出版社，2007.

23. 祝卫. 出口贸易模拟操作教程 [M]. 上海：上海人民出版社，2002.

24. 张建华. 国际贸易实务模拟 [M]. 北京：高等教育出版社，2003.

25. 黎孝先. 国际贸易实务 [M]. 3 版. 北京：外经济贸易大学出版社，2000.

26. 黎孝先. 进出口合同条款与案例分析 [M]. 北京：对外经济贸易大学出版社，

2003.

27. 赵承璧. 进出口合同的履行与违约救济 [M]. 北京：对外经济贸易大学出版社，2002.

28. 吴百福. 国际货运风险与保险 [M]. 北京：对外经济贸易大学出版社，2002.

29. 刘耀威. 进出口商品检验与检疫 [M]. 北京：对外经济贸易大学出版社，2001.

30. 石玉川. 国际结算惯例及案例 [M]. 北京：对外经济贸易大学出版社，1998.

31. 世格外贸教学软件使用说明. 2006.

32. 梁琦. 国际结算 [M]. 北京：高等教育出版社，2005.

33. 冷柏军. 国际贸易实务 [M]. 北京：高等教育出版社，2006.

34. 张东祥. 国际结算 [M]. 北京：首都经济贸易大学出版社，2005.